高等职业教育新能源汽车类专业创新教材

新能源汽车电学基础与高压安全

（配任务工单）

广东合赢教育科技股份有限公司　组　编

主　编　金朝昆　葛红剑　吴荣辉

副主编　税绍军　谢少潮　戴桂珍　李志军

参　编　罗大薪　朱德威　侯卫旭　张树玲
　　　　闫忠孝　杜少辉　张永忠

机械工业出版社

本书根据高等职业教育（专科）新能源汽车技术（专业代码460702）专业简介要求，介绍了基础电路、常用电子元器件、功率变换电路等电学基础知识与电子元器件检测，新能源汽车高压电路认知与触电急救、高压部件识别与安全隐患检查，高压安全防护装备的使用、维修工具与高压检测设备的使用，高压维修车间规划与安全管理制度制定、维修人员资质与岗位要求，以及高压中止与检验标准流程操作、交通事故救援与故障应急处理。

本书配套丰富的教学资源，图文并茂，内容贴近汽车行业实际工作，适合职业院校新能源汽车专业的师生使用，也可供汽车行业技术人员作为培训教材及阅读参考。

图书在版编目（CIP）数据

新能源汽车电学基础与高压安全：配任务工单 / 广东合赢教育科技股份有限公司组编；金朝昆，葛红剑，吴荣辉主编. —北京：机械工业出版社，2024.5（2025.8重印）
高等职业教育新能源汽车类专业创新教材
ISBN 978-7-111-75740-5

Ⅰ.①新… Ⅱ.①广… ②金… ③葛… ④吴… Ⅲ.①新能源 – 汽车 – 电气设备 – 职业教育 – 教材 Ⅳ.① U463.6

中国国家版本馆CIP数据核字（2024）第089511号

机械工业出版社（北京市百万庄大街22号 邮政编码100037）
策划编辑：齐福江　　　　责任编辑：齐福江　赵晓峰
责任校对：张慧敏　刘雅娜　封面设计：鞠　杨
责任印制：刘　媛
北京富资园科技发展有限公司印刷
2025年8月第1版第2次印刷
184mm×260mm·16.75印张·372千字
标准书号：ISBN 978-7-111-75740-5
定价：69.00元（含任务工单）

电话服务　　　　　　　　网络服务
客服电话：010-88361066　　机　工　官　网：www.cmpbook.com
　　　　　010-88379833　　机　工　官　博：weibo.com/cmp1952
　　　　　010-68326294　　金　书　网：www.golden-book.com
封底无防伪标均为盗版　机工教育服务网：www.cmpedu.com

FOREWORD 前 言

汽车产业快速发展带来的交通拥堵、能源危机和环境污染是限制汽车发展的主要瓶颈，新能源汽车产业是国家重点发展和大力扶持的产业。近年来，新能源汽车得到飞速的发展，由此带来的汽车后市场将需要大量新能源汽车销售、维修及其他各方面的人才。目前，全国大多数的职业院校开设了新能源汽车专业或新能源汽车相关课程，以满足行业对人才的需求。由于新能源汽车带有高压电，涉及人身安全，因此新能源汽车高压安全与防护是新能源汽车课程中最重要也是学生首先需要掌握的内容。

为满足职业教育和汽车维修行业的迫切需求，我们组织新能源汽车一线培训专家、维修技师和职业院校资深教师主导编写了这本《新能源汽车电学基础与高压安全》，全面系统地介绍新能源汽车的高压电路、安全设计与安全隐患、安全防护与工具设备使用、高压维修车间管理标准，以及安全操作与应急处理，让读者在学习其他新能源汽车课程之前，学会安全防护和基本的安全规范操作，并掌握绝缘电阻检测、高压电压与电流检测、高压中止与检验等必备的技能。

本书共分为五个模块，每个模块包含两个或三个任务。模块一介绍电学基础知识与电子元器件检测；模块二介绍新能源汽车高压电路与高压部件识别，包含新能源汽车高压电路认知与触电急救，以及新能源汽车高压部件识别与安全隐患检查；模块三介绍新能源汽车高压安全防护装备与工具设备的使用，包含新能源汽车高压安全防护装备的使用，以及新能源汽车维修工具与高压检测设备的使用；模块四介绍新能源汽车高压维修车间安全管理，包含高压维修车间规划与安全管理制度制定，以及新能源汽车维修人员资质与岗位要求；模块五介绍新能源汽车安全操作与应急处理，包含新能源汽车高压中止与检验标准流程操作，以及新能源汽车交通事故救援与故障应急处理。为了满足特种作业操作证（低压电工作业）考证人员的需求，本书将证书报考须知和考核大纲，以及部分考核内容（参考题目）作为附录提供。

本书配套教学资源库，读者可以通过扫描书中的二维码观看原理和实操视频，直观地学习结构原理和操作流程；配套任务工单和电子版课件等教学资源。本书采用大量现场实物照片，图文并茂，彩色印刷，有利于激发学生的学习兴趣。

本书由广东合赢教育科技股份有限公司组编，由金朝昆（重庆经贸职业学院）、葛红剑（海南职业技术学院）和吴荣辉（汽车行业专家）任主编，税绍军（汽车行业专家）、谢少潮（闽南师范高等专科学校）、戴桂珍（黎明职业大学）、李志军（江苏省李志军技能大师工作室／无锡职业技术学院）任副主编，参编人员有罗大薪（重庆长安汽车股份有限公司）、朱德威（中国人民财产保险股份有限公司广东省分公司）、侯卫旭（酉阳土家族苗族自治县天馆初级中学）、张树玲（内蒙古交通职业技术学院）、闫忠孝（云南交通职业技术学院）、杜少辉（黎明职业大学）、张永忠（车险专家）。

限于编者的水平，书中难免存在不当之处，敬请广大读者批评指正。本书的编写参考了大量国内外相关著作、汽车厂家的培训课件和包括互联网资源在内的其他文献资料，在此一并向有关作者和汽车厂家表示最真诚的感谢！

编　者

CONTENTS 目 录

前 言

模块一 电学基础知识与电子元器件检测 ································· 1

学习任务一 基础电路认知 ··· 1
一、直流电路 ·· 2
二、交流电路 ·· 12
三、磁、磁路与电磁感应 ··· 17
四、模拟电路与数字电路 ··· 20

学习任务二 常用电子元器件的工作原理与检测 ······················ 24
一、电阻器的类型、应用、封装与检测 ······························· 24
二、电容器的类型、应用、工作原理与检测 ························· 28
三、电感器的类型、应用、工作原理与检测 ························· 34
四、二极管的特性、工作原理、类型与检测 ························· 35
五、晶体管的工作原理与检测 ··· 40
六、场效应晶体管的工作原理与检测 ·································· 42
七、IGBT 的工作原理与检测 ··· 45
八、半导体材料和碳化硅功率器件介绍 ······························· 46

学习任务三 功率变换电路的特点与应用 ······························ 51
一、AC/AC 变换电路的特点与应用 ··································· 51
二、AC/DC 变换电路的特点与应用 ··································· 57
三、DC/DC 变换电路的特点与应用 ··································· 61
四、DC/AC 变换电路的特点与应用 ··································· 67

模块二 新能源汽车高压电路与高压部件识别 ························ 75

学习任务一 高压电路认知与触电急救 ································· 75
一、人体触电的原因与方式 ··· 76
二、高压电对人体的伤害形式 ··· 80
三、触电事故的急救方法 ··· 83

学习任务二 新能源汽车高压部件识别与安全隐患检查 ············ 88
一、新能源汽车高压部件的特征与识别方法 ························· 88
二、新能源汽车高压安全设计要求与内容 ···························· 95
三、新能源汽车的安全隐患与事故形式 ······························ 107

模块三 新能源汽车高压安全防护装备与工具设备的使用 ……114

学习任务一 新能源汽车高压安全防护装备的使用 ……114
一、新能源汽车高压安全防护装备的类型 ……115
二、新能源汽车高压安全防护装备的特点与使用方法 ……115

学习任务二 新能源汽车维修工具与高压检测设备的使用 ……119
一、新能源汽车维修工具与高压检测设备的类型 ……120
二、新能源汽车高压检测设备的使用方法 ……122

模块四 新能源汽车高压维修车间安全管理 ……132

学习任务一 高压维修车间规划与安全管理制度制定 ……132
一、新能源汽车高压维修车间的场地要求 ……133
二、新能源汽车高压维修车间安全管理制度内容 ……135

学习任务二 新能源汽车维修人员资质与岗位要求 ……140
一、新能源汽车维修人员资质要求 ……141
二、新能源汽车维修人员岗位要求 ……143

模块五 新能源汽车安全操作与应急处理 ……146

学习任务一 新能源汽车高压中止与检验标准流程操作 ……146
一、高压中止与检验的标准流程 ……147
二、典型新能源汽车高压中止与检验的操作步骤 ……151

学习任务二 新能源汽车交通事故救援与故障应急处理 ……162
一、新能源汽车交通事故救援应急处理方法 ……162
二、新能源汽车抛锚故障救援应急处理方法 ……167

附录 特种作业操作证（低压电工作业）考证资料 ……172
附录A 法律法规依据、主管部门、证书名称及证书样本 ……172
附录B 《特种作业人员安全技术培训考核管理规定》相关条款摘录 ……174
附录C 《低压电工作业人员安全技术培训大纲和考核标准》摘录 ……179
附录D 理论计算机参考试题（部分） ……189
附录E 实操考试参考试题（部分） ……194

参考文献 ……195

模块一　电学基础知识与电子元器件检测

内容描述

本模块介绍电学基础知识与电子元器件检测，分为三个学习任务，分别为：学习任务一，基础电路认知；学习任务二，常用电子元器件的工作原理与检测；学习任务三，功率变换电路的特点与应用。通过对以上学习任务的学习，你能够学会测量电阻、电压和电流等电路基本参数的方法，识别并检测常用电子元器件，以及识别新能源汽车的功率变换电路及其拓扑结构。

学习任务一　基础电路认知

任务目标

知识目标：

1）能够描述电路组成及各部分的作用，并能解释电路中的物理量。
2）能够描述直流电路与交流电路的区别。
3）能够解释电磁感应现象，并能描述其在汽车中的具体应用场景。
4）能够描述模拟信号与数字信号的特点和区别。

能力目标：

1）能够识读基础电路图。
2）能够进行基础电路特性参数的检测。

素质目标：

1）奠定良好的专业基础。
2）拓宽专业知识面，提高解决技术问题的能力。

情境导入

情境描述：

打开一辆新能源汽车的机舱盖，你会发现车内导线有橙色和其他颜色。你知道这代表什么含义吗？

情境提示：

新能源汽车具有高电压，橙色导线表示高压导线，有直流和交流两种电路；其他颜色导线是低压导线。从事汽车电路维修时，一定要分清楚电路是高压还是低压，是交流还是直流。

知识学习

一、直流电路

直流电（Direct Current，DC）又称恒流电，恒定电流是直流电的一种，是大小和方向都不变的直流电。1747年，科学家富兰克林根据实验提出电荷守恒定律，并且定义了正电和负电。直流是单向流动的电荷所产生的直流电流源，如电池、热电偶、太阳能电池和换向器式发电机。直流电所通过的电路称直流电路，是由直流电源和电阻构成的闭合导电回路。

1. 直流电路的组成

电路是指电流所经过的路径，一般是由电源、用电器（负载）、控制设备和导线四部分组成。

（1）**电源**　电源是把其他形式能转换成电能的装置。汽车中常见的电源有蓄电池（低电压的蓄电池和高电压的动力蓄电池）、发电机等。

（2）**用电器**　用电器是把电能转变成其他形式能的元件或设备，也常被称为电路的负载。常见的负载有灯泡、电热丝、电动机、扬声器、电阻器等。

（3）**控制设备**　控制设备是起电路控制作用的器件。例如，汽车中的点火开关、天窗开关、照明系统开关等，都是控制电路接通或断开的器件。除开关外，电路中还有其他类型的控制器（控制单元），也属于控制设备。

（4）**导线**　导线是连接电源与用电器的金属线，它把电源产生的电能输送到用电器。常用的导线材料有铜、铝等。除导线外，还有连接电路的插接器（接插件）。

2. 电路图

为了便于分析电路，一般要将实际电路模型化，用能够反映其电磁性质的理想电路元器件或组合来模拟实际电路中的元器件，从而构成与实际电路相对应的电路模型。

用国家统一规定的电气元器件或设备的符号来表示电路连接情况的图称为电路图。图1-1-1b就是表示图1-1-1a实际电路的电路图，图1-1-1c表示前照灯电路的电路模型。电路图能够帮助大家了解整个电路的工作原理和电气元器件安装顺序等。

识读电路图就是能看懂电路图，即能认识电路图中的符号，能看懂电路的结构，同时能了解电路各部分的作用及工作原理。要正确识读电路图，还应学习电子元器件的检测、电路故障的判断与维修等。

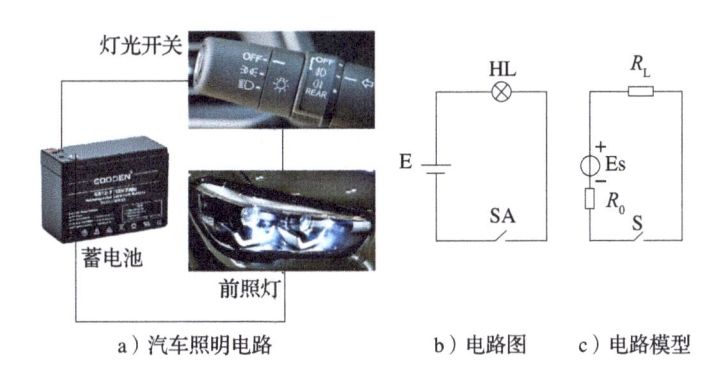

a）汽车照明电路　　　　b）电路图　　c）电路模型

图 1-1-1　实际电路、电路图和电路模型

3．电路中的物理量

（1）**电阻**　物理学上通常把导体对电的阻碍作用称为导体的电阻（Resistance），常用字母 R 表示。电阻是导体的一种基本性质，与导体的材料、尺寸和温度等因素有关。绝大多数的金属材料温度升高时，电阻将增大；而石墨、碳等在温度升高时，电阻反而减小；至于铜和锰钢等合金，受温度的影响极小，电阻比较稳定。在电路检修中可以使用万用表的欧姆档直接测量导体的电阻值。电阻值的单位是欧姆，简称欧，符号是 Ω，还有千欧（$k\Omega$）和兆欧（$M\Omega$），它们之间的换算关系为 $1M\Omega=10^3k\Omega=10^6\Omega$。

一般情况下，电阻有两重含义，一种是指物理学上电阻这个物理量，另一个是指电阻器这种电子元件，电阻器俗称电阻。电阻器的主要物理特征是变电能为热能，也可以说它是一个耗能元件，电流经过它就产生内能。电阻器在电路中通常起分压、分流的作用。对电信号来说，交流与直流信号都可以通过电阻器。图 1-1-2 中标记为 R1、R2 的元件就是电阻器。

图 1-1-2　电阻器实物

对于蓄电池而言，电流流过电池内部受到的阻力，称为内阻。电池内阻是化学电源一个极为重要的参数，电池内阻与电池的温度、材料等有关，直接影响电池的工作电压、工作电流、输出能量与功率等，对于一个实用的化学电源，其内阻越小越好。

（2）**电压**　电压（Voltage）也被称为电势差或电位差，是衡量单位电荷在静电场中由于电势不同所产生的能量差的物理量，通常用字母 U 表示。如图 1-1-3 所示，某点至另一点电压的大小等于单位正电荷（带正电的物质）因受电场力作用从某点移动到另一点所做的功，电压的方向规定为从高电位指向低电位的方向。电压的国际单位制（SI）单位为伏特，简称伏，符号是 V，常用的单位还有千伏（kV）、毫伏（mV）和微伏（μV）等，它们之间的换算关系为 $1V=10^{-3}kV=10^3mV=10^6μV$。需要指出的是，"电压"一词一般只用于电路当中，"电势差"和"电位差"则普遍应用于一切电现象当中。

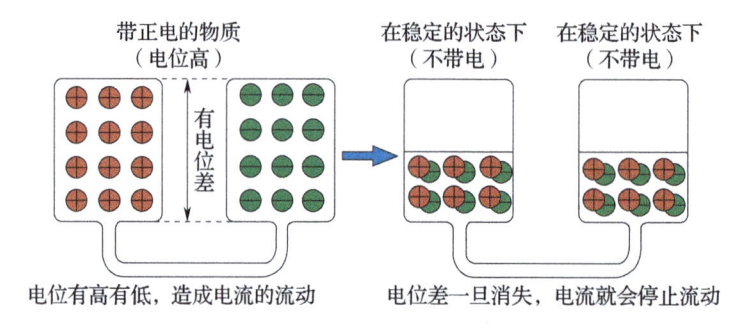

图 1-1-3　电压的概念

（3）**电流**　导体中的自由电荷在电场力的作用下做有规则的定向运动就形成了电流，单位时间内通过导体任一横截面的电量被称为电流，通常用字母 I 表示。每秒通过导体的电子越多，电流越大，电流可用水流作类比，如图 1-1-4 所示。

电流在国际单位制中的单位是安培，简称安，用符号 A 表示。常用的电流单位还有毫安（mA）和微安（μA），它们之间的换算关系为：$1A=10^3mA=10^6μA$。

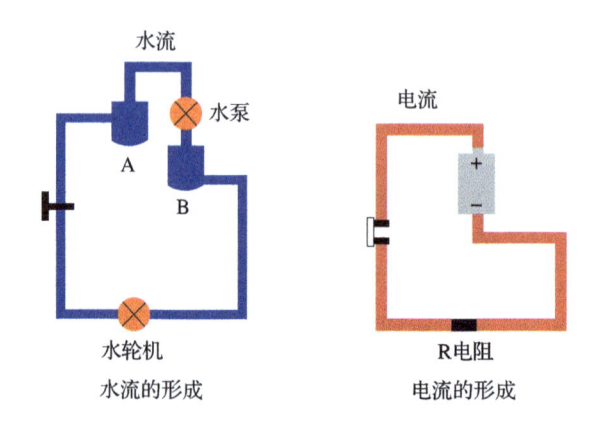

图 1-1-4　水流与电流的类比

（4）**功率和电能**

1）功率。电流在单位时间内做的功被称为电功率，简称功率。功率是用来表示消耗电能的快慢的物理量，用 P 表示，它的单位是瓦特，简称瓦，符号是 W。

作为表示电流做功快慢的物理量，一个用电器的功率大小在数值上等于它在 1s 内所消耗的电能。如果在 t（SI 单位为 s）这么长的时间内消耗的电能 W（SI 单位为 J），那么这个用电器的功率就是 $P=W/t$（定义式）。功率等于导体两端电压与通过导体电流的乘积，即 $P=UI$。对于纯电阻电路，计算功率还可以用公式 $P=I^2R$ 和 $P=U^2/R$。

每个用电器都有一个长时间正常工作的电压值,被称为额定电压(U_N),对应的电流被称为额定电流(I_N),用电器在额定电压下正常工作的功率被称为额定功率(P_N),用电器在实际电压下工作的功率被称为实际功率。用电器在额定功率下的工作状态被称为额定工作状态,也称满载;低于额定功率的工作状态被称为轻载;超过额定功率的工作状态被称为过载或超载。由于过载很容易烧坏用电器,所以一般都不允许出现过载。防止过载的常用方法是在电路中安装熔断器。图1-1-5所示为电压、电流、电阻与功率的关系。

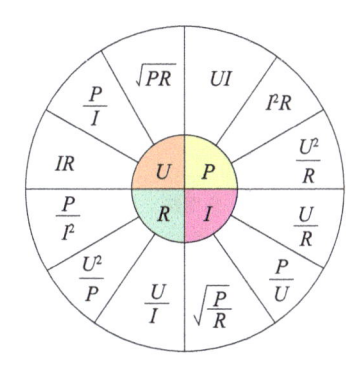

图1-1-5 电压、电流、电阻与功率的关系

2)电能。电动机、电灯等用电器的功率只反映它们的工作能力,而它们完成的工作量则需通过电能来反映。电能的大小除了与功率有关外,还与工作时间有关。电能 W 就是用来表示电力在一段时间内所做的功,即

$$W=Pt$$

式中,t 是时间,单位为 s;P 是功率,单位为 W。

国际单位中,电能的单位是 J(焦耳),它表示功率为 1W 的用电器在 1s 时间内所消耗的电能。实际应用中电能单位还有 kW·h(千瓦·时),即日常生活中所说的 1 度电,换算关系如下:

$$1 \text{度电} = 1\text{kW·h} = 3600\text{kJ}$$

例如,某型号的纯电动汽车动力蓄电池可以存储 80 度电,表示可以存储 80kW·h 电能。假设该车每 100km 电耗 14kW·h,那么该车续驶里程约为 570km。可见,动力蓄电池存储的电能越多,车辆的续驶里程越长。

4. 欧姆定律

(1)部分电路的欧姆定律 在同一电路中,导体中的电流与导体两端的电压成正比,与导体的电阻成反比,这就是欧姆定律。欧姆定律的表达公式为 $I=\dfrac{U}{R}$,其中 I、U 和 R 分别是同一部分电路中同一时刻的电流、电压和电阻,单位分别是 A、V 和 Ω。图1-1-6a 所示的电路就是部分电路。

(2)全电路的欧姆定律 包含电源的闭合电路被称为全电路。图1-1-6b 所示为简单的全电路。全电路的欧姆定律指出,电流的大小与电源的电动势成正比,而与电源内部电阻 r 和负载电阻 R 之和($r+R$)成反比,即

$$E=I(r+R)=U+Ir \text{ 或 } I=E/(r+R) \quad (1-1-1)$$

由式（1-1-1）可知，当电源两端开路时，电流为 0，电源的端电压在数值上等于电源的电动势。

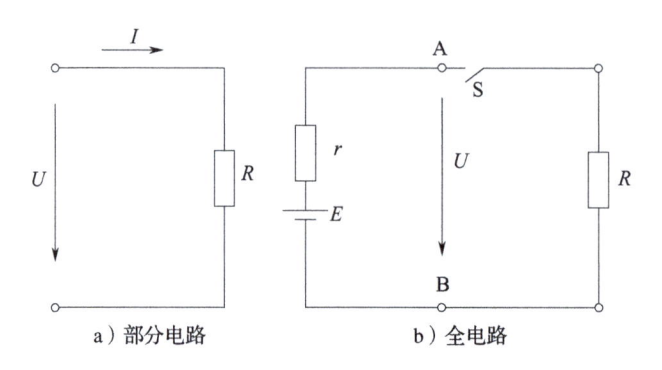

a) 部分电路　　b) 全电路

图 1-1-6　电路的欧姆定律

5. 电路的工作状态

电路有三种工作状态：空载状态、负载状态和短路状态（见表 1-1-1）。电路检修时，可以使用万用表测量电源的端电压来判断电路处于何种状态。

表 1-1-1　电路的工作状态

工作状态	负载电阻	电源电流	电源端电压
空载（开路）状态	$R \to \infty$	$I=0$	$U=E$
负载（闭路）状态	$R=$ 常数	$I=\dfrac{E}{R+r}$	$U=E-Ir=IR<E$
短路状态	$R \to 0$	$I_s=\dfrac{E}{r}$	$U=0$

（1）**空载状态**　外电路处于开路状态被称为空载状态，如图 1-1-7a 所示。此时，相当于负载电阻 $R \to \infty$；电路中电流 $I=0$；电源的输出端电压等于电源的电动势，即 $U=E$，该电压被称为开路电压。

> **提示**：通常一个实际电源可用一个电动势和电阻串联来表示，r 表示电源的内阻。

（2）**负载状态**　电源与负载电阻 R 形成回路，电源向负载供给能量的状态被称为负载状态，如图 1-1-7b 所示。负载状态的电流为

$$I=\frac{E}{R+r}$$

电源的输出端电压为

$$U=E-Ir$$

此时，电源端电压小于电动势，即 $U<E$。

（3）**短路状态**　电源外电路电阻为 0 时的状态被称为短路状态，如图 1-1-7c 所示，此时电路电流被称为短路电流，短路时 $U=0$，且

$$I_\mathrm{s}=\frac{E}{r}$$

由于 r 一般很小，所以 I_s 很大，可能损坏设备和线路，引发危险，因此短路状态是不允许出现的。

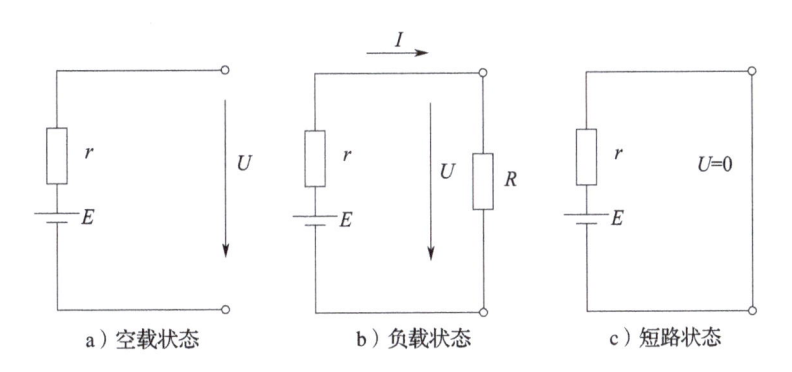

a）空载状态　　b）负载状态　　c）短路状态

图 1-1-7　电路的工作状态

6．串联和并联电路

（1）串联电路　串联电路是指电路中各个元器件被导线逐次连接起来的电路，如图 1-1-8 所示。

串联电路的特点是电路中电流大小处处相等，电流方向处处相同。在串联电路中，由于电流的路径只有一条，所以从电源正极流出的电流将依次逐个流过各个用电器，最后回到电源负极。因此在串联电路中，如果有一个用电器损坏或某一处断开，整个电路将断路，电路就会无电流流动，所有用电器都将停止工作。所以在串联电路中，各个用电器互相牵连，只要某一处出现断路故障，串联电路中所有的用电器就都无法工作。串联电路的总电阻等于各个串联电阻之和，即

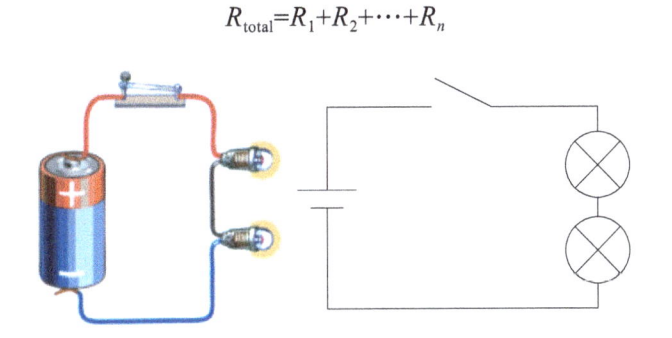

$$R_\mathrm{total}=R_1+R_2+\cdots+R_n$$

图 1-1-8　串联电路

（2）并联电路　并联电路是指电路中所有电阻（或其他电子元器件）的输入端和输出端分别被连接在一起的电路，如图 1-1-9 所示。

并联电路的特点一是电路的总电流等于各支路电流之和，即从电源正极流出的电流分别流到各支路，每一支路都有电流流过，因此即使某一支路断开，但其他支路仍会与干路

构成回路；二是并联电路中各支路两端的电压都相等。并联电路总电阻的倒数等于各并联电阻的倒数之和，即

$$\frac{1}{R_{total}} = \frac{1}{R_1} + \frac{1}{R_2} + \cdots + \frac{1}{R_n}$$

由此可见，在并联电路中，各支路之间互不牵连，即使其中某一支路发生断路故障，也不影响其他支路用电器的正常工作。汽车上的用电器通常采用并联电路。

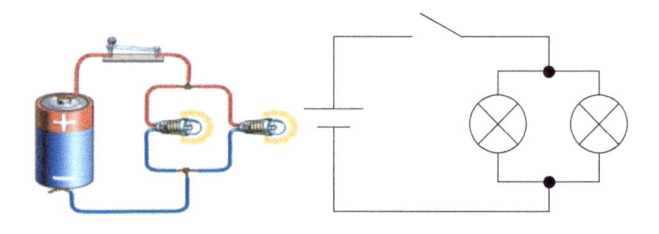

图 1-1-9　并联电路

7. 混联电路

（1）**混联电路的特点**　一个电路中既包含串联电路又包含并联电路，这个总电路被称为混联电路，如图 1-1-10 所示。

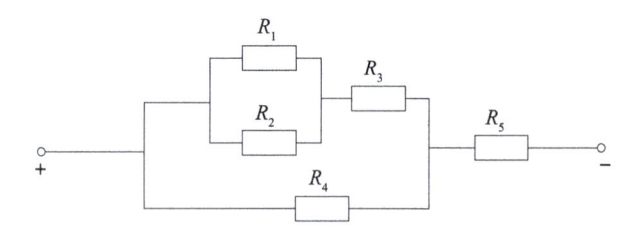

图 1-1-10　混联电路

分析混联电路时，必须先明确混联电路中各元器件之间的连接关系，然后应用串联、并联电路的特点分别求出单纯的串联、并联部分的各等效电阻，最后求出电路的总电阻。

如果混联电路比较复杂，各元器件之间的串并联关系一时看不清，可利用画等效电路图的方法找出各电阻之间的串并联关系，然后再分析计算，计算时按串联、并联电路各自的特点进行。

图 1-1-10 中的总电阻值 R_{total} 的计算方法如下：

1）先求出 R_1 与 R_2 的并联电阻值 R_{12}，$R_{12} = \dfrac{R_1 \times R_2}{R_1 + R_2}$

2）求 R_{12} 与 R_3 的串联电阻值 R_{123}，$R_{123} = R_{12} + R_3$

3）求 R_{123} 与 R_4 的并联电阻值 R_{1234}，$R_{1234} = \dfrac{R_{123} \times R_4}{R_{123} + R_4}$

4）最后求出总电阻值 R_{total}，$R_{total} = R_{1234} + R_5$

（2）**混联电路的应用**　新能源（电动）汽车动力蓄电池组的连接方式有先并后串、先串后并及混联，如图 1-1-11 所示。

在电池组中把多个电芯串联起来，得到所需要的工作电压，如果要得到更高的容量和更大的电流，那就需要把电池并联起来，一般把串联和并联这两种方法结合起来。例如把四节3.6V锂离子电池串联起来，总电压达到14.4V，然后再把两组串联在一起的电池并联起来，这样电池组的总电量就可以从2000mA·h提高到4000mA·h。这种接法被称为四串两并，即把两组由四节电池串联在一起的电池组并联起来。

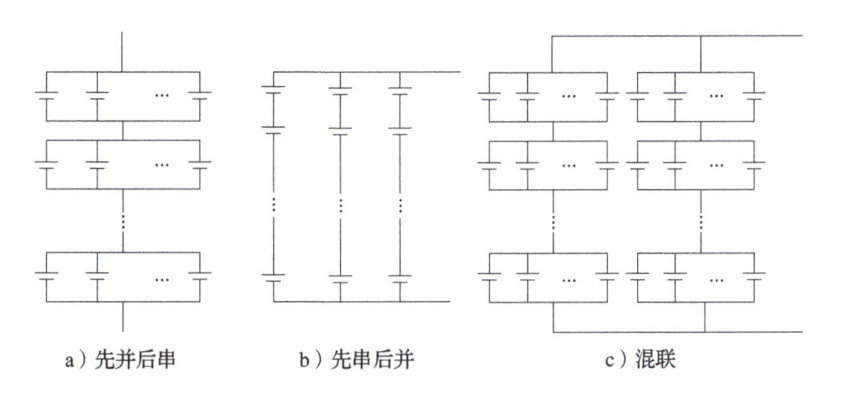

a）先并后串　　b）先串后并　　c）混联

图 1-1-11　动力蓄电池组的连接方式

从电池组连接的可靠性，以及电池电压不一致性的发展趋势和电池组性能影响的角度分析，先并后串连接方式优于先串后并连接方式，而先串后并的电池拓扑结构有利于对系统各个单体电池进行检测和管理。

串联电池组中某节电池电压过低的影响，如图 1-1-12 所示。某节电池仅产生 0.6V 的电压，而不是正常的 1.2V。随着工作电压的下降，它比正常电池组更快达到放电结束的临界点，同时它的使用时间也急剧缩短。一旦设备因电压过低而切断电源，其余三节仍然完好的电池就不能把所存储的电量送出来。这时，第三节电池还呈现出很大的内阻，如果此时还带有负载，那么将会导致整个电池组的输出电压大幅度下降。在一组串联电池组中，一节性能差的电池就像一个堵住水管的塞子，会产生巨大的阻力，阻止电流流过去。第三节电池也会短路，这将使终端的电压降低至 3.6V，或者使电池组链路断开并切断电流。一组电池组的性能取决于电池组里最差的那块电池的性能，这就是电池组的木桶效应。

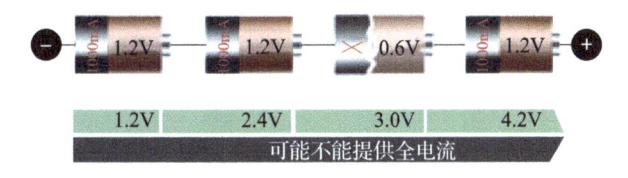

图 1-1-12　串联电池组中某节电池电压过低的影响

并联电池组中某节电池损坏的影响，如图 1-1-13 所示。高阻抗或"开路"电池的影响较小，但是并联电池组会减少负载能力，并缩短运行时间，这就好比一个发动机只启动了三个气缸。电路短路所造成的破坏会更大，这是因为在短路时，出现故障的电池会迅速地耗尽其他电池里的电量，并引起火灾。

串并联的连接方法在设计上很灵活，可以用标准的电池尺寸达到所需要的额定电压和电流（见图 1-1-14）。应当注意的是，总功率不会因为电池的不同连接方法而改变，功率等于电压乘电流。

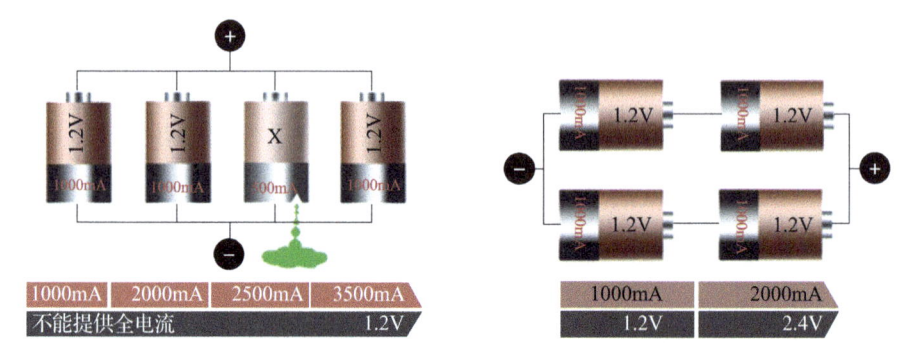

图 1-1-13　并联电池组中某节电池损坏的影响　　图 1-1-14　电池的串并联

对于锂离子电池而言，串并联的连接方法很常见。最常用的一种电池组是 18650（直径为 18mm，长度为 650mm），它带有保护电路，能够监视串联在一起的每一节电池，这个保护电路也可以用于监视并联在一起的每一节电池。

比亚迪 e5 纯电动汽车的动力蓄电池 13 个模组之间用铜排串联，动力蓄电池模组如图 1-1-15 所示。其中模组的电压不相同，串联之后的总电压约为 680V。

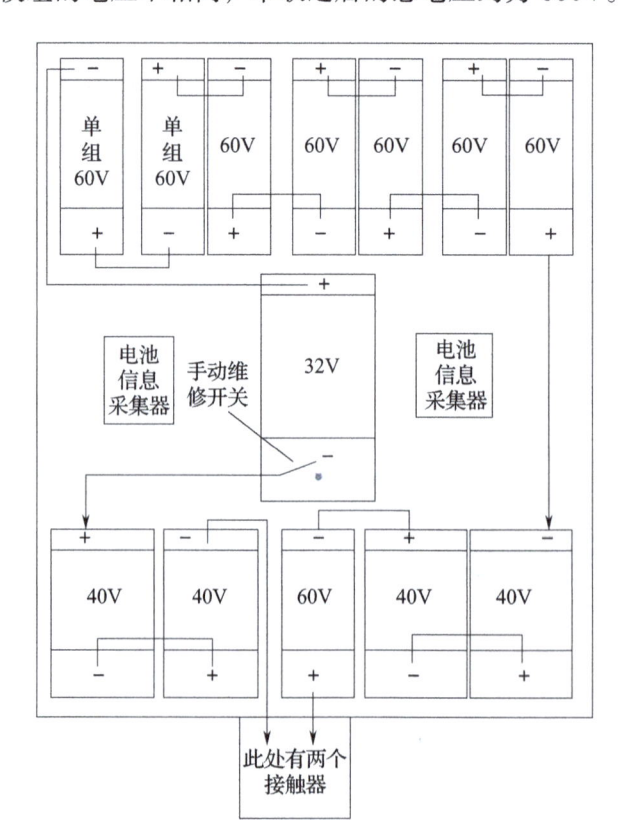

图 1-1-15　动力蓄电池模组

8. 基尔霍夫定律

基尔霍夫定律是电路中电压和电流所遵循的基本规律，是分析和计算较为复杂电路的基础，既可以用于直流电路分析，也可以用于交流电路的分析。

（1）基尔霍夫电流定律（KCL） 基尔霍夫电流定律也被称为基尔霍夫第一定律，该定律表述为：对于电路中任一节点，流入节点的电流之和恒等于流出节点的电流之和。图 1-1-16 所示的复杂电路中，I_1、I_2 是流入节点 D 的电流，I_3 是流出节点 D 的电流。根据基尔霍夫电流定律，I_1、I_2 和 I_3 之间的关系为

$$I_1+I_2=I_3 \text{ 或 } I_1+I_2-I_3=0$$

电流是具有大小和方向的物理量，即有正有负。绕行方向与电动势或电压降方向一致的电压取正号，反之取负号。电路中任意一节点的电流代数和为 0，即

$$\sum_{0 \leqslant m \leqslant n} I_m = 0$$

式中，∑是求代数和；n 是被选定的节点上流入、流出电流的总支路数；m 是被选定的节点上任一选定的电流支路。

（2）基尔霍夫电压定律（KCV） 基尔霍夫电压定律也被称为基尔霍夫第二定律，该定律表述为：对于电路中任一回路，回路中各电源电动势的代数和等于各电阻上电压降的代数和，即

$$\sum E = \sum IR$$

图 1-1-16 中，A—D—C—B、E—D—C—F 回路中，必有

$$E_1 = I_1R_1 + I_1R_2 + I_3R_3 \text{ 和 } E_2 = I_2R_4 + I_3R_3$$

应当注意的是，绕行方向与电动势或电压降方向一致的电压取正号，反之取负号。

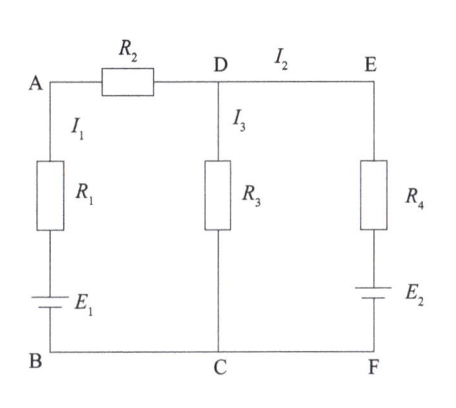

图 1-1-16 复杂电路

9. 电路中电位的计算

在进行电路分析时，经常要测量和计算电路中各点的电位值，从而确定电路的工作状态。为了确定电路中各点的电位值，可任意选择电路中的某一点作为参考点，假定其电位为 0，此时电路中其他各点的电位都是与参考点进行比较而言的，或者说电路中某点的电位就是这一点与参考点之间的电压。例如，在图 1-1-17 中，选 C 点作为参考点，即 C 点的电位 $V_C=0$，A 点和 B 点的电位分别为

$$V_A = V_A - V_C = U_{AC}$$
$$V_B = V_B - V_C = U_{BC}$$

电路中任意两点之间的电位差即为该两点间的电压。所以，知道了各点的电位，便可以求得任意两点间的电压，如图 1-1-17 中，$U_{AB} = V_A - V_B$。

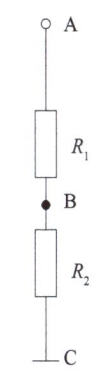

图 1-1-17 电位与电压

原则上，参考点可以任意选择，但工程上常选择大地为参考点，因此参考点也被称为接地，在电路图中用符号"⊥"表示。机壳需要搭铁的设备，就可以把机壳作为参考点，凡是与机壳直接相连的各点电位均为0。有些电子设备，机壳虽然不搭铁，但许多电气元器件都接到一条公共线上，通常把这条公共线作为参考点。在汽车上常以金属车身为参考点，称为搭铁。

二、交流电路

大小和方向随时间按正弦曲线的规律发生周期性变化的电动势、电压和电流分别称为交变电动势、交变电压和交变电流，通称为交流电（AC）。在交流电作用下的电路被称为交流电路。工业、农业和日常生活中所使用的电能几乎都来自交流电网，它们都属于交流电。交流电动机、变压器等电气设备都是根据电磁感应原理工作的设备，必须在交流电源下工作，且在正弦交流电的作用下具有较好的性能。交流电比直流电输送方便、价格便宜，交流电动机的结构也比直流电动机简单、成本较低、维护方便，因此在工业生产和日常生活中获得广泛应用。目前在新能源汽车中，用于驱动交流电动机的就是三相交流电。

1．交流电的特性及产生

交流电是由交流发电机产生的。交流发电机的原理如图 1-1-18a 所示，可旋转部分通常被称为转子，转子中有磁极 N 和磁极 S。当转子旋转时，旋转的磁场切割磁力线而产生感应电动势。线圈中的感应电动势引到负载上，形成供电线路。

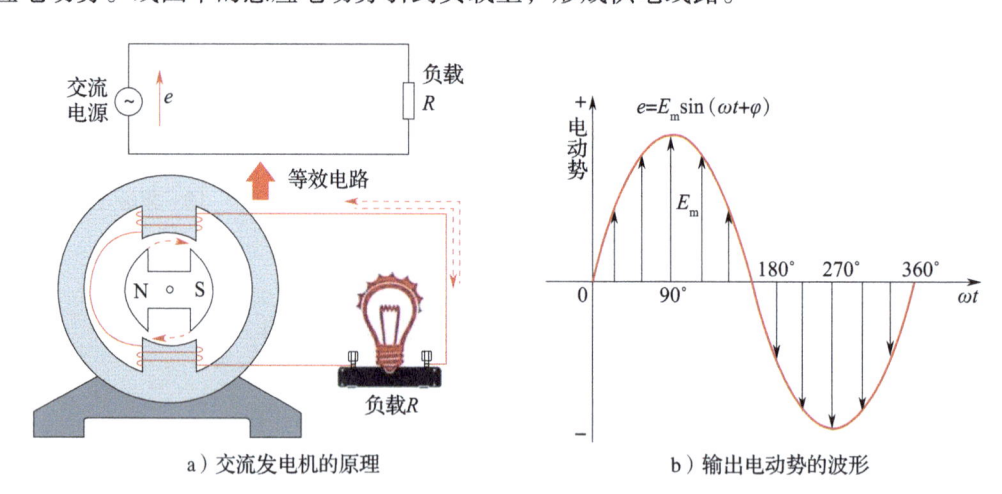

a）交流发电机的原理　　b）输出电动势的波形

图 1-1-18　交流电的产生

如图 1-1-18b 所示，从交流发电机输出的波形可以看出，该电动势的波形是正弦波形，可以用正弦函数来表示。用 e 表电动势，则 $e=E_m\sin(\omega t+\varphi)$。

2．交流电的基础物理量

（1）瞬时值和最大值　在交流电路中，交流电在每一瞬时的电动势、电压和电流的数值分别被称为电动势、电压和电流的瞬时值，用符号 e、u 和 i 表示。

瞬时值中最大的数值被称为交流电的最大值，分别用符号 E_m、I_m 和 U_m 表示。瞬时值和最大值的关系表示为 $e=E_m\sin(\omega t)$。

（2）**周期、频率和角频率**　交流电每交变一次（或一周）所需的时间被称为周期，用符号 T 表示，单位为 s。每秒内交流电交变的周期数或次数被称为频率，用符号 f 表示，单位为 Hz。周期和频率为倒数关系，即

$$T=1/f \text{ 或 } f=1/T$$

单位时间内变化的电角度被称为角速度，又称角频率，用符号 ω 表示，单位为 rad/s。由定义可知，导线旋转一周，角度变化 2π 弧度，所需时间为一个周期 T，即

$$\omega=2\pi/T=2\pi f$$

频率、周期和角频率都是反映交流电重复变化快慢的物理量。交流电正弦曲线如图 1-1-19 所示。我国交流电频率为 50Hz，每秒变化 50 个周期，周期为 0.02s。对于 50Hz 的工频交流电，其角频率为 314rad/s。

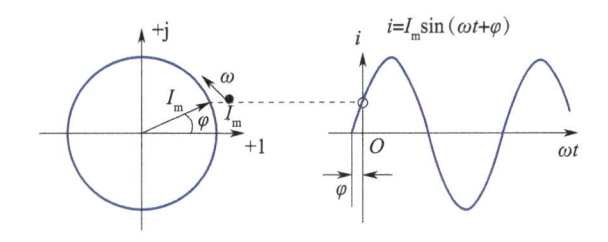

图 1-1-19　交流电正弦曲线

（3）**相位、初相位和相位差**

1）反映正弦量变化进程的量被称为相位，它确定正弦量每一瞬时的状态，$(\omega t+\varphi)$ 被称为相位角，简称相位。$(\omega t+\varphi)$ 和 ωt 是表示正弦交流电瞬时变化的一个量，被称为相位或相角，不同的相位对应不同的瞬时值。$t=0$ 时的相位被称为初相位或初相角。初相位与计时起点有关，因此可正可负，也可以为 0。最大值、频率和初相位是确定正弦量的三要素。

2）在任一瞬时，两个同频率正弦交流电的相位之差被称为相位差。可见，相位差就是初相位之差，它与时间和角频率无关。

当相位差为 0 时，两个交流电的初相位相同，表示两个交流电同时达到 0 或最大值，这被称为同相。若一个交流电比另一个交流电早到 0 或正的最大值，则前者被称为超前，后者被称为滞后。若两者相位差为 180°，则表示它们同时到达 0 或符号相反的最大值，这被称为反相。

应注意，只有同频率的正弦量之间才有相位差、超前和滞后等概念，并规定超前或滞后的角度数不超过 π。频率不同，在相位上不能进行比较。

（4）**有效值**　正弦交流电的大小和方向随时在变，实际应用中常用热效应等效的直流电流值来表示交流电流值的大小，这个直流电流值就被称为交流电的有效值，用大写字母 I 表示。同理可得到交流电动势和交流电压的有效值分别为 E 和 U。

通过计算可知，正弦交流电的有效值等于交流电的电流、电压和电动势最大值 I_m、U_m 和 E_m 的 $1/\sqrt{2}$，换算关系为

$$I=0.707I_m$$
$$U=0.707U_m$$
$$E=0.707E_m$$

3．三相交流电路

最大值相等、频率相同、相位互差 120°的三个正弦交流电动势被称为三相对称电动势，由三相对称电动势所组成的电源被称为三相对称交流电源，每一个电动势便是电源的一相。采用三相制供电的电路系统被称为三相交流电路。

（1）**三相交流电的产生** 图 1-1-20a 所示为一个最简单的三相交流发电机的结构示意图。在转子上放置着三个完全相同的绕组 AX、BY、CZ。A、B、C 代表各相绕组的首端，X、Y、Z 代表各绕组的末端，三绕组在空间上彼此相隔 120°。当转子在按正弦分布的磁场中以恒定速度旋转时，根据电磁感应原理，在三个绕组中会产生三相对称的正弦电动势，其表达式为

$$e_A = E\sin\omega t$$
$$e_B = E\sin(\omega t - 120°)$$
$$e_C = E\sin(\omega t + 120°)$$

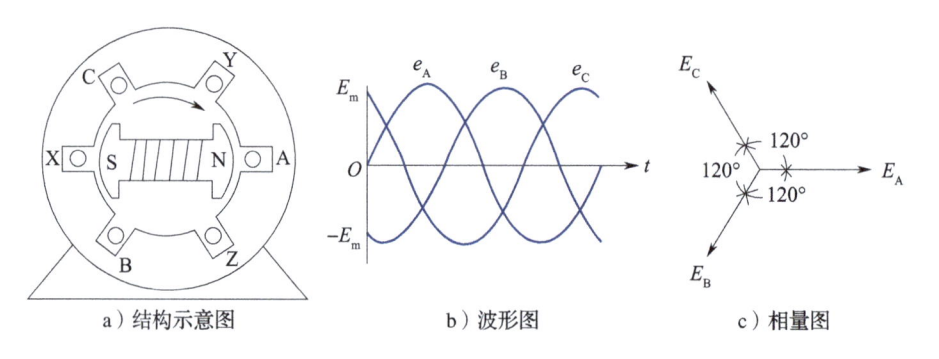

a）结构示意图　　b）波形图　　c）相量图

图 1-1-20　三相交流电路

这三个电动势具有以下三个特点：由于三相绕组以同一速度切割磁力线，所以电动势的频率相同；由于每相绕组的几何形状、尺寸和匝数均相同，因此电动势的最大值（或有效值）彼此相等；由于三相绕组的空间位置互差 120°电角度，所以三个电动势之间存在着 120°的相位差。图 1-1-20b 和图 1-1-20c 为三相对称正弦电动势的波形图和相量图。三相电动势或电流最大值出现的次序被称为相序。在三相电源中，每相绕组的电动势被称为相电动势，每相绕组两端的电压被称为相电压。通常，规定从始端指向末端为电压的正方向。在任何瞬时，三相对称正弦电动势之和都等于 0。

（2）**三相电源的联结** 通常把三相电源（包括发电机和变压器）的三相绕组接成星形或三角形向外供电。

1）三相电源的星形联结。把三相绕组的末端 X、Y、Z 连到一起，从首端 A、B、C 引出连接负载的导线，如图 1-1-21a 所示，被称为星形联结。三相绕组末端的结点被称为电源的中性点，以字母 O 表示，其引出的导线被称为中线，又称零线。每相引出的导线被称为相线，俗称火线。有中线的三相供电方式被称为三相四线制，不引出中线的三相供电方式被称为三相三线制。

相线与中线间的电压被称为相电压，其瞬时值和有效值分别用 u_A、u_B、u_C 和 U_A、U_B、U_C 表示。任意两相线间的电压被称为线电压，其瞬时值和有效值分别用 u_{AB}、u_{BC}、u_{CA} 和 U_{AB}、U_{BC}、U_{CA} 表示。用相量法分析可得：线电压超前于所对应的相电压 30°，即 U_{AB} 超前 U_A 30°；线电压是相电压的 $\sqrt{3}$ 倍，即 $U_{AB}=\sqrt{3}\,U_A$，$U_{BC}=\sqrt{3}\,U_B$，$U_{CA}=\sqrt{3}\,U_C$。由于相电压是对称的，所以线电压也是对称的，如图 1-1-21b 所示。采用星形联结的特点是电源向负载提供两种电压，即相电压和线电压，相当于平常低电压系统所说的 220V 和 380V 两种电压。

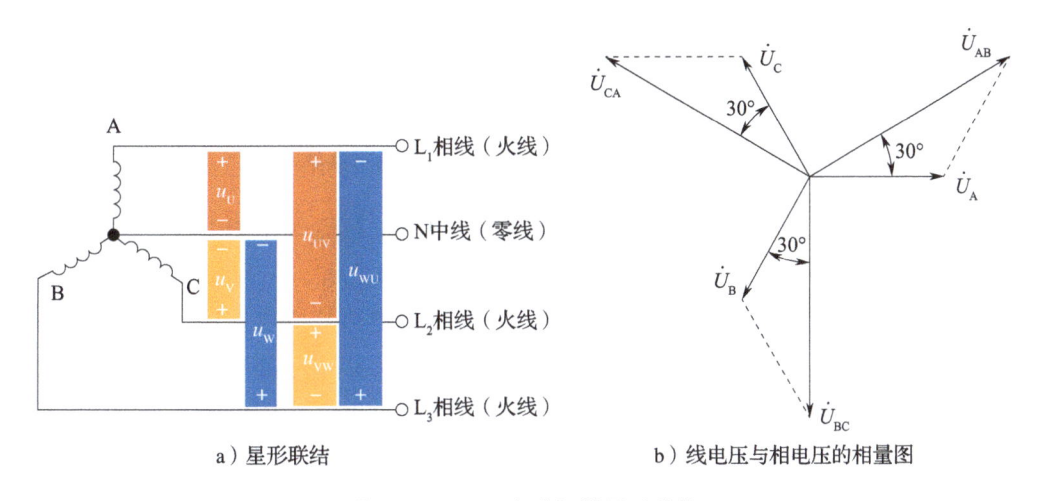

a）星形联结　　　　　　b）线电压与相电压的相量图

图 1-1-21　三相电源的星形联结

2）三相电源的三角形联结。一相绕组的末端与相邻一相绕组的首端依次连接，组成封闭的三角形，再从三首端 A、B、C 引出三根相线，如图 1-1-22a 所示，被称为三角形联结。由于绕组本身已构成闭合回路，必须使闭合回路内的电动势之和为 0，三相绕组产生的是三相对称正弦电动势，可以满足这个条件。但若有一根头尾接错，则会导致闭合回路中的总电动势为一相电动势的两倍，以致电源绕组烧毁，故接线前应正确判定各绕组的首末端。采用三角形联结时，线电压等于相电压，即 $U_{AB}=U_A$，$U_{BC}=U_B$，$U_{CA}=U_C$，如图 1-1-22b 所示，电源只能输出一种电压。

（3）**三相负载的联结**　三相负载的联结也有星形和三角形两种。

1）负载的星形联结。将三组负载的一端接到三相电源的相线上，另一端连接在一起并接到中线上，如图 1-1-23a 所示，被称为负载的星形联结。流过各相负载的电流被称为负载的相电流，其正方向为从电源到负载。流过中线的电流被称为中线电流，其正方向为从负载中性点到电源中性点。

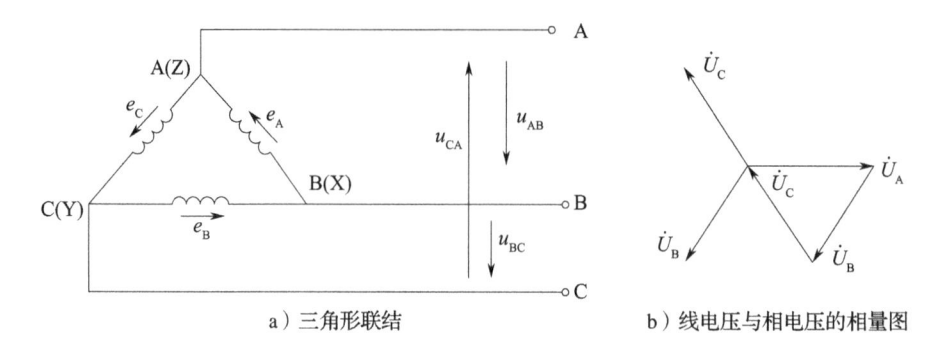

a）三角形联结　　　　　　b）线电压与相电压的相量图

图 1-1-22　三相电源的三角形联结

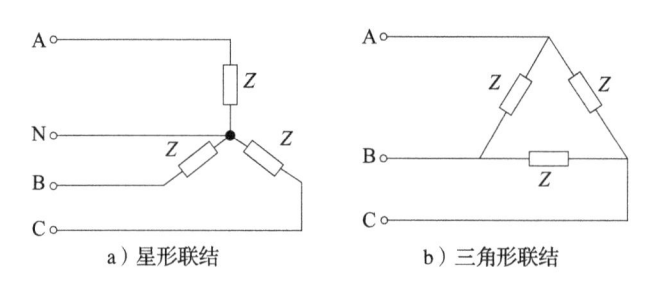

a）星形联结　　　　　　b）三角形联结

图 1-1-23　负载的星形联结和三角形联结

负载作星形联结时，负载两端承受电源的相电压。线电流等于相电流，即 $I_{线}=I_{相}$。根据基尔霍夫电流定律，中线电流等于各相负载电流的相量之和。

由于中线是作为三相电流公共回路用的，一般中线电流比线电流小，因此，中线导线的截面积一般可比相线截面积小些。当三相负载阻抗的大小和性质相同，即三相负载对称平衡时，中线电流为 0，可省去中线，成为三相三线制供电。照明电路的负载，一般总是不平衡的，故需采用具有中线的供电回路。

对三相四线制供电，中线正常工作时不允许断开，否则会使负载大的一相端电压较正常相电压低，负载小的一相端电压较正常相电压高，严重时会烧坏电器，而单相负载不可能有回路，因此规定在中线干线上不允许安装熔断器和开关设备，并规定中线选用机械强度高的导线。

2）负载的三角形联结。将三相负载分别接在三相电源的两根相线之间，如图 1-1-23b 所示，被称为负载的三角形联结。负载的三角形联结只能用在三相负载平衡的条件下。负载两端的电压被称为相电压，相电压等于三相电源的线电压，而线电流等于相电流的 $\sqrt{3}$ 倍，并较相电流滞后 30°。

三相负载如何联结，应根据负载的额定电压和电源电压的数值而定，必须保证每相负载承受的电压按接法折算后等于铭牌上的额定电压。对于 380V/220V 的三相四线制低电压供电系统，可分成以下四种情况来考虑。

①当使用额定电压为 220V 的单相负载时，应把它接在电源的相线与中线之间。
②当使用额定电压为 380V 的单相负载时，应把它接在电源的相线与相线之间。
③若三相对称负载的额定电压为 220V，要想把它们接在线电压为 380V 的电源上，则

应将负载接成星形联结。

④若三相对称负载的额定电压为380V，则应将它们接成三角形联结。

三、磁、磁路与电磁感应

1．磁的基本概念

（1）磁场　磁场是一种看不见摸不着，存在于电流、运动电荷、磁体或变化电场周围空间的特殊形态的物质。磁场的存在表现为使进入场域内的磁针、磁体发生偏转或取向；对场域内的运动电荷施加作用力，即电流在磁场中受到力的作用。

磁场的强度用磁感应强度 B 表示。磁感应强度的大小为单位长度的单位直流电流在均匀磁场中所受到的作用力，公式为

$$B=F/IL$$

（2）磁力线　如图1-1-24所示，在磁场中画一些曲线（用虚线或实线表示，且互不交叉），使曲线上任何一点的切线方向都跟这一点的磁场方向相同，这些曲线被称为磁力线。磁力线是闭合曲线，规定小磁针的N极所指的方向为磁力线的方向。磁铁周围的磁力线都是从N极到S极，磁铁内部的磁力线是从S极到N极。

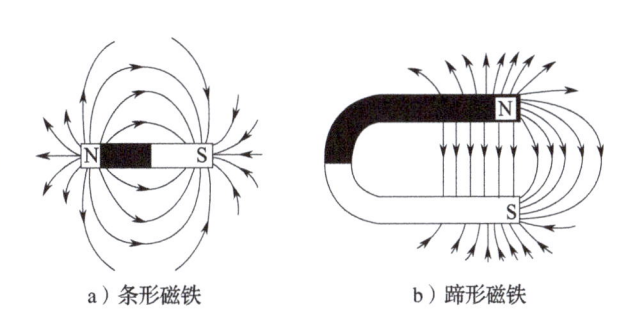

a）条形磁铁　　b）蹄形磁铁

图1-1-24　磁力线

（3）磁导率　磁导率是表征磁介质磁性的物理量，常用符号 μ 表示，μ 又称绝对磁导率。μ 等于介质中磁感应强度 B 与磁场强度 H 之比，即

$$\mu=B/H$$

通常使用的是磁介质的相对磁导率 μ_r，定义为磁导率 μ 与真空磁导率 μ_0 之比，即

$$\mu_r=\mu/\mu_0$$

式中，真空磁导率 $\mu_0=1$。

磁导率比1略大的材料被称为顺磁性材料，如白金、空气等；磁导率比1略小的材料被称为反磁性材料，如银、铜和水等。

（4）磁通　磁感应强度 B 与磁场前进方向上某一面积 S 的乘积被称为磁通，公式为

$$\Phi=BS \qquad (1-1-2)$$

式中，Φ 是磁通，单位为Wb（韦伯）和Mx（麦克斯韦），它们之间的换算关系为1Wb=10^8Mx；B 是磁感应强度，单位为T（特斯拉）；S 是面积，单位为 m^2。

由式（1-1-2）可知 $B=\Phi/S$，因此磁感应强度也被称为磁通密度。

2．磁路和磁性材料

（1）磁路　磁通的闭合回路被称为磁路。电动机、变压器和各种电磁铁都带有不同类

型的磁路。图 1-1-25 所示的磁路由线圈和铁心和空气间隙（气隙）组成，这是磁路的基本组成方式。

图 1-1-25 中 N 表示载流线圈的匝数，I 表示导线通过的电流，N 与 I 的乘积被称为磁动势。磁通在磁路中也会遇到阻力，称之为磁阻，用 R_m 表示，表达式为

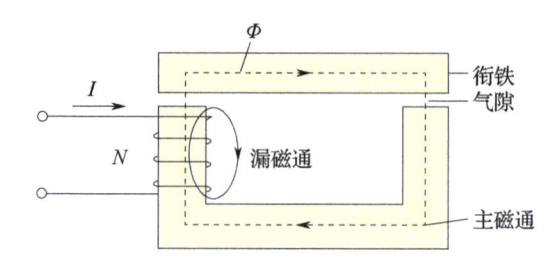

$$R_m = l/\mu S$$

图 1-1-25　磁路的组成

式中，l 和 S 分别为磁体的长度和截面积；μ 为材料的磁导率。

在磁路中，当磁阻大小不变时，磁通与磁动势成正比，表达式为

$$NI = \Phi R_m \text{ 或 } R_m = NI/\Phi$$

这可以类比电路的欧姆定律，被称为磁路欧姆定律，又被称为霍普金森定律。

（2）磁性材料　空气、橡胶和铜等材料在载流线圈中只能产生很弱的磁场，这些导磁性能很差的材料被称为非磁性材料。而磁性材料的主要特征是磁导率很高，载流线圈在材料中能产生很强的磁场，如铁、硅钢片和铁镍合金等。

磁性材料大致可以分为三类：软磁材料、硬磁材料和矩磁材料。软磁材料的特点是载流线圈的电流为 0 时，几乎没有磁性；硬磁材料的特点是载流线圈的电流为 0 时，仍然保持很强的磁性；矩磁材料的特点是载流线圈的电流为 0 时，磁性几乎保持不变，因此矩磁材料可用作记忆元件。

3. 电磁感应

（1）法拉第电磁感应定律　当载流线圈内的磁通 Φ 发生变化时，线圈内将会产生感应电动势；如果线圈形成闭合回路，还会产生感应电流。感应电动势 e 的大小与磁通的变化速度 $|\Delta\Phi/\Delta t|$ 和载流线圈的匝数 N 成正比，表达式为

$$e = N|\Delta\Phi/\Delta t| \tag{1-1-3}$$

这一规律被称为法拉第电磁感应定律。又因为 $\Phi = BS$，S 为截面积，当单根导线均匀切割磁场，即 N=1 时，截面积 S 可以表达为

$$S = lvt \tag{1-1-4}$$

式中，l 和 v 分别为均匀切割磁场导线的长度和运动速度；t 为时间。由式（1-1-3）和式（1-1-4），有

$$e = |\Delta\Phi/\Delta t| = Blv$$

（2）自感与互感现象

1）自感。当通过导体（电感 L 可等同于线圈）中的电流发生变化时，它周围的磁场就随之变化，并由此产生磁通的变化，因而在导体中产生感应电动势，这个电动势总是阻碍导体中原来电流的变化，被称为自感电动势，这种现象被称为自感现象。

如图 1-1-26a 所示，当开关 K 闭合时，灯泡 HLA 立即点亮，而 HLB 回路因存在电感，HLB 由暗变亮。如图 1-1-26b 所示，断开开关 K，灯泡会闪亮一下再熄灭。

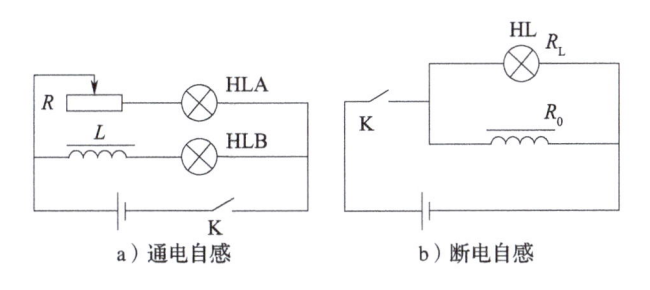

图 1-1-26 自感现象

自感现象在电工无线电技术中应用广泛。自感线圈是交流电路或无线电设备中的基本元件，利用线圈阻碍电流变化的特性，可以稳定电路的电流，它和电容器的组合可以构成谐振电路或滤波器。自感现象有时非常有害，例如具有大自感线圈的电路断开时，因电流变化很快，会产生很大的自感电动势，导致击穿线圈的绝缘保护，或在电闸断开的间隙产生强烈电弧，可能烧坏电闸开关，如果周围空气中有大量可燃性尘粒或气体，还可能引起爆炸。这些都应设法避免。

2）互感。若有两只线圈互相靠近，则第一只线圈中电流所产生的磁通有一部分与第二只线圈相环链。当第一只线圈中电流发生变化时，其与第二只线圈环链的磁通也发生变化，在第二只线圈中产生感应电动势，这种现象被称为互感现象。

如图 1-1-27 所示，当闭合开关和断开开关时，右侧的灵敏电流计都会偏转。

互感现象的基本原理是磁耦合。利用互感现象，可以制成变压器、感应线圈等。互感现象有时也有害，如互感现象会干扰自感构成的谐振、滤波等电路，在这种情况下应该设法减少互感的耦合作用。

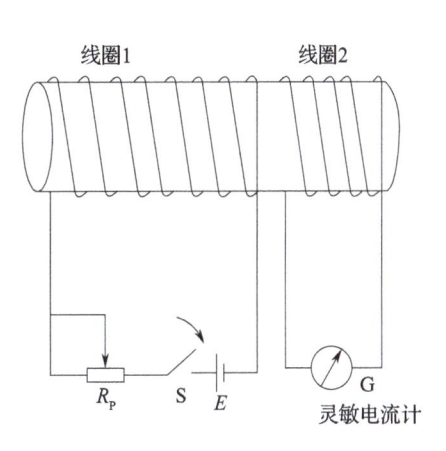

图 1-1-27 互感现象

（3）左手定则、右手定则和安培定则

1）左手定则。载流导体在磁场中将会受到磁场力的作用。力是有大小和方向的物理量，力的大小与磁感应强度、通过导体的电流、导体长度成正比，即

$$F=BIl$$

式中，F 为导体受到的作用力，单位是 N；B 为磁感应强度，单位是 T；I 为通过导体的电流，单位是 A；l 为导体有效长度，单位是 m。

如图 1-1-28a 所示，载流导体受到作用力的方向可由左手定则判断。方法是左手平展，大拇指与其余四指垂直，磁力线垂直穿入手心，手心面向 N 极，四指指向电流方向，则大拇指的方向就是导体受力的方向。

2）右手定则。伸开右手，使拇指与其余四个手指垂直，并且都与手掌在同一平面内，让磁力线垂直于手心进入，并使拇指指向导体运动方向，这时四指所指的方向就是感应电流的方向。这就是判断导体切割磁力线时感应电流方向的右手定则，如图 1-1-28b 所示。

右手定则判断导体切割磁力线时的电流方向和导体运动方向关系。

3）安培定则。安培定则一（通电直导线中的安培定则）：用右手握住通电直导线，让大拇指指向电流的方向，那么四指的指向就是磁力线的环绕方向。

安培定则二（通电螺线管中的安培定则）：如图1-1-28c所示，用右手握住通电螺线管，使四指弯曲与电流方向一致，那么大拇指所指的那一端是通电螺线管的N极。

由安培定则判断结果可以知道，当磁通增大时，线圈中的感应电动势和感应电流实际方向与电动势 e 的方向相反；而当磁通减小时，线圈中的感应电动势和感应电流实际方向与电动势 e 的方向相同。由此可知，感应电动势趋于产生一个感应电流，该感应电流的磁场总是力图阻止原磁场发生的变化，这一规律被称为楞次定律。

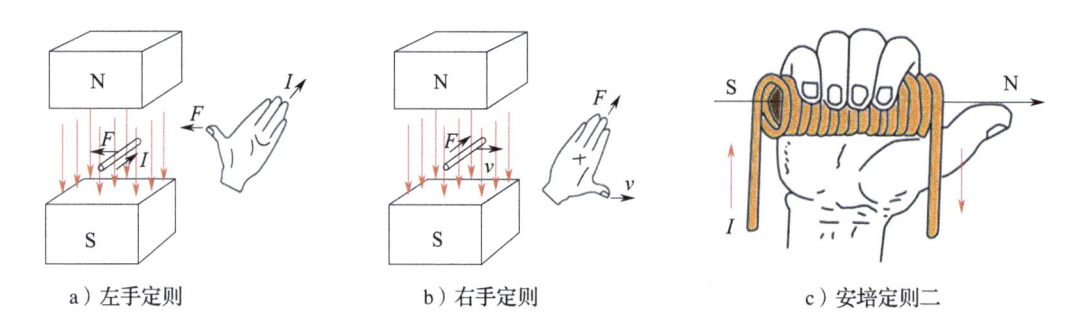

a）左手定则　　b）右手定则　　c）安培定则二

图1-1-28　左手定则、右手定则和安培定则二

四、模拟电路与数字电路

1. 电信号

信号如工业控制中的温度、压力、流量和自然界的声音信号等，是反映消息的物理量，因而信号是消息的表现形式。人们所说的信息，是指存在于消息之中的新内容，例如人们从各种媒体获得原来未知的消息，就是获得了信息。可见，信息需要借助于某些物理量（如声、光、电）的变化来表示和传递，广播和电视利用电磁波来传送声音和图像就是最好的例证。

由于电信号较容易传送、处理和控制，人们就将非电的物理量通过各种传感器转换成电信号，以达到信息的提取、传送、交换和存储等目的。电信号是指随时间变化的电压 u 或电流 i，因此在数学描述上可将它表示为时间的函数，$u=f(t)$ 或 $i=f(t)$，并可画出其波形。电子电路中的信号均为电信号，以下简称信号。

2. 模拟信号和数字信号

信号的形式是多种多样的，可以从不同角度进行分类。例如，根据信号是否具有随机性，分为确定信号和随机信号；根据信号是否具有周期性，分为周期信号和非周期信号；根据信号对时间的取值，分为连续时间信号和离散时间信号，等等。在电子电路中则将信号分为模拟信号和数字信号。

模拟信号在时间和数值上均具有连续性，即对应于任意时间值 t 均有确定的函数值 u

或 i，并且 u 或 i 的幅值是连续取值的。例如，正弦波信号是典型的模拟信号，图 1-1-29a 也是典型的模拟信号。

与模拟信号不同，数字信号在时间和数值上均具有离散性，即 u 或 i 的变化在时间上不连续，总是发生在离散的瞬间，且它们的数值是一个最小量值的整倍数，并以此倍数作为数字信号的数值，如图 1-1-29b 和图 1-1-29c 所示。当实际信号的值在 N（N 为整数）与 $N+1$ 之间时，需通过设定的阈值将其确定为 N 或 $N+1$，即认为 N 与 $N+1$ 之间的数值没有意义。

应当指出，大多数物理量所转换成的电信号均为模拟信号。在信号处理时，模拟信号和数字信号可以相互转化。例如，用计算机处理信号时，由于计算机只能识别数字信号，故需将模拟号转换为数字信号，称之为模/数（A/D）转换；由于负载需要通过模拟信号驱动，故需将计算机输出的数字信号转换为模拟信号，称之为数/模（D/A）转换。

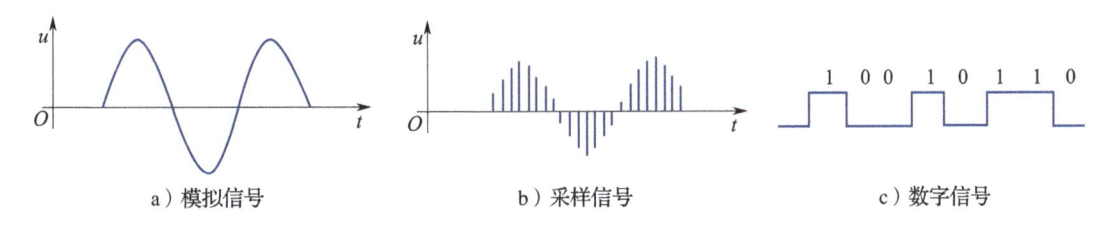

a）模拟信号　　　　　　b）采样信号　　　　　　c）数字信号

图 1-1-29　模拟信号和数字信号

3. 电子信息系统

电子信息系统可简称为电子系统。对模拟信号进行处理的电路被称为模拟电路，对数字信号进行处理的电路被称为数字电路。汽车应用中的电子系统通常是两种信号都存在的。

（1）**电子信息系统的组成**　图 1-1-30 所示的点画线框内为模拟电子系统示意图。系统首先采集信号，即进行信号的提取。通常这些信号来源为转换各种物理量为电信号的传感器、接收器，或者用于测试的信号发生器。对于实际系统，传感器或接收器所提供信号的幅值往往很小，噪声很大，且易受干扰，有时甚至分不清有用信号和干扰或噪声。因此，在加工信号之前需将其进行预处理。预处理时需根据实际情况利用隔离、滤波和阻抗变换等各种手段将信号分离出来，并进行放大。当信号足够大时，再进行信号的运算、转换、比较和采样保持等不同的加工。最后，通常要经过功率放大以驱动执行机构（负载）。

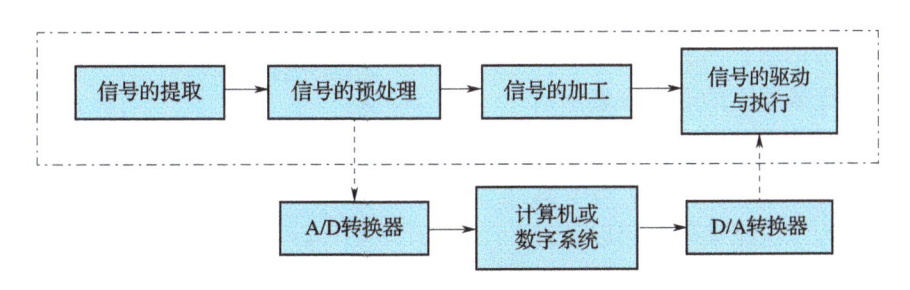

图 1-1-30　模拟电子系统示意图

若信号不经过计算机处理,则图1-1-30中信号的预处理和信号的加工可合二为一,统称为信号的处理。若要进行数字化处理,则将模拟信号预处理后经A/D转换器送入计算机或专门的数字系统进行处理,然后再经D/A转换器返回功率放大以驱动执行机构,如图1-1-30点画线框外所示。

(2) 电子信息系统中的模拟电路 在电子电路中,常见的模拟电路及其功能如下。

1) 放大电路:用于信号电压、电流和功率的放大。

2) 滤波电路:用于信号的提取、变换或抗干扰。

3) 运算电路:完成一个信号或多个信号的加、减、乘、除、积分、微分、对数和指数等运算。

4) 信号转换电路:用于将电流信号转换为电压信号或将电压信号转换为电流信号,将直流信号转换为交流信号或将交流信号转换为直流信号,以及将直流电压转换为与之成正比的频率等。

5) 信号发生电路:用于产生正弦波、矩形波、三角波和锯齿波信号等。

6) 直流电源:将220V、50 Hz交流电转换为不同输出电压和电流的直流电,作为各种电子电路的供电电源。

应当指出,放大是对模拟信号最基本的处理,上述电路中均含有放大电路,因此放大电路是构成各种功能模拟电路的基本电路。

(3) 电子信息系统中的数字电路 用数字信号完成对数字量的算术运算和逻辑运算的电路被称为数字电路或数字系统。由于它具有逻辑运算和逻辑处理的功能,所以又称数字逻辑电路。现代的数字电路是由半导体工艺制成的若干数字集成器件构造而成。逻辑门电路是数字电路的基本单元。存储器是用来存储二值数据的数字电路。从整体上看,数字电路可以分为组合逻辑电路和时序逻辑电路两大类。

1) 组合逻辑电路简称组合电路,它由最基本的逻辑门电路组合而成。组合逻辑电路的特点是输出值只与当时的输入值有关,即输出值唯一地由当时的输入值决定。电路没有记忆功能,输出状态随着输入状态的变化而变化,类似于电阻性电路,如加法器、译码器、编码器、数据选择器、发生器和函数发生器等都属于此类。

2) 时序逻辑电路简称时序电路,它由组合逻辑电路和存储电路两个部分组成的电路,如图1-1-31所示。与组合逻辑电路的本质区别在于时序逻辑电路具有记忆功能。

(4) 数字电路与模拟电路的区别

数字电路与模拟电路不同,它不利用信号的大小来表示信息,而利用电压的高低、电流的有无或电路的通断来表示信息的1或0,用一连串的1或0编码表示某种信息。由于只有1与0两个数码,所以被称为二进制编码。用以处理二进制信号的电路就是数字电路,它利

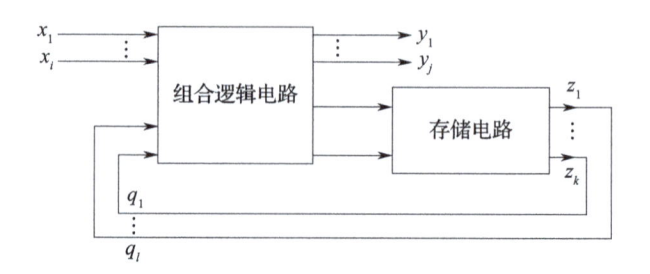

图1-1-31 时序逻辑电路框图

用电路的通断来表示信息的 1 或 0，其工作信号是离散的数字信号。模拟信号与数字信号的波形对照参照图 1-1-29。

技能操作

参照"知识学习"的内容，必要时参考其他技术资料，完成本书配套任务工单所要求的操作项目。

课堂测试

1．判断题

1）串联电路中电流处处相等。　　　　　　　　　　　　　　　　（　　）
2）当导体温度不变时，通过导体的电流与导体两端的电压成正比，与其电阻成反比。　　　　　　　　　　　　　　　　　　　　　　　　　（　　）
3）载流导体在磁场中一定受到电磁力的作用。　　　　　　　　　（　　）
4）几个电阻并联后的总电阻等于各个并联电阻的倒数之和。　　　（　　）
5）磁力线是一种闭合曲线。　　　　　　　　　　　　　　　　　（　　）
6）在磁路中，当磁阻大小不变时，磁通与磁动势成反比。　　　　（　　）
7）若磁场中各点的磁感应强度大小相同，则该磁场为均匀磁场。　（　　）
8）电压的方向由高电位指向低电位，是电位升高的方向。　　　　（　　）
9）基尔霍夫第一定律是节点电流定律，是用来证明电路上各电流之间关系的定律。　　　　　　　　　　　　　　　　　　　　　　　　　（　　）
10）汽车上只采用模拟电路。　　　　　　　　　　　　　　　　（　　）

2．单选题

1）标有"100Ω4W"和"100Ω36W"的两个电阻串联，允许加的最高电压是（　　）。
　　A．20V　　　　B．40V　　　　C．60V　　　　D．110V
2）三相四线的零线的截面积一般（　　）相线截面积。
　　A．大于　　　　B．小于　　　　C．等于　　　　D．无法确定
3）三个阻值相等的电阻串联时的总电阻是并联时总电阻的（　　）倍。
　　A．6　　　　　B．9　　　　　C．12　　　　　D．16
4）二极管的导电特性是（　　）。
　　A．单向　　　　B．双向　　　　C．三向　　　　D．随机
5）交流电路中电流比电压滞后90°，该电路属于（　　）电路。
　　A．纯电阻　　　B．纯电感　　　C．纯电容　　　D．纯电压

学习任务二 常用电子元器件的工作原理与检测

任务目标

知识目标：

1）能够描述电阻器的类型及其作用。

2）能够描述电容器的类型及其作用。

3）能够描述电感器的类型及其作用。

4）能够描述二极管、晶体管、场效应晶体管和IGBT（绝缘栅双极晶体管）的辨识方法。

能力目标：

1）能够识别常用的电子元器件。

2）能够检测常用的电子元器件。

素质目标：

1）奠定良好的专业基础。

2）拓宽专业知识面，提高解决技术问题的能力。

情境导入

情境描述：

在电路板上你会发现好多电子元器件都有三个引脚，他们都是"晶体管"吗？

情境提示：

有三个引脚的元器件不一定都是晶体管，还有可能是场效应晶体管或IGBT。如果需要确定是哪种类型的元器件，可以采用万用表检测或者查阅其型号的方法。

知识学习

一、电阻器的类型、应用、封装与检测

1．电阻器的类型与应用

电阻器简称电阻，是电子电路上应用最广泛的电子元件之一，其作用一般是限流、分流、降压、分压和电路偏置。电阻器在电路中可以单独使用，也可以和其他元器件一起使用，如电感、电容以及各种IC（集成电路）。电阻器在电路板上的丝印符号为R。

（1）电阻器的分类方式　电阻器分类方式有以下四种。

1）按阻值分类，可分为固定电阻、可变电阻和特种电阻。

2）按制造材料分类，可分为薄膜类电阻、合金类电阻、合成类电阻和敏感类电阻等，如碳膜电阻、金属膜电阻、金属氧化膜电阻和绕线电阻等。

3）按安装方式分类，可分为插件电阻和贴片电阻。

4）按功能分类，可分为负载电阻、采样电阻、分流电阻和保护电阻等。

（2）常用的电阻器及其应用　以下介绍七种常用的电阻器及其应用。

1）预充电阻。如图 1-2-1 所示，预充电阻内部是绕线电阻。在检查预充电路时，要注意了解预充电阻的阻值和额定功率。在进行元件替换时，除注意阻值外，还要确定功率是否匹配。

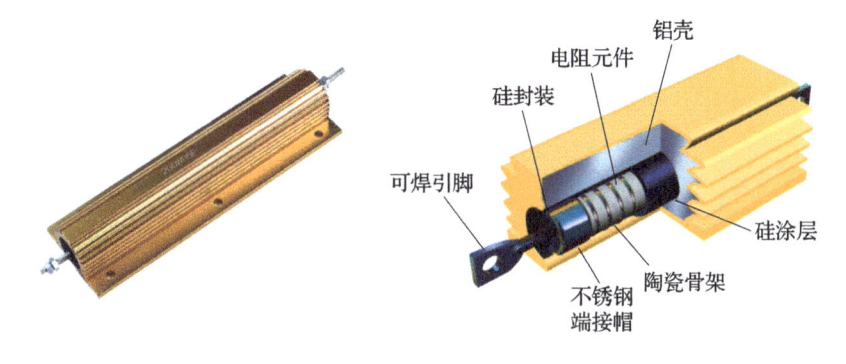

图 1-2-1　预充电阻及其内部结构示意图

图 1-2-2 所示为预充电路示意图。由 R_1 与 C_1 构成典型的 RC 电路。在新能源汽车上电瞬间，如果不经过预充电路，高压电直接加到电容上，会因电流过大损坏电容。

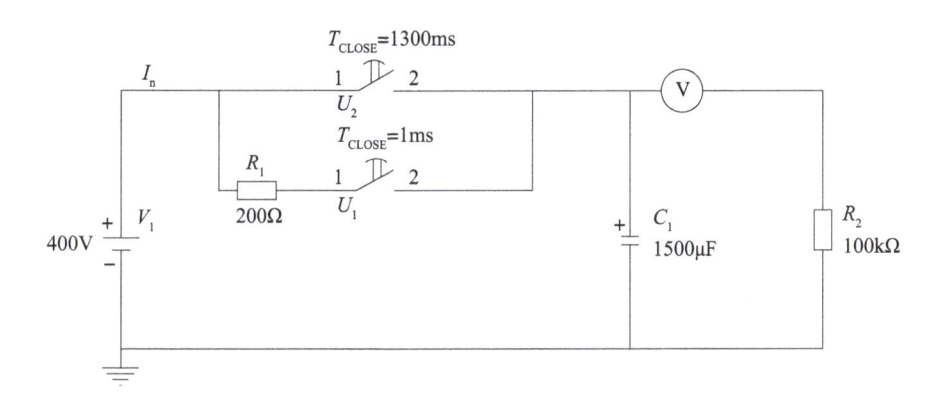

图 1-2-2　预充电路示意图

2）碳膜电阻（型号：RT）。碳膜电阻是在陶瓷骨架表面上，将碳氢化合物在真空中通过高温蒸发分解沉积成碳结晶导电膜。碳膜电阻价格低廉，阻值范围大（1Ω~10MΩ），温度系数为负值。碳膜电阻常用额定功率为 1/8~10W，精度等级为 5%、10% 和 20%，在一般的电子产品中大量使用。

3）金属膜电阻（型号：RJ）。金属膜电阻是在陶瓷骨架表面，经真空高温或烧渗工艺蒸发沉积一层金属膜或合金膜。金属膜电阻的特点是精度高、稳定性好、噪声低、体积小、高频特性好，且允许的工作环境温度范围大（-55~+125℃）、温度系数低 [（50~100）× 10^{-6}/℃]。金属膜电阻是目前组成电子电路应用最广泛的电阻之一。金属膜电阻常用额定功率有 1/8W、1/4W、1/2W、1W 和 2W 等，标称阻值在 10Ω~10MΩ 之间。

4）金属氧化膜电阻（型号：RY）。金属氧化膜电阻是在玻璃、瓷器等材料上，通过高温以化学反应形式生成以二氧化锡为主体的金属氧化层。金属氧化膜电阻由于氧化膜膜层比较厚，因而具有极好的脉冲、高频和过载性能，且耐磨、耐腐蚀、化学性能稳定，但其阻值范围小，温度系数比金属膜电阻差。

5）合金类电阻。合金类电阻是用块状电阻合金拉制成合金或碾压成合金箔制成电阻，主要包括绕线电阻（型号：RX）和精密合金箔电阻（型号：RJ）。

6）合成类电阻。合成类电阻是将导电材料与非导电材料按一定比例混合成不同电阻率的材料后制成的电阻。合成类电阻最突出的优点是可靠性高。常见的合成类电阻有金属玻璃釉电阻（型号：RI）、实心电阻（型号：RS）、合成膜电阻（型号：RH）和电阻排等。

7）敏感类电阻。常见的敏感类电阻有热敏电阻、压敏电阻、光敏电阻和湿敏电阻等，汽车中通常应用在传感器上。

2．电阻器的封装

不同类型的电阻器在电路板上常见的封装方式如下。

(1) **直插电阻** 直插电阻采用轴向封装形式，具有扁平轮廓，截面为圆形或箱形设计，两端带引线。电阻器阻值的标注方法常用的有直标法、文字符号法、数码法和色标法。图 1-2-3 所示为直插电阻，图中文字标志"2W"表示额定功率为 2W；"22ΩJ"表示该电阻的阻值为 22Ω，精度用等级 J（±5%）、K（±10%）和 M（±20%）表示，该电阻的精度等级为 J。图 1-2-4 所示为色环电阻的读数方法，不同色环表示不同的含义。

图 1-2-3 直插电阻

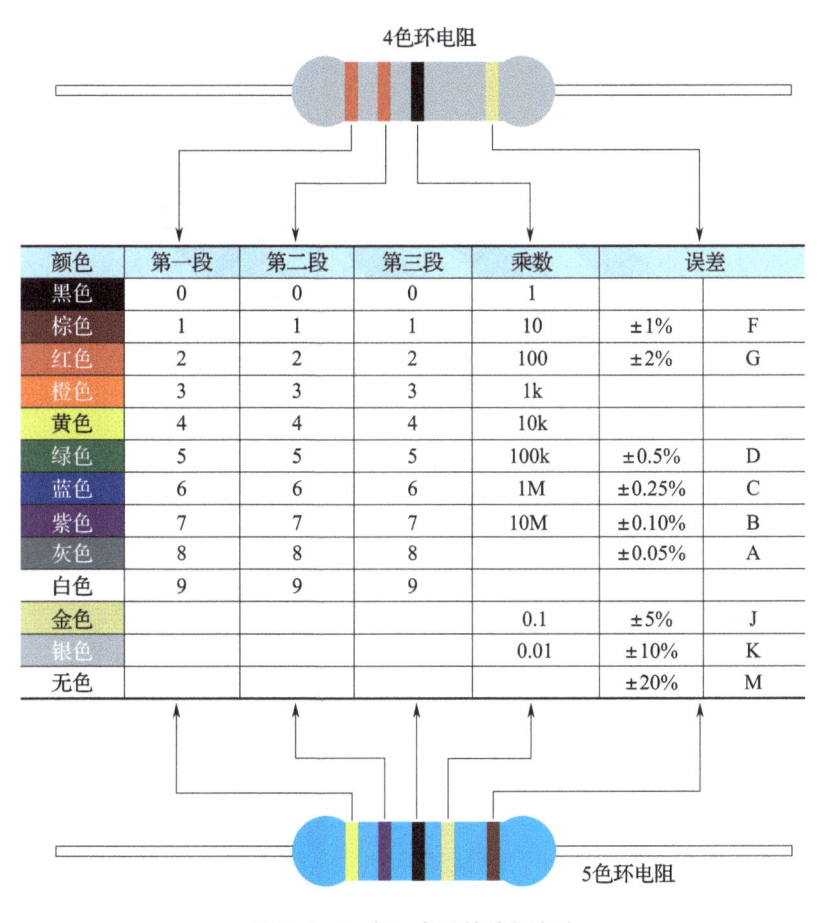

颜色	第一段	第二段	第三段	乘数	误差	
黑色	0	0	0	1		
棕色	1	1	1	10	±1%	F
红色	2	2	2	100	±2%	G
橙色	3	3	3	1k		
黄色	4	4	4	10k		
绿色	5	5	5	100k	±0.5%	D
蓝色	6	6	6	1M	±0.25%	C
紫色	7	7	7	10M	±0.10%	B
灰色	8	8	8		±0.05%	A
白色	9	9	9			
金色				0.1	±5%	J
银色				0.01	±10%	K
无色					±20%	M

图 1-2-4　色环电阻的读数方法

（2）**贴片电阻**　贴片电阻（Surface Mounted Device Resistor）又被称为片式固定电阻（Chip Fixed Resistor），是一种金属玻璃釉电阻。它是将金属粉和玻璃釉粉混合，采用丝网印刷法印在基板上制成的电阻器。这种电阻特点是耐潮湿和高温，温度系数小，还可以大大节约电路空间成本，使设计更精细化。

如图 1-2-5 所示，贴片电阻一般采用数码法进行标注。例如，"391"表示 $39×10^1=390\,\Omega$，"473"表示 $47×10^3=47000\,\Omega$，"5R60"表示 $5.60\,\Omega$。

（3）**晶圆电阻**　晶圆电阻又被称为无引脚电阻，是一种金属膜柱状电阻，如图 1-2-6 所示。它介于贴片电阻与直插电阻之间，主要适用于电流较大、耐高压冲击、安全性要求高的高阶电路中。与直插电阻相比，晶圆电阻去掉了引线，因此很大程

图 1-2-5　贴片电阻

度上降低了直插电阻在高频时引线所产生的寄生电感，同时能够解决直插电阻小阻值中精度与温度系数无法提高的问题。

图 1-2-6　晶圆电阻

3．电阻器的检测

如图 1-2-7 所示，在电路维修中，通常需要使用数字式万用表对电阻器进行测量。在测量电阻器时需要注意以下三点。

1）测量电阻器时，电阻器及其所在电路不得带电。

2）测量电阻器时，最好能将电阻器从电路中断开。

3）在电路板上测量电阻器时，测量值一般会小于或等于标称阻值（由于电路的并联关系），故测量值不准确。如果测量值大于标称阻值，说明电路有故障。

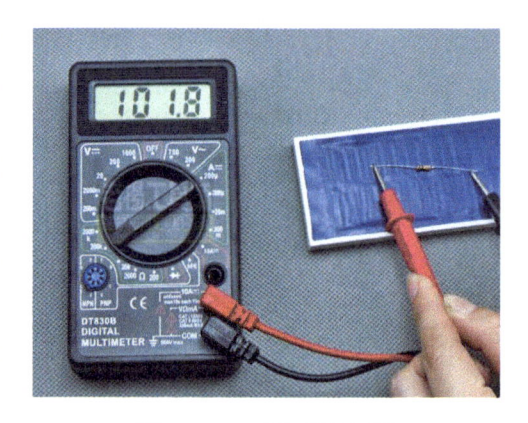

图 1-2-7　电阻器的测量

二、电容器的类型、应用、工作原理与检测

1．电容器的类型与应用

（1）电容器的分类方式　电容器简称电容。电容器在电路中的作用有很多，例如滤波、旁路、补偿、耦合、去耦、整流、抑制干扰和储能等，具体作用要根据电路结构来进行分析。电容器在电路板上的丝印符号是 C。

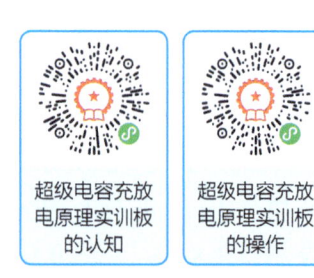

电容器的种类很多，分类方式也有所不同。

1）按原理分类，可分为无极性可变电容、无极性固定电容和有极性电容等。

2）按材料分类，可分为电解电容、钽电容、独石电容、CBB 电容（聚丙烯电容）、涤纶电容、瓷片电容和云母电容等。

（2）常用的电容器及其应用　以下介绍五种常用的电容器及其应用。

1）电解电容。电解电容是电容的一种，金属箔（铝或钽）为正极，与正极紧贴的金属氧化膜（氧化铝或五氧化二钽）是电介质，阴极由导电材料、电解质（电解质可以是液体或固体）和其他材料共同组成，电解质是阴极的主要部分，电解电容因此而得名。电解电容在电路板上的丝印符号一般是CE。

图1-2-8所示的电容为电解电容。这是一种有极性的电容，类似于电池分正负极，在使用时不要接错极性。长引脚这侧是正极，有的在侧面会标识"-"或"+"，一定要注意其极性。在更换电容时，除了要注意电容的极性外，还要注意电容的耐压等级和容值。图1-2-8中的电容耐压等级为100V，容值为220μF。

图1-2-8所示的电容是一种直插封装的元件。同电阻一样，电容也有贴片封装的方式。图1-2-9所示的电容为贴片电容，这种电容也是有极性的电容，只是封装形式是贴片封装。安装贴片电容时同样要注意电容的极性，带颜色一侧是电容的负极。贴片电容的VT和RVT表示不同系列，其温度和寿命不同。

图1-2-8　电解电容　　　　图1-2-9　固态贴片封装电解电容

2）钽电容。钽电容全称是钽电解电容，也属于电解电容的一种，但是使用金属钽作为介质，不像普通电解电容那样使用电解液。钽电容不需要像普通电解电容那样使用镀了铝膜的电容纸绕制，本身几乎没有电感。钽电容的性能优异，是电容中体积较小而又具有较大容值的产品，在电源滤波、交流旁路等用途上应用最广泛。

图1-2-10所示为贴片封装的钽电容，这也是一种有极性的电容，带横线一侧是电容的正极。图1-2-10中标识为"107D"的电容，"107"表示容值为10×10^7pF=100000000pF=100000nF=100μF，"D"表示耐压等级。钽电容的耐压等级用不同的字母来标识，如下：F为2.5V，G为4V，L或J为6.3V，A为10V，C为16V，D为20V，E为25V，V为35V，T为50V。

3）多层陶瓷电容（Multi-layer Ceramic Capacitors，MLCC）是片式。多层陶瓷电容是由印好电极（内电极）的陶瓷介质膜片以错位的方式叠合起来，经过一次性高温烧结形成陶瓷芯片，再在芯片的两端封上金属层（外电极），从而形成一个类似独石的结构体，故也被称为独石电容。图1-2-11所示的电容为多层陶瓷电容。这种电容是无极性电容，在电路板上应用的数量最多。

图 1-2-10　贴片封装的钽电容　　　　图 1-2-11　多层陶瓷电容

4）安规电容。安规电容是指电容失效后，不会导致电击，不危及人身安全的安全电容。安规电容通常只用于抗干扰电路中的滤波。它用在电源滤波器里，起到电源滤波作用，也对差模、共模干扰起滤波作用。出于对安全和EMC（电磁兼容性）的考虑，一般建议在电源入口加上安规电容。

安规电容分为X型和Y型。交流电源输入有三个端子：相线L（Line）、中线N（Neutral）和地线G（Ground）。跨于L和N之间的是X电容，跨于L和G或N和G之间的是Y电容。L和N之间接的电容就像"X"，而L和G之间接的电容就像"Y"。

① X电容。X电容（见图1-2-12）用来消除差模干扰，它主要起滤波作用，与共模电感匹配，并联在输入端，滤除L和N之间的差模信号。X电容的容值在10nF~2.2μF之间，不能过大。另外，X电容在端口，接触的是高压220V。X电容是有特别规定的，必须是经过有关认证的安规电容，其他任何电容都不能替代它，X电容的特殊性就在这里。X电容根据安全等级分为X1、X2和X3三种，X电容安全等级中允许的峰值脉冲电压过电压等级分别为 2.5kV<X1≤4.0kV、X2≤2.5kV、X3≤1.2kV。

② Y电容。Y电容（见图1-2-13）在电路中用来滤除共模干扰。Y电容跨接在L和G或N和G之间，也必须安装。Y电容的容值与X电容相比要小很多，为100pF~4.7nF，但它的绝缘耐压有几千伏。Y电容的安全等级分为Y1、Y2、Y3和Y4四种。

图 1-2-12　X电容　　　　图 1-2-13　Y电容

5）超级电容器（SC）。超级电容器也被称为法拉电容器，是一种高容值电容，其容值远高于其他电容，但电压限制较低，它弥合了电解电容和可充电电池之间的差距。它在每

单位体积或质量上存储的能量通常是电解电容的 10~100 倍，可以比电池更快地接受和传递电荷，并且比可充电电池耐受更多的充电和放电循环次数。

超级电容器用于需要许多快速充电/放电循环次数而不是长期紧凑型能量存储的应用中。在乘用汽车、公共汽车、火车、起重机和电梯中，它们用于再生制动、短期能量存储或突发模式供电。较小的单元可用作静态随机存储器（SRAM）的备用电源。

与普通电容器不同，超级电容器不使用常规的固体电介质，而是使用静电双层电容或电化学电容。图 1-2-14 所示为超级电容器，图 1-2-15 所示为应用在新能源汽车上的超级电容器。

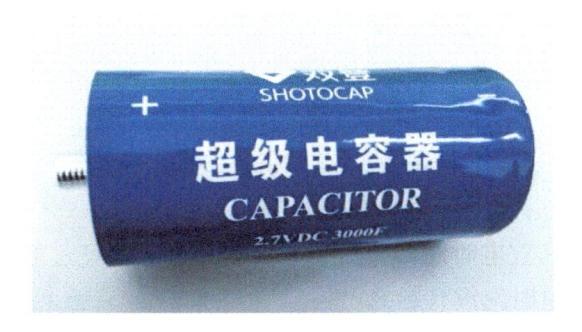

图 1-2-14　超级电容器　　　　　　　图 1-2-15　新能源汽车上的超级电容器

2．电容器的工作原理

（1）电容器的充电和放电过程　如图 1-2-16 所示，将图中开关 2 置于左侧，通过直流电源给电容器充电，电容器的两个极板上会不断累计电荷，电路中形成充电电流。充电结束时，将开关置于右侧，通过电路进行放电，电路中形成放电电流。

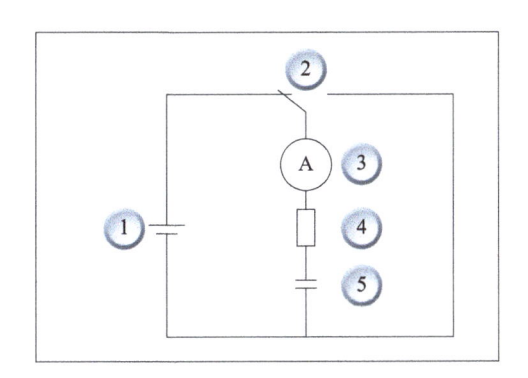

图 1-2-16　电容器的充电和放电过程
1—直流电源　2—开关　3—电流表　4—电阻器　5—电容器

如图 1-2-17 所示为电容器充电和放电时的电压、电流曲线。由图 1-2-17 可知，在充电初始时刻，电容器的电压为 0，电流达到极大值，随着充电过程的进行，充电电流越来越小，电容器两端电压越来越大，最终达到电源电压。在放电初始时刻，电容器的电压最大，放电电流也最大，但是放电电流方向与充电电流方向相反，随着放电过程的进行，放电电流越来越小，电容器电压也趋于0。

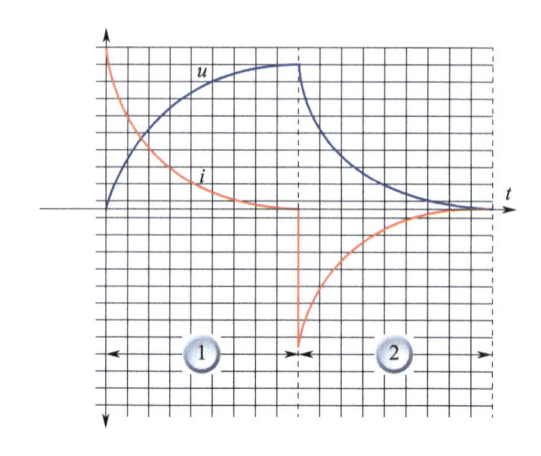

图 1-2-17 电容器充电和放电时的电压、电流曲线
1—电容器充电 2—电容器放电 i—电流 u—电压 t—时间

（2）**电容器的充电和放电时间** 计算充电和放电时间时，需要电容器充电电流经过的电阻阻值和电容器容值。施加的电压大小对充电时间没有影响。

电容器容值 C 和电阻阻值 R 越小，充放电过程越快。因此电容 C 与电阻 R 的乘积为时间常数 τ，即：

$$\tau = RC$$

在每个时间常数 τ 内，电容器以充放电电压的 63% 充电或放电。5 个时间常数 t 后，电容器几乎完全充满或排空。

（3）**电容器的串并联** 将电容器依次连接在一起且有相同电流经过所有电容器时，电容器为串联形式。总电压 U_{total} 分布在串联电容器上，局部电压之和等于总电压。最小电容上的电压降最大，最大电容上的电压降最小。串联电路的总电容小于最小的单个电容，每增加一个串联电容器，总电容就会随之减小。图 1-2-18a 所示为电容器的串联，串联后总电容的计算公式见式（1-2-1）。

电容器并联时，施加在所有电容器上的电压都相同。因为通过电流为电容器充电，所以所有电容器的总电容大于所有单个电容器的电容。图 1-2-18b 所示为电容器的并联，总电容等于单个电容之和，计算公式见式（1-2-2）。电容器通常采用并联方式以增大电容。

$$\frac{1}{C_{\text{total}}} = \frac{1}{C_1} + \frac{1}{C_2} + \frac{1}{C_3} \qquad (1\text{-}2\text{-}1)$$

$$C_{\text{total}} = C_1 + C_2 + C_3 \qquad (1\text{-}2\text{-}2)$$

3. 电容器的检测

电容器的损坏主要是外观的损坏、短路、开路和电参数的退化。从外观判断，如果有开裂、鼓包或漏液（如电解电容）那可以立刻判断此电容器已经损坏。若从电容器外观不能判断好坏，则需要通过对电容器的测量来判断。

a）电容器的串联　　　　　　　　　b）电容器的并联

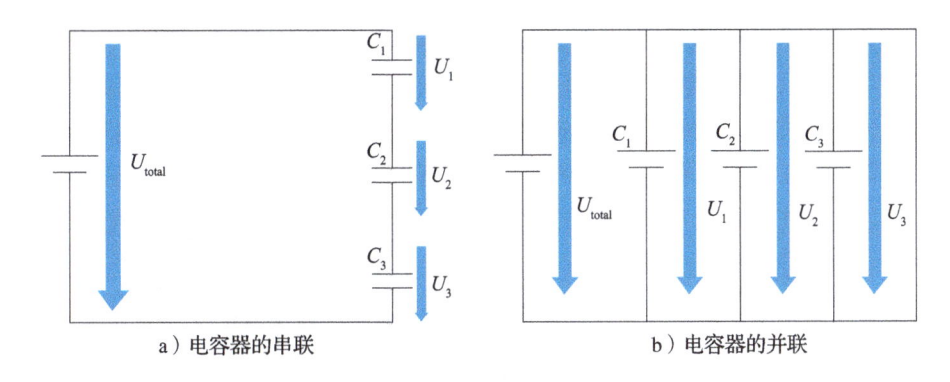

图 1-2-18　电容器的串并联

测量前需要先将电容器放电，如果是耐压值小或容值较小的电容器，可以直接将两脚短路放电，其他情况下需要串接电阻或者灯泡等负载进行放电。另外，与测量电阻器类似，测量电容器时电路不能带电，并且最好将电容器取下进行测量。如果在电路中测量电容器，因电容器本身是储能元件，而且电路中其他元器件对它的影响较大，所以在电路中测量的电容器容值会不准确。

（1）使用数字万用表电容档测量电容器　使用数字万用表电容档测量电容器的容值时，需要注意被测电容器的容值和万用表的量程是否匹配，同时要注意被测电容器是有极性电容还是无极性电容。对于容值较小的电容器，测量时偏差较大。图 1-2-19 所示为使用数字万用表电容档测量电容器。

（2）使用数字万用表电阻档测量电容器　有的数字万用表没有电容档，此时可以用电阻档的最大档位来测量并判断电容器的好坏。在此档位时，万用表的红黑表笔间有一定电压，连接好电容器后，相当于给电容器充电。随着充电电压的上升，充电电流减小。由 $R=U/I$ 可知，电流 I 不断减小，电阻 R 的读数会不断变大。实际测量时，电阻阻值的读数会不断变大，直至超量程；放电后再次测量，读数仍由小变大，说明电容器无故障。

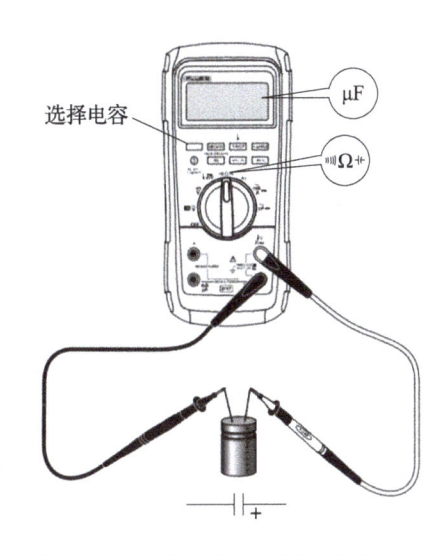

图 1-2-19　使用数字万用表电容档测量电容器

注意： 万用表读数变化的快慢与被测电容器的容值有关。

（3）使用指针式万用表测量电容器　如图 1-2-20 所示，使用指针式万用表也可以测量电容器的好坏，测量时按照以下步骤进行。

1）万用表机械调零。

2）看电容刻度盘，CX1 表示量程是 1μF，CX10 表示量程是 10μF。通过刻度盘的分度读数，可以显示在量程内的其他读数。

3）选择量程并调零。将两指针短接，再次调零。

4）电容器放电，测量电容器的好坏。测量前，先将电容器放电，连接表笔测量电容器。测量时，指针式万用表的黑表笔连接内部电源的正极，红表笔连接内部电源的负极。带极性的电容器正极连接黑色表笔。正确连接表笔后，若指针迅速右偏至正常读数后向左摆到底，则说明该电容器正常；若指针回转后指示的数值很小，则说明电容器已击穿；若指针无偏转，则说明电容器已开路。

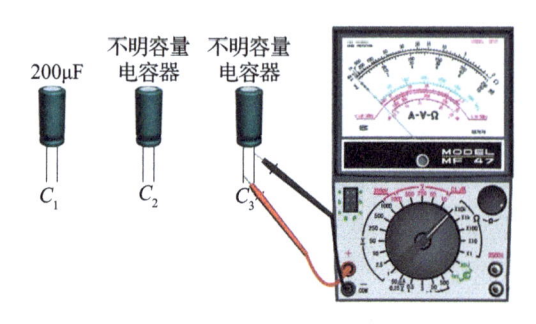

图 1-2-20　使用指针式万用表测量电容器

三、电感器的类型、应用、工作原理与检测

1．电感器的类型与应用

（1）**电感器的分类方式**　电感器又称扼流器、电抗器或动态电抗器，是能够把电能转化为磁能而存储起来的元件。电感器的结构类似于变压器，但电感器只有一个绕组。电感器具有一定的电感，它只阻碍电流的变化。在没有电流通过的状态下，电路接通时电感器将试图阻碍电流流过它；在有电流通过的状态下，电路断开时电感器将试图维持电流不变。

电感器的种类很多，分类方式也有所不同。

1）按外形分类，可分为实心电感器（实心线圈）和空心电感器（空心线圈）。

2）按工作性质分类，可分为高频电感器（各种天线线圈、振荡线圈）、中频电感器和低频电感器（各种自扼流圈、滤波线圈）。

3）按封装形式分类，可分为普通电感器、色环电感器、环氧树脂电感器和贴片电感器等。

图 1-2-21　各种电感器实物

图 1-2-21 所示为各种电感器实物。

（2）**电感器的应用**　电感器在电路中起阻流和滤波作用，还具有抑制电磁波干扰、筛选信号、稳定电流以及过滤噪声的作用，具体作用要根据电路结构进行分析。

电感器在电路板上的丝印符号是 L，计量单位是 H（亨利）。图 1-2-22 所示为不带铁心和带铁心的电感器的电路符号。

a）不带铁心的电感器　　b）带铁心的电感器

图 1-2-22　电感器的电路符号

2．电感器的工作原理

如图 1-2-23 所示，电感器 L 通过一个电阻 R 与一个直流电源连接在一起。开关接通时，几乎全部电压 U_B 都加在电感器上。接通时电感器起中断作用，这与电容器的作用相反。如图 1-2-24 所示，在阶段 1 中，磁场建立，此时电感器两端电压由大变小，电流由小变大；当开关闭合到 2 的位置时，磁场消失，此时电压发生突变并反向，由磁能变成电能输出，电流由大变小，直至变为 0。

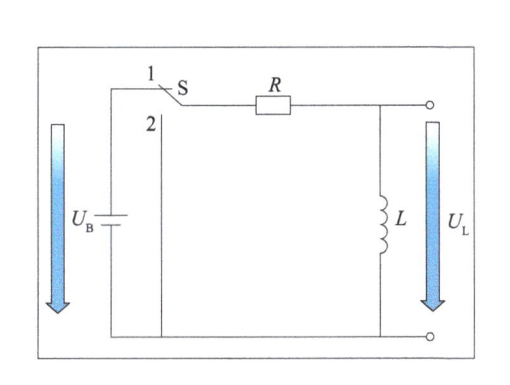

图 1-2-23　直流电路中的电感器

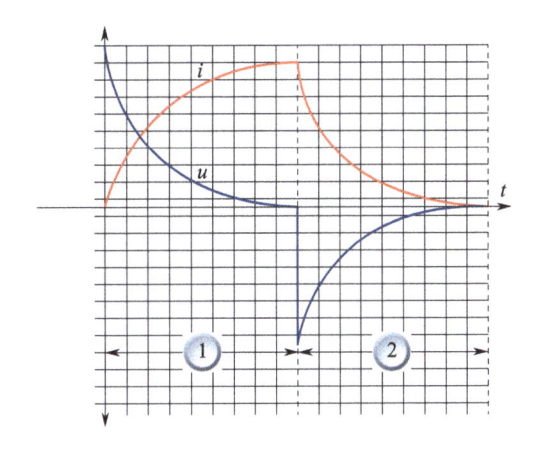

图 1-2-24　线圈上的电压和电流曲线图
1—磁场建立　2—磁场消失
i—电流　u—电压　t—时间

3．电感器的检测

在电路检修中，可以使用数字万用表对电感器进行检测。如果万用表没有电感检测功能的，可以选用电阻档检测电感器是否断路、短路或绝缘不良。

四、二极管的特性、工作原理、类型与检测

1．二极管的特性与工作原理

二极管是用半导体材料（硅、硒、锗等）制成的一种电子器件。它具有单向导电性，当给二极管阳极加上正向电压时，二极管导通；当给阳极加上反向电压时，二极管截止，

即正向导通、反向截止。因此，二极管的导通和截止，相当于开关的接通与断开。二极管是最早诞生的半导体器件之一，其应用非常广泛，特别是在各种电子电路中，将二极管和电阻、电容、电感等元器件进行合理的连接，构成不同功能的电路，可以实现对交流电整流、对调制信号检波、限幅和钳位以及对电源电压的稳压等多种功能。

图 1-2-25 二极管的实物图

图 1-2-25 所示为二极管的实物图，二极管在电路板上的丝印符号是 D，带色环一侧是二极管的负极。图 1-2-26 所示为常见二极管的电路符号。

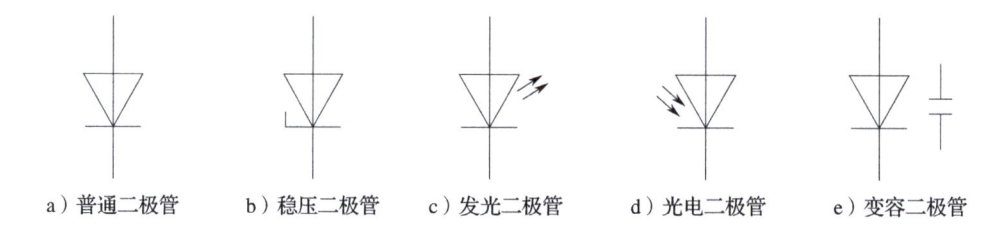

a）普通二极管　　b）稳压二极管　　c）发光二极管　　d）光电二极管　　e）变容二极管

图 1-2-26　常见二极管的电路符号

图 1-2-27 所示为二极管的伏安特性。只有正向电压足够大时，正向电流才从 0 随端电压按指数规律增大。使二极管开始导通的临界电压被称为开启电压 U_{on}。硅材料二极管的开启电压一般为 0.5V，锗材料二极管的开启电压一般为 0.1V。

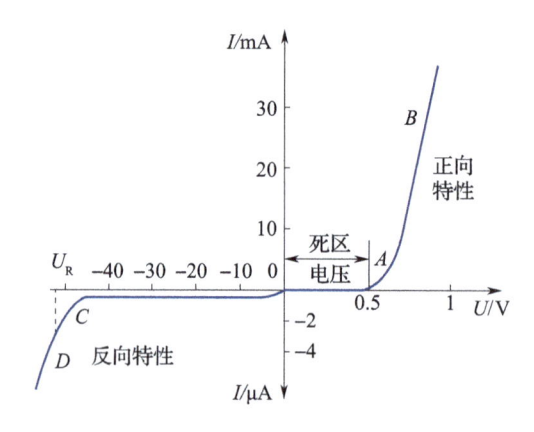

图 1-2-27　二极管的伏安特性

当二极管反向电压 U_R 的数值足够大时，反向电流为 I_s。反向电压太大将使二极管击穿，不同型号的二极管反向击穿电压差别很大，从几十伏到几千伏不等。

2．二极管的类型

以下介绍常见的二极管类型及其特点。

（1）**稳压二极管**　稳压二极管又称齐纳二极管（Zener Diode）。稳压二极管在电路板上的丝印符号一般是 ZD。稳压二极管工作在反向击穿时，主要参数是稳定电压 U_z 和稳定电流 I_z。

稳定电压小于 4V 的稳压二极管具有负温度系数特性，稳定电压高于 7V 的稳压二极管具有正温度系数特性，即温度高，稳定电压也高。

图 1-2-28 所示为不同封装方式的稳压二极管。

图 1-2-28　不同封装方式的稳压二极管

（2）**发光二极管**　发光二极管（LED）也具有单向导电性，它的开启电压比普通二极管大。发光二极管的发光颜色取决于材料，长引脚是发光二极管的正极。在电路中，发光二极管一般和限流电阻一起使用，保证发光二极管不被损坏。图 1-2-29 所示为发光二极管实物图。

（3）**光电二极管**　光电二极管（Photodiode）和普通二极管一样，也是由一个由 PN 结组成的半导体器件，具有单向导电性。但在电路中它不作为整流器件，而是作为把光信号转换成电信号的光电传感器件。图 1-2-30 所示为光电二极管实物图。

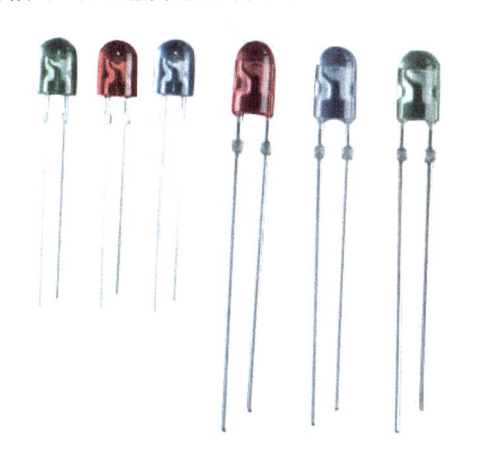

图 1-2-29　发光二极管实物图　　　图 1-2-30　光电二极管实物图

（4）**肖特基二极管**　肖特基二极管是以其发明人肖特基博士命名的，又称肖特基势垒二极管（Schottky Barrier Diode，SBD）。SBD 不是利用 P 型半导体与 N 型半导体接触形成 PN 结的原理制作的，而是利用金属与半导体接触形成的金属 - 半导体结的原理制作的。因此，SBD 也被称为金属 - 半导体（接触）二极管或表面势垒二极管，它是一种热载流子二极管。SBD 最显著的特点为反向恢复时间极短（可以小到几纳秒），正向导通电压仅 0.4V 左右，它多用作高频、低电压、大电流整流二极管、续流二极管和保护二极管，也有用在微波通信等电路中作整流二极管、小信号检波二极管使用，在通信电源、变频器等中比较常见。

SBD 具有开关频率高和正向导通电压低等优点，但其反向击穿电压也比较低，大多不高于 60V，最高仅约 100V，以致于限制了其应用范围。像在开关电源（SPS）和功率因数校正（PFC）电路中功率开关器件的续流二极管、变压器二次用 100V 以上的高频整流二极管、RCD 缓冲电路中用 600V~1.2kV 的高速二极管以及 PFC 升压用 600V 的二极管等，只能使用快速恢复外延二极管（FRED）和超快速恢复二极管（UFRD）。

SBD 最大的缺点是其反向偏置电压较低且反向漏电流偏大，像使用硅和金属为材料的 SBD，其反向偏置电压额定耐压等级最高只到 50V，但反向漏电流值为正温度特性，容易随着温度升高而急剧变大，实际设计中需要注意防止热失控。

图 1-2-31 所示为 SBD 实物图。

(5) **快恢复二极管**　快恢复二极管（FRD）是一种开关特性好、反向恢复时间短的半导体二极管，主要应用于开关电源、PWM（脉冲宽度调制）和变频器等电子电路中，作为高频整流二极管、续流二极管或阻尼二极管使用。快恢复二极管的内部结构与普通二极管不同，它属于 PIN 结二极管，即在 P 型硅材料与 N 型硅材料中间增加了基区 I，构成 PIN 硅片。因基区很薄，反向恢复电压很小，所以快恢复二极管的反向恢复时间较短，正向导通电压较低，反向击穿电压（耐压值）较高。图 1-2-32 所示为快恢复二极管实物图。

图 1-2-31　SBD 实物图　　图 1-2-32　快恢复二极管实物图

(6) **瞬态电压抑制二极管**　瞬态电压抑制二极管（Transient Voltage Suppressor，TVS）是一种二极管形式的高效能保护器件。当 TVS 的两极受到反向瞬态高能量冲击时，它能以皮秒级的速度，将两极间的高阻抗变为低阻抗，吸收高达数千瓦的浪涌功率，使两极间的电压钳位于一个预定值，有效地保护电子电路中的精密元器件，免受电路中各种浪涌脉冲的损坏。图 1-2-33 所示为 TVS 实物图。

图 1-2-33 TVS 实物图

3. 二极管的检测

在电路检修中，可使用数字万用表的二极管档检测二极管的好坏。数字万用表的红色表笔连接二极管的正极，黑色表笔连接二极管的负极。当二极管正常时，万用表显示二极管正常导通的电压。图 1-2-34 所示为常见二极管的正负极，图 1-2-35 所示为使用数字万用表检测二极管的方法。

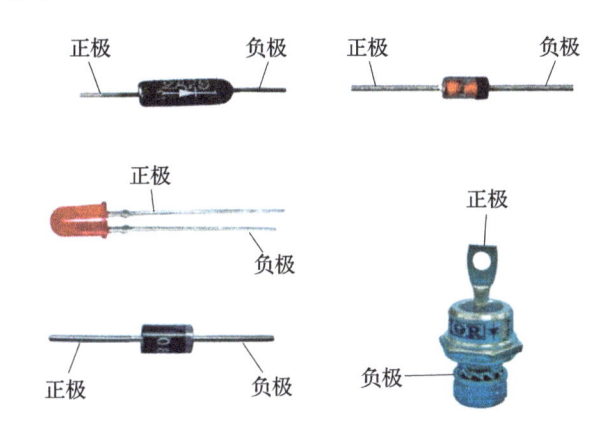

图 1-2-34 常见二极管的正负极

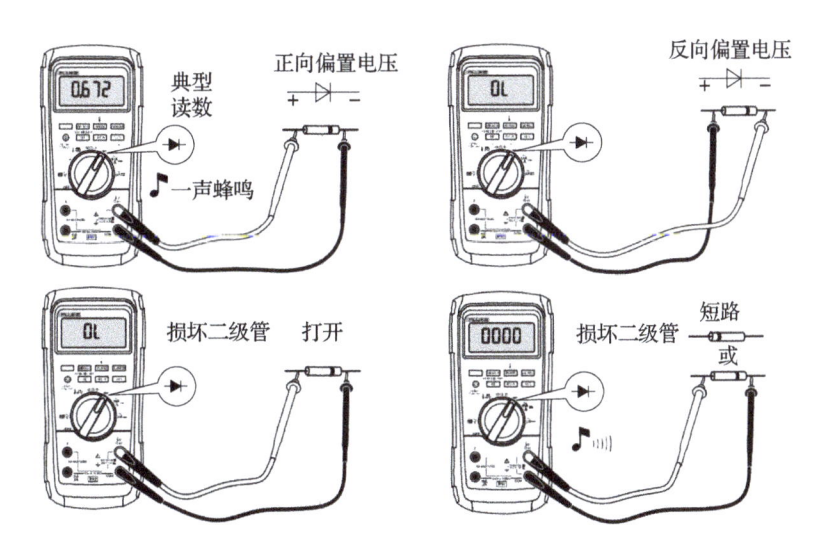

图 1-2-35 使用数字万用表检测二极管的方法

五、晶体管的工作原理与检测

晶体管，也称双极晶体管（BJT），是一种控制电流的半导体器件。晶体管用于把微弱信号放大成幅值较大的电信号，也用作无触点开关。晶体管在电路板的丝印符号一般是 Q 或 VT。图 1-2-36 所示为各种类型的晶体管实物图，图 1-2-37 所示为贴片晶体管的封装。

图 1-2-36　晶体管实物图

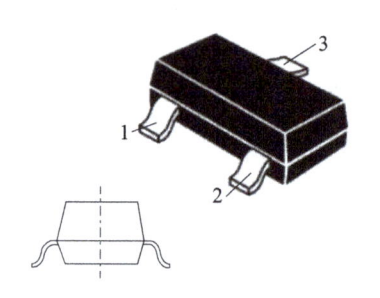

图 1-2-37　贴片晶体管的封装
1—基极　2—发射极　3—集电极

1. 晶体管的工作原理

（1）晶体管的结构原理　晶体管是基本半导体器件之一，具有电流放大作用，是电子电路的核心器件。晶体管是在一块半导体基片上制作两个相距很近的 PN 结，两个 PN 结把整块半导体分成三部分，中间部分是基区，两侧部分是发射区和集电区，排列方式有 PNP 和 NPN 两种。

晶体管的结构示意图和符号如图 1-2-38 所示。以 NPN 型为例，位于中间的 P 区是基区，它很薄且杂质浓度很低，位于下层的 N 区是发射区，掺杂浓度很高；位于上层的 N 区是集电区，面积很大。晶体管的外特性与三个区域的上述特点紧密相关，它们所引出的三个电极分别为基极 B、发射极 E 和集电极 C。

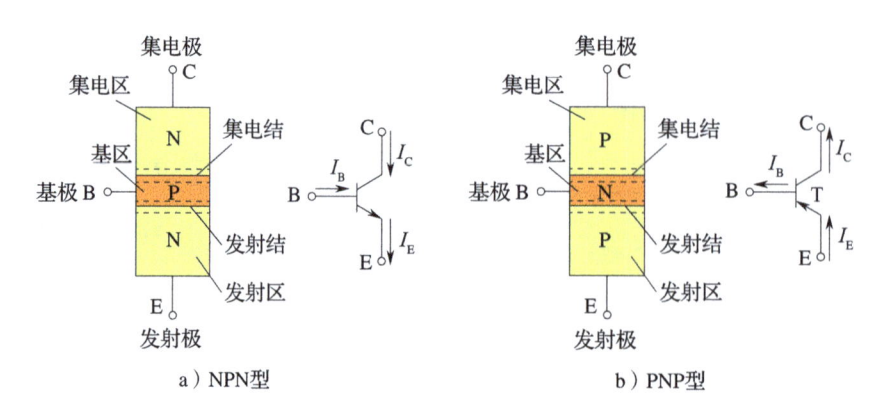

a）NPN 型　　　　　　b）PNP 型

图 1-2-38　晶体管的结构示意图和符号

（2）晶体管的工作特性　晶体管具有电流放大作用，是电流控制的器件，其实质是晶体管能以基极电流微小的变化量来控制集电极电流较大的变化量，这是晶体管最基本且最重要的特性。

图 1-2-39 所示为晶体管的基本放大电路，Δu_1 为输入电压信号，接入基极－发射极回路，被称为输入回路；放大后的信号在集电极－发射极回路，被称为输出回路。由于发射极是两个回路的公共端，故称该电路为共射放大电路。使晶体管工作在放大状态的外部条件是发射结正向偏置且集电结反向偏置。发射极电流 I_E，基极电流 I_B 和集电极电流 I_C 从外部看为

$$I_E = I_C + I_B$$

用 β 表示共射交流／直流放大系数，小功率晶体管的 β 较大，有的可达 30000~40000 倍；大功率晶体管的 β 较小，有的甚至只有 30~40 倍。

以下是晶体管的共射特性曲线。

1）输入特性曲线。输入特性曲线（见图 1-2-40）描述管压降 U_{CE} 一定的情况下，基极电流 i_B 与发射结压降 u_{BE} 之间的函数关系，即

$$i_B = f(u_{BE})|_{U_{CE}=常数}$$

当 $U_{CE}=0V$ 时，相当于集电极与发射极短路，即发射结与集电结并联。因此，输入特性曲线与 PN 结的伏安特性类似，呈指数关系。当 U_{CE} 增大时，曲线将右移。

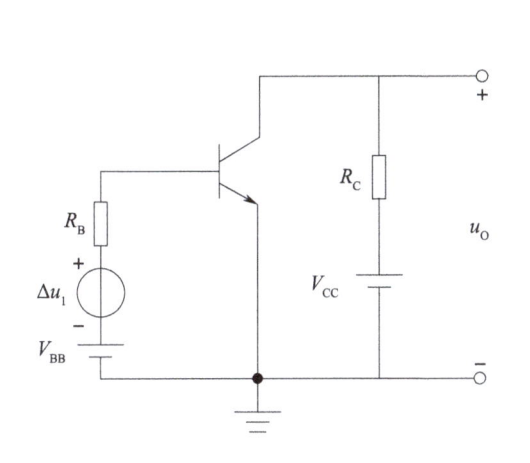

图 1-2-39　晶体管的基本放大电路 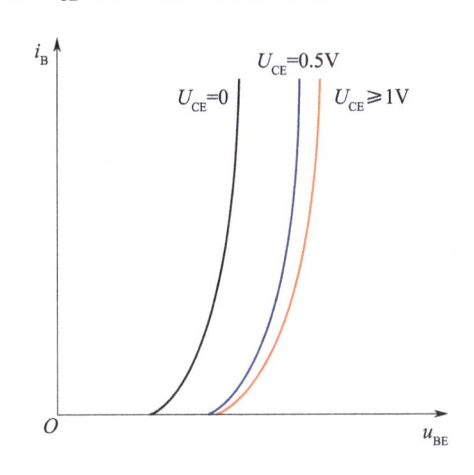　　　　图 1-2-40　晶体管的输入特性曲线

2）输出特性曲线。输出特性曲线（见图 1-2-41）描述基极电流 I_B 为一常量时，集电极电流 i_C 与管压降 u_{CE} 之间的函数关系，即

$$i_C = f(u_{CE})|_{i_B=常数}$$

对于每一个确定的 I_B，都有一条曲线，所以输出特性是一族曲线。对于某一条曲线，当 u_{CE} 从 0 逐渐增大时，集电结电场随之增强，收集基区非平衡少子的能力的逐渐增强，因而 i_C 也就逐渐增大。而当 u_{CE} 增大到一定数值时，集电结电场足以将基区非平衡少子的绝大部分收集到集电区来，u_{CE} 再增大，收集能力已不能明显提高，表现为曲线几乎平行于横轴，即 i_C 几乎仅决定于 I_B。

从输出特性看，晶体管有以下三个工作区域。

①截止区：其特征是发射结电压小于开启电压且集电结反向偏置。

②放大区：其特征是发射结正向偏置且集电结反向偏置。

③饱和区：其特征是发射结与集电结均正向偏置。

在模拟电路中，绝大多数情况下应保证晶体管处于放大状态。当晶体管作为开关时，工作在截止、饱和两个状态。

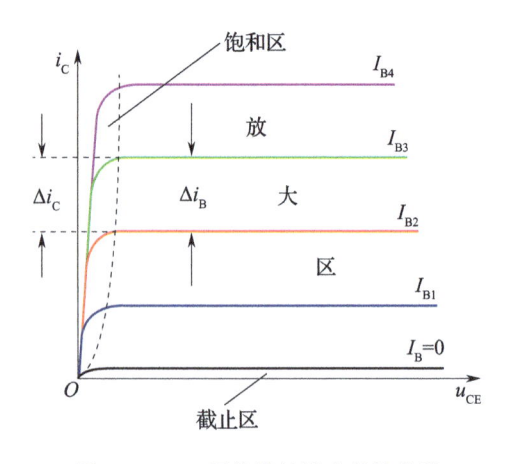

图 1-2-41 晶体管的输出特性曲线

2. 晶体管的检测

（1）**晶体管极性及管型判断** 将数字万用表设置于蜂鸣二极管档，首先用红表笔假定晶体管的一只引脚为 B 极，再用黑表笔分别触碰其余两只引脚，若测得两次读数相差不大，且读数都在 600 左右，则表明假定是对的，红表笔接的就是 B 极，而且此管为 NPN 型晶体管，在两次测量中黑表笔接触的引脚，读数较小的是 C 极，读数较大的是 E 极。按以上方法，红表笔接任一极，若未出现另外两极同时有读数的情况，则按 PNP 型晶体管检测。PNP 型晶体管的判断只需把红、黑表笔调换即可，测量方法同上。黑表笔不动，若另外两极均有读数，则黑表笔接触的为 B 极，其余为 E、C 极。

（2）**三极管好坏判断** 按以上方法测量时两组读数在 300~800 之间均为正常。若有一组数值不正常，则表明晶体管损坏；若两组数值相差不大，则说明晶体管性能劣化。

正常测量两引脚（如 C、E），若读数为 0，则说明晶体管 C 和 E 之间短路或击穿；若读数为 1，则说明晶体管 C 和 E 之间开路。

（3）**代换原则**

1）NPN 型和 PNP 型晶体管之间不能代换，硅管和锗管之间不能代换。

2）原则上要同型号代换；不能同型号代换时，硅管代换硅管，NPN 型代换 NPN 型。代换时，引脚位置不能弄错。

六、场效应晶体管的工作原理与检测

1. 场效应晶体管的工作原理

场效应晶体管（Field Effect Transistor，FET）简称场效应管。场效应晶体管是利用输入回路的电场效应来控制输出回路电流的一种半导体器件。由于它仅靠半导体中的多数载流子导电，所以是单极型晶体管。场效应晶体管体积小，重量轻，寿命长，且输入回路的内阻高达 $10^7 \sim 10^{12} \Omega$，噪声低，热稳定性好，抗辐射能力强，耗电省。

场效应晶体管分为结型和绝缘栅型两种不同的结构，场效应晶体管为电压控制器件。这里主要介绍绝缘栅型场效应晶体管（Insulated Gate Field Effect Transistor，IGFET）。绝

缘栅型场效应晶体管的栅极与源极、栅极与漏极之间均采用 SiO_2（二氧化硅）绝缘层隔离，因此而得名。因栅极为金属铝，故又被称为 MOSFET（Metal-Oxide-Semiconductor Field Effect Transistor，金属-氧化物-半导体场效应晶体管）。图 1-2-42 所示为 MOSFET 外形，图 1-2-43 所示为 MOSFET 符号。

图 1-2-42 MOSFET 外形

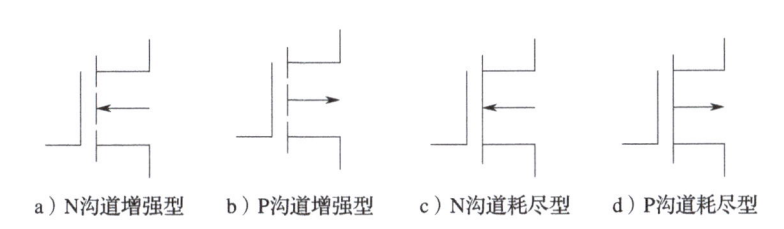

a）N沟道增强型　b）P沟道增强型　c）N沟道耗尽型　d）P沟道耗尽型

图 1-2-43 MOSFET 符号

MOSFET 有 N 沟道和 P 沟道两种，每一类又有增强型和耗尽型两种，故 MOSFET 可以分成四种类型。图 1-2-44 所示为 MOSFET 的结构和符号。以下主要介绍 N 沟道增强型 MOSFET。

图 1-2-44a 所示为 N 沟道增强型 MOSFET。G（gate）为栅极，D 为漏极，S 为源极。栅极与漏、源极之间均采用 SiO_2 作为绝缘层隔离。

a）N沟道增强型MOSFET　　　　b）P沟道增强型MOSFET

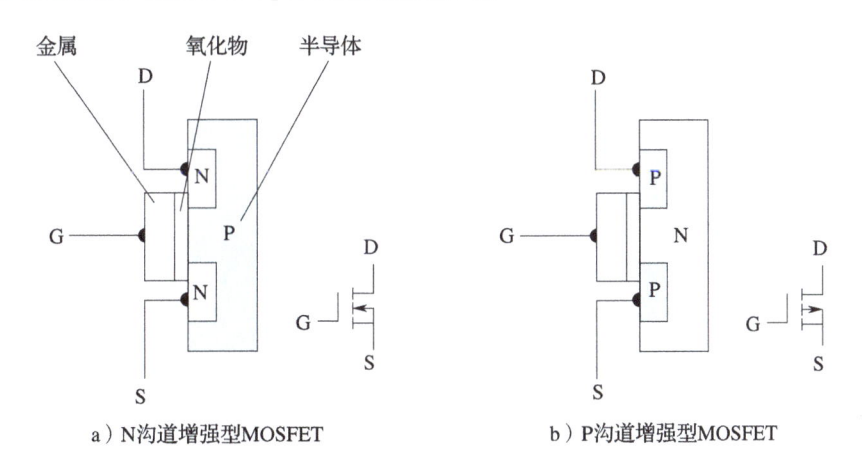

图 1-2-44　MOSFET 的结构和符号

当 $u_{GS}=0$ 时，栅极和源极之间不加电压时，它们之间是两个背向的 PN 结，不存在导电沟道，即使在漏极和源极之间加电压，也不会有漏极电流。

当 $u_{DS}=0$ 且 $u_{GS}>0$ 时，由于绝缘层的存在，栅极电流为 0。但是栅极金属层将聚集正电荷，它们排斥 P 型衬底靠近 SiO_2 一侧的空穴（同性相斥），剩下不能移动的负离子区，形成耗尽层，如图 1-2-45 所示。当 u_{GS} 增大时，一方面耗尽层继续增宽，另一方面把衬底的自由电子吸引到耗尽层与 SiO_2 绝缘层之间，形成一个 N 型薄层，被称为反型层。这个反型层就形成了漏极和源极之间的导电沟道。使导电沟道刚刚形成的栅源电压被称为开启电压 $U_{GS(th)}$。u_{GS} 越大，反型层越厚，导电沟道电阻越小。

如图 1-2-46 所示，在漏极与源极之间反向并联续流二极管，这是一种快恢复二极管，它可以保护 MOSFET。

图 1-2-45　N 沟道增强型 MOSFET 导电沟道的形成

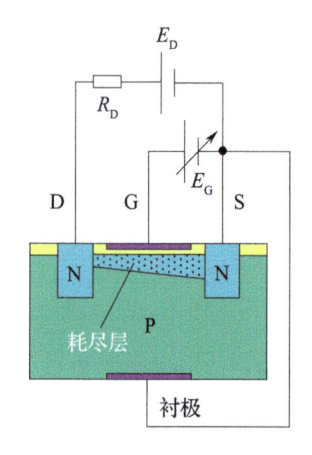

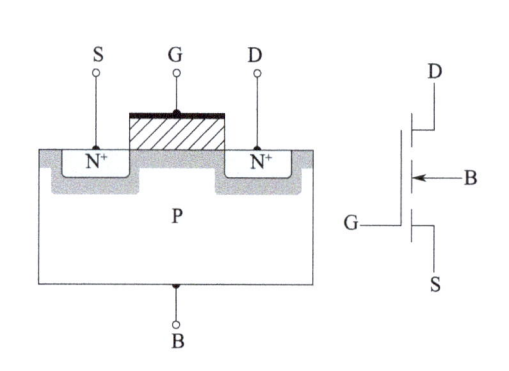

图 1-2-46　N 沟道增强型 MOSFET 的结构和符号

2．MOS 场效应晶体管的检测

如图 1-2-47 所示，MOSFET 的检测方法如下。

1）测量 MOSFET 内的二极管是否导通。使用数字万用表的二极管档，红表笔连接源极，黑表笔连接漏极，若二极管正常，则会显示二极管的正向导通电压，其余引脚均不应导通。

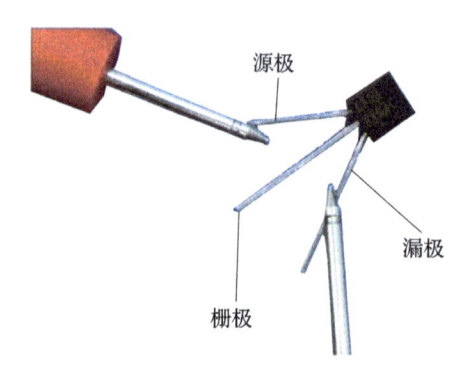

图 1-2-47　MOSFET 的检测方法

2）检测漏极与源极是否导通。先对各引脚放电，然后利用万用表表笔对漏极充电，再检测漏极与源极是否导通，正常情况下应导通；放电后，再检测是否导通，正常情况下应截止。

七、IGBT 的工作原理与检测

1. IGBT 的工作原理

IGBT（Insulated Gate Bipolar Transistor）是由 MOSFET 和双极晶体管（BJT）组成的复合全控型电压驱动式功率半导体器件，兼有 MOSFET 的高输入阻抗和电力晶体管（Giant Transistor，GTR）的低导通电压两方面的优点。GTR 饱和电压低，载流密度大，但驱动电流较大；MOSFET 驱动功率很小，开关速度快，但正向导通电压大，载流密度小。IGBT 综合了以上两种器件的优点，驱动功率小且饱和电压低，非常适合应用于直流电压为 600V 及以上直流和交流变换变流系统，如交流电机、变频器、开关电源、照明电路和牵引传动等领域。图 1-2-48 所示为新能源汽车上采用的 IGBT，图 1-2-49 所示为 IGBT 的简化等效电路和符号。

图 1-2-48　新能源汽车上采用的 IGBT

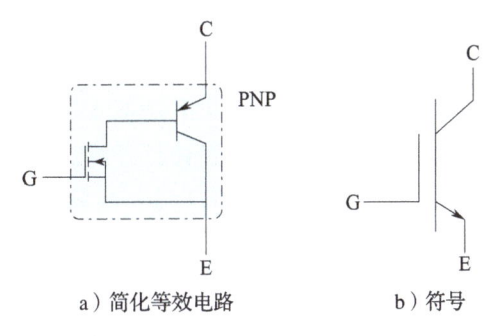

图 1-2-49　IGBT 简化等效电路和符号
a）简化等效电路　　b）符号

理论上 $U_{GE} \geq U_{GE(th)}$，IGBT 即可导通；一般情况下 $U_{GE(th)}$ 为 5~6V，当 U_{GE} 增加时，通态电压降减小，通态损耗减小，但 IGBT 承受短路电流的能力也减小；当 U_{GE} 太大时，可能引起栅极电压振荡，损坏栅极；当 U_{GE} 减小时，通态电压降增加，通态损耗增加。通常栅极驱动电压 U_{GE} 取 12~15V 为宜，12V 最佳。当 IGBT 关断时，栅极加反向偏置电压，为提高抗干扰能力，栅极的反向偏置电压一般为 -10V。

2. IGBT 的检测

IGBT 的检测和 MOSFET 类似，可以使用数字万用表的二极管档测量引脚（见图 1-2-50）。

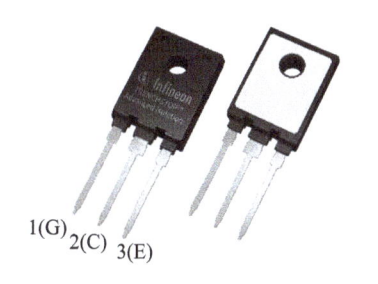

1）检测发射极和集电极之间的快恢复二极管是否导通。使用数字万用表二极管档检测发射极和集电极间的二极管是否导通。

2）检测发射极和集电极之间是否导通。先对 IGBT 放

图 1-2-50　直插式 IGBT 的外形和引脚

电，再对栅极充电，检测发射极和集电极是否导通；放电后，再检测发射极和集电极是否截止。

八、半导体材料和碳化硅功率器件介绍

1. 半导体材料

（1）**第一代半导体材料** 第一代半导体是元素半导体。20 世纪 50 年代以来，以硅、锗为代表的第一代半导体材料的出现，取代了笨重的电子管，促进了以集成电路为核心的微电子工业的发展并带来整个 IT 产业的飞跃。人们最常用的 CPU（中央处理器）、GPU（图形处理单元）等产品，都离不开第一代半导体材料。可以说第一代半导体材料奠定了微电子产业的基础。

（2）**第二代半导体材料** 然而由于硅材料的带隙较窄、电子迁移率和击穿电场较低等原因，硅材料在光电子领域和高频高功率器件方面的应用受到诸多限制。因此，以砷化镓（GaAs）为代表的第二代半导体材料开始崭露头角，使半导体材料的应用进入光电子领域，尤其是红外激光器和高亮度的红光二极管，应用于毫米波器件、卫星通信、移动通信和 GPS 导航等领域。

（3）**第三代半导体材料** 在第二代半导体材料的基础上，人们希望半导体器件具备耐高压、耐高温、大功率、抗辐射、导电性能更强、工作速度更快以及工作损耗更低的特性，第三代半导体材料也正是基于这些特性而诞生的。第三代半导体材料以碳化硅（SiC）、氮化镓等为代表，因其具备高击穿电场、高热导率、高电子饱和速率及抗辐射能力等优异性能，适用于制作高温、高频、抗辐射及大功率器件，可大幅提升能源转换效率，降低系统成本，在国防、航空航天、新能源汽车、光伏储能等领域有着广泛的应用前景。

2. 碳化硅功率器件

图 1-2-51 和图 1-2-52 所示为英飞凌公司基于碳化硅技术生产的 MOSFET 功率器件。相比于传统的硅开关（如 IGBT 和 MOSFET），碳化硅 MOSFET 具有一系列优势：效率提升，空间节省，重量减轻，零件数量减少以及系统可靠性增强。

英飞凌 650V CoolSiC™ MOSFET 系列可优化大电流和低电容条件下的开关性能，适用于各种工业应用场合，包括服务器、电信设备和发电机驱动等。1200V CoolSiC™ MOSFET 系列适用于工业和汽车领域，如车载充电器/PFC、辅助逆变器和 UPS（不间断电源）。1700V CoolSiC™ MOSFET 具有反激式拓扑结构，可用于储能系统、新能源汽车快速充电、电源管理和太阳能系统解决方案。

采用分立封装的 CoolSiC™ MOSFET 非常适合硬开关和谐振开关拓扑，如 PFC 电路、双向拓扑及 DC/DC 变换器或 DC/AC 逆变器等。

图 1-2-51　英飞凌碳化硅 MOSFET 单管　　图 1-2-52　英飞凌碳化硅 MOSFET 模块

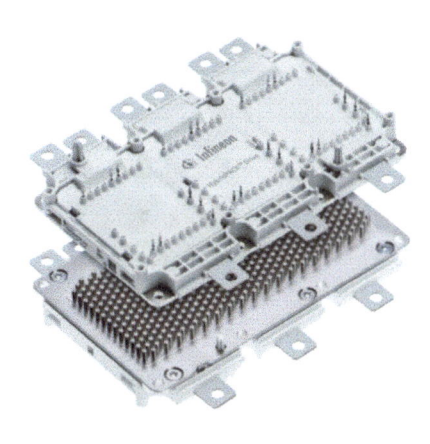

技能操作

参照"知识学习"的内容，必要时参考其他技术资料，完成本书配套任务工单所要求的操作项目。在进行技能操作，请预先了解常用的电子元器件外观及符号，见表 1-2-1。

表 1-2-1　常用的电子元器件外观及符号

元器件	图解	符号	作用简述
电池			直流电路电源
导线接地（搭铁）		或	导线的接地（搭铁）或连接直流电源负极
熔断器		（中等电流强度熔丝）（高电流熔丝）	不同颜色的熔丝，对应不同的额定电流，用于保护电路
继电器			用于电路控制，小电流控制大电流

（续）

元器件	图解	符号	作用简述
开关		开关	用于电路中，控制电路通断
二极管			单向导通，通常用于整流电路中
稳压二极管			主要用于稳压电路
发光二极管			主要用于指示灯
光电二极管			主要用于光照传感器
晶体管			主要用于放大电流

（续）

元器件	图解	符号	作用简述
固定电阻		—▭—	主要用于基础电路中分压、限流等
可变电阻（电位计）			通常用于汽车中的位置传感器，如节气门位置与加速踏板位置传感器
热敏电阻		θ	通常用于汽车中的温度传感器
电容器		—‖—	用于基础电路中的隔直、耦合、旁路、滤波、调谐回路、能量转换和控制电路等方面
电感器			用于交流信号隔离、滤波或与电容器、电阻器等组成谐振电路
灯泡		⊗	用于照明及指示
电压表		Ⓥ	电路的电压测量
电流表		Ⓐ	电路的电流测量

课堂测试

1. 判断题

1）场效应晶体管是单极型半导体器件。（   ）
2）稳压二极管的正常工作状态是反向击穿状态。（   ）
3）纯电容元件在电路中是耗能元件。（   ）
4）电路中凡是三个引脚的都是晶体管。（   ）
5）碳化硅属于第二代半导体材料。（   ）
6）在IGBT的发射极和集电极之间有个稳压二极管。（   ）
7）MOSFET的输入电阻非常高。（   ）
8）一个PNP型硅管损坏，可以用PNP型锗管代换。（   ）
9）晶体管是电压控制的器件，MOSFET是电流控制的器件。（   ）
10）在电路板上测量电阻时，一般测量值小于标称阻值。（   ）

2. 单选题

1）我们使用的照明电压是220V，这个值是交流电的（   ）。
  A. 平均值 B. 最大值 C. 有效值 D. 额定值
2）（   ）电压是IGBT的导通电压。
  A. 0.7V B. 5~6V C. 0.7~1.5V D. 12V
3）独石电容是一种（   ）。
  A. 极化电容 B. 无极性电容 C. 电解电容 D. 云母电容
4）贴片电阻上标注"473"，其阻值是（   ）。
  A. 47kΩ B. 473Ω C. 470000Ω D. 473MΩ
5）电容器在电路板上的丝印符号是（   ）。
  A. R B. C C. Q D. H
6）贴片电容上标注为"107"，其容值为（   ）。
  A. 107μF B. 100μF C. 100μF D. 107F
7）一个二极管使用万用表二极管档测量时，显示"566"，则表明（   ）。
  A. 该管的正向导通电压为566mV
  B. 该管已损坏
  C. 该管短路
  D. 该管击穿

学习任务三 功率变换电路的特点与应用

任务目标

知识目标：

1）能够描述 AC/AC 变换电路特点与应用。
2）能够描述 AC/DC 变换电路特点与应用。
3）能够描述 DC/DC 变换电路特点与应用。
4）能够描述 DC/AC 变换电路特点与应用。

能力目标：

1）能够搭建半波整流电路并进行波形检测。
2）能够认识高压部件功率变换电路的结构。

素质目标：

1）奠定良好的专业基础。
2）拓宽专业知识面，提高解决技术问题的能力。

情境导入

情境描述：

你知道车载充电机（OBC）是如何做到将 220V 交流电变换成直流电并给动力蓄电池充电的吗？新能源汽车中还有其他类型的变换器吗？

情境提示：

新能源汽车充电机本质是一个 AC/DC 整流设备，能够将 220V 交流电变换成车辆需要的直流电并给动力电池充电。

知识学习

一、AC/AC 变换电路的特点与应用

AC/AC 变换电路是把一种形式的交流电能变换成另一种形式交流电能的电力电子装置，被称为 AC/AC 变换电路，也被称为直接变换电路。采用晶闸管等半导体器件构成的 AC/AC 变换电路可分为以下两大类：一类是频率不变，仅电压大小改变的 AC/AC 变换电路，它被称为恒频变压 AC/AC 变换电路；另一类是采取相控（即相位控制）方式降频、降压，直接将一个较高频率交流电变为较低频率交流电的变换电路，它被称为变压变频 AC/AC 变换电路。

1. 交流调压电路

恒频变压 AC/AC 变换电路通常被称为交流调压电路，是指由晶闸管等半导体器件构成，把一种交流电变为另一种频率不变，仅电压大小改变的交流电变换装置。按照所变换的相数不同，交流调压电路可分为单相交流调压电路和三相交流调压电路。交流调压电路的控制方式有整周波通断控制、相位控制和斩波控制三种。交流调压三种控制方式的输出电压波形如图 1-3-1 所示。相位控制交流调压又被称为相控调压，是交流调压的基本控制方式，应用最广。

在整周波通断控制方式中，晶闸管作为交流开关使用，它把负载与电源接通几个周波，再断开几个周波，通过改变通断比来改变负载上的电压有效值。在相位控制方式中，电源电压上、下半波处于某一相位时分别触发相应的晶闸管使其导通，通过改变触发延迟角来改变负载接通电源的时间，从而达到调压的目的。在斩波控制方式中，晶闸管要带有强迫关断电路或采用 IGBT 等可自关断器件，在每个电压周波中，开关器件多次通断，使电压斩波成多个脉冲，通过改变导通比来调压。

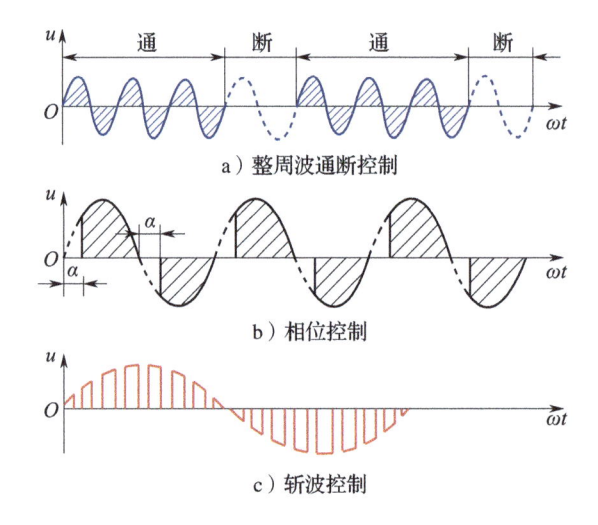

图 1-3-1 交流调压三种控制方式的输出电压波形

由晶闸管组成的交流调压电路能方便地调节输出电压有效值，它可以用于电炉温度控制、灯光调节、异步电动机减压软启动和调压调速等，也可以用于调节变压器一次电压，在这种情况下，变压器二次侧多为直流低电压、大电流或高电压、小电流负载，而且负载功率一般不超过 500kW。使用晶闸管交流调压电路后，变压器二次侧的整流装置无须使用大容量晶闸管，只需用二极管整流即可，有利于增大二次电流或二次电压；用晶闸管在一次侧调压，省去了效率低下的调压变压器，有利于简化结构、降低成本以及提高可靠性。晶闸管交流调压电路与调压变压器相比，具有体积小、重量轻、效率高和成本低等优点，是调压变压器的理想代替品之一。

（1）**单相交流调压电路** 单相交流调压电路是三相交流调压电路的基础。交流调压电路和整流电路一样，其工作情况也和负载性质有很大的关系。

1）电阻性负载单相交流调压电路。图 1-3-2 所示为电阻性负载单相交流调压电路及其波形，其中图 1-3-2a 所示为主电路，采用晶闸管 VTH$_1$ 和 VTH$_2$ 反并联连接，也可以用一个双向晶闸管 VTH 代替，与负载电阻 R_L 串联接到交流电源 U_1 上。图 1-3-2b 所示为触发延迟角为 α 时负载电压 u 的波形，可以看出负载电压波形是电源电压波形的一部分，负载电流（电源电流）和负载电压波形相同。

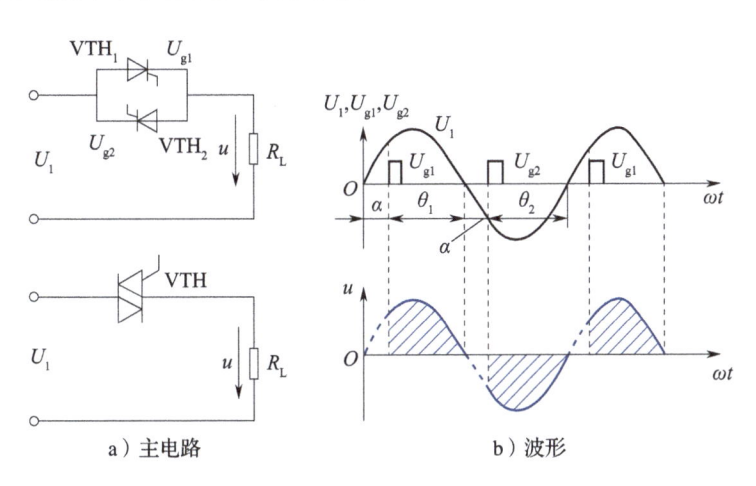

图 1-3-2　电阻性负载单相交流调压电路及其波形

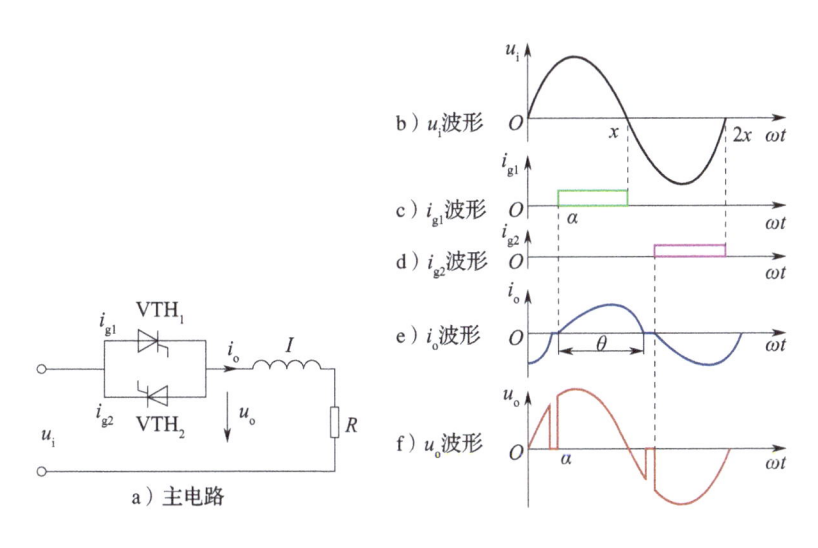

2）电阻-电感性负载（阻感负载）单相交流调压电路及其波形，如图 1-3-3 所示。阻感负载是交流调压电路最具代表性的负载。

图 1-3-3　阻感负载单相交流调压电路及其波形

（2）三相交流调压电路　若把三个单相交流调压电路接在对称的三相电源上，让其互差 2π/3 相位工作，则构成三相交流调压电路，三相交流调压电路的联结形式繁多，常见的有星形联结（包括有中线和无中线）和三角形联结，如图 1-3-4 所示。

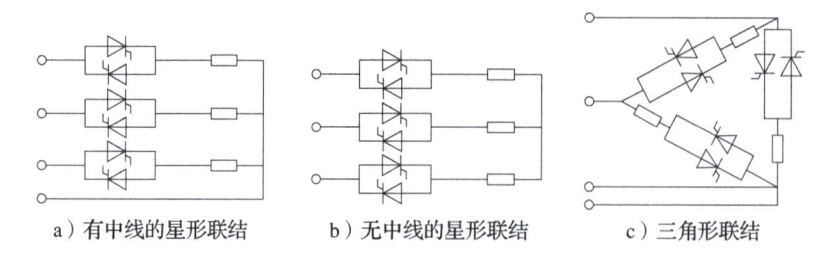

a）有中线的星形联结　　b）无中线的星形联结　　c）三角形联结

图 1-3-4　三相交流调压电路的联结

三相交流调压电路对触发脉冲的要求与三相全控桥式整流电路完全相同，即采用双窄脉冲或宽脉冲触发，触发脉冲的顺序也是从 VTH$_1$ 到 VTH$_6$，依次相差 60°，三相的触发脉冲应依次相差 120°，同一相的两个反并联晶闸管触发脉冲应相差 180°。图 1-3-5 所示为电阻性负载星形联结的三相交流调压电路。

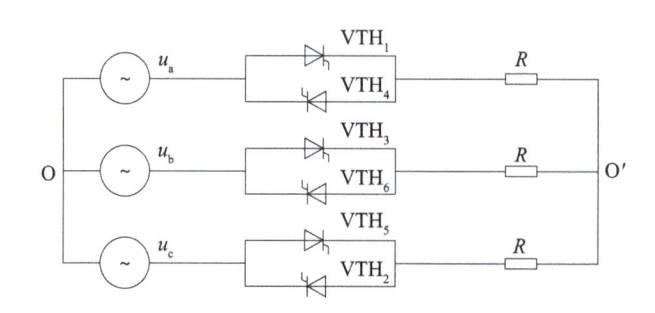

图 1-3-5　电阻性负载星形联结的三相交流调压电路

交流调压电路是靠改变施加到负载上的电压来实现调压的，因此通过分析得到负载电压波形是最重要的。对于星形联结的三相交流调压电路中的相来说，只要两个晶闸管中有一个导通，那么该支路导通。从三相来看，任何时候电路只可能是下列三种情况中的一种。

1）三相全不导通，电路开路，每相负载的电压都为 0。

2）三相全导通，电路直通，当连接每相负载的电压是其所接相的相电压，这种情况为第一类工作状态。

3）其中两相导通，当连接电阻性负载时，导通相负载的电压是该两相线电压的 1/2，非导通相负载的电压为 0，这种情况为第二类工作状态。当连接电动机类负载时，可以由电动机的约束条件（电动机方程）推得各相的电压。

因此，只要能判断各晶闸管的通断情况，就能确定该电路的导通相数，也就能得到该时刻的负载电压，经过一个周波的判断就能得到负载电压波形，根据波形就可分析交流调压电路的各种工作状态。

2．交流电力电子开关

把晶闸管反并联后串入交流电路中，代替电路中的机械开关，起导通和断开电路的作用，这就是交流电力电子开关。和机械开关相比，这种开关响应速度快、没有触点、寿命长，可以频繁控制通断。

交流调功电路也用于控制电路的导通和断开,但它以控制电路的平均输出功率为目的,其控制手段是改变控制周期内电路导通周波数和断开周波数的比值。交流电力电子开关并不控制电路的平均输出功率,通常也没有明确的控制周期,只是根据需要控制电路的导通和断开。一般情况下,交流电力电子开关的控制频度比交流调功电路低得多。例如,当电网进行无功功率补偿时,工业应用中就是采用交流电力电子开关来控制电容器的投入与切除,这种情况要求器件切换的频度就不是很高。

3. AC/AC 变换电路

AC/AC 变换电路直接将固定电网频率的交流电变换为所需频率的交流电,这种交流装置被称为 AC/AC 变频器,也被称为周波变换器,它广泛应用于大功率、低转速的交流电动机调速传动,也用于电力系统无功补偿、感应加热用的电源、交流励磁变速及恒频发电机的励磁电源等。因为没有中间的直流环节,减少了一次能量变换过程,消耗能量少。但这种变频电路的输出电压频率受到限制,它低于输入电压频率,而且与变频电路的具体结构有关。

(1) 单相 AC/AC 变换电路

1) 电路的结构和工作原理。单相 AC/AC 变换电路及其波形如图 1-3-6 所示,其中图 1-3-6a 所示为主电路,它由具有相同特征的两组晶闸管整流电路反向并联构成,一组被称为正组整流电路(P组),另外一组被称为反组整流电路(N组)。若正组整流电路工作,反组整流电路被封锁,则负载端的输出电压为上正下负,负载电流 i_o 为正;若反组整流电路工作,正组整流电路被封锁,则负载端的输出电压为上负下正,负载电流 i_o 为负。这样,只要以低于电源频率的频率交替切换正、反组整流电路的工作状态,在负载端就可以获得交变的输出电压,如图 1-3-6b 所示。

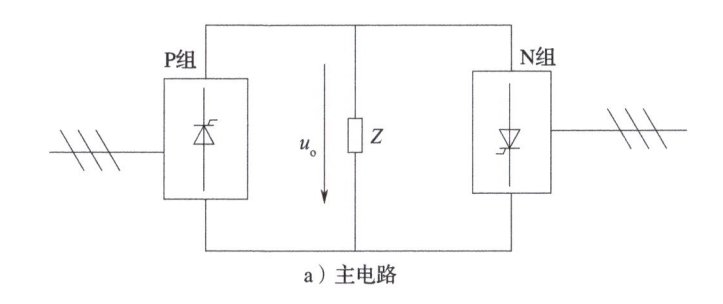

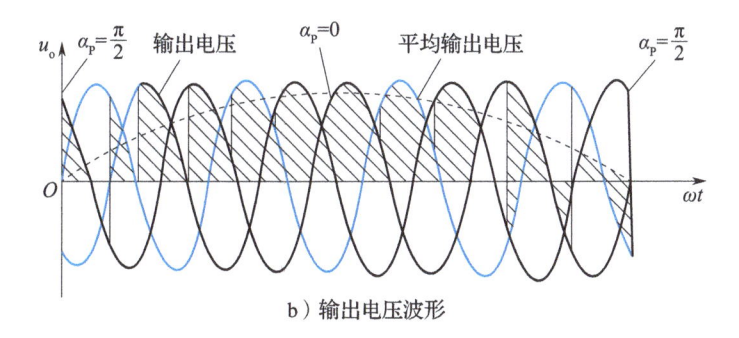

a) 主电路

b) 输出电压波形

图 1-3-6 单相 AC/AC 变换电路及其波形

2）电路的工作过程。AC/AC 变换电路的负载可以是电阻性负载、阻感负载或阻容负载，也可以是交流电动机负载。下面以连接阻感负载的电路为例，将单相 AC/AC 变换电路理想化，忽略交流电路换相时 u_o 的脉动分量，就可以把单相 AC/AC 变换电路等效成图 1-3-7a 所示的正弦交流电源和二极管的串联电路，其中正弦交流电源表示变换电路可以输出正弦交流电压，二极管表示交流电路的电流单向性。设负载的阻抗角为 $\varPsi$，即输出电流滞后输出电压的角度为 $\varPsi$。两组交流电路采取直流可逆调速系统中的无环流工作方式，即一组交流电路工作时，封锁另一组交流电路的触发脉冲。输出电压 u_o 和输出电流 i_o 的波形如图 1-3-7b 所示。单相 AC/AC 变换电路工作于整流状态还是逆变状态，则是由输出电压的方向和输出电流的方向是否相同决定。

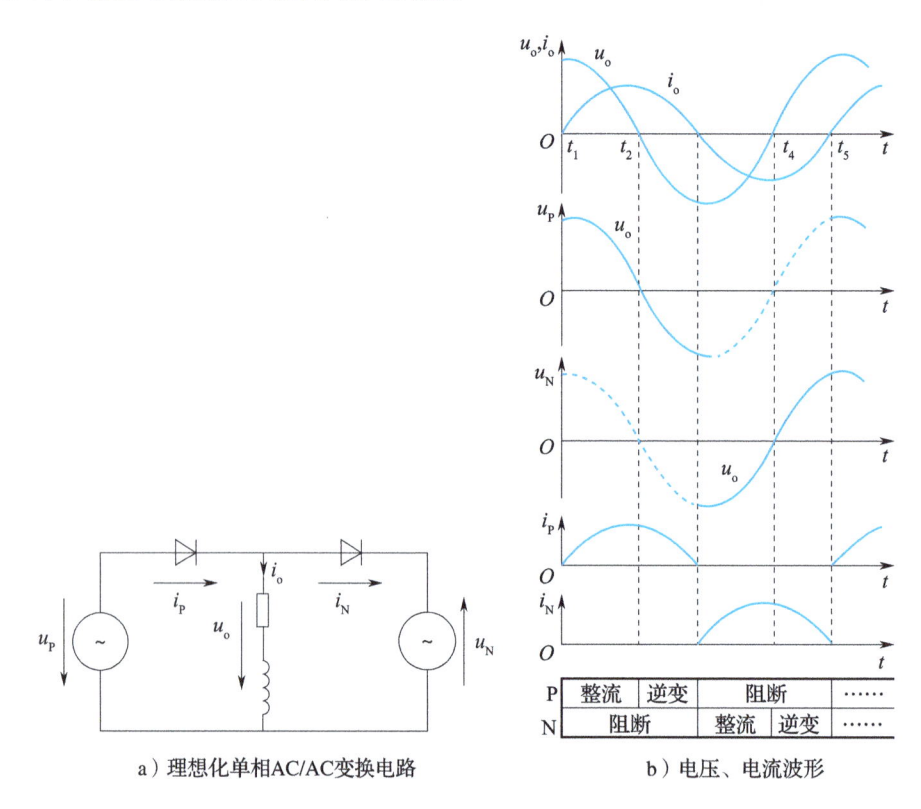

a）理想化单相AC/AC变换电路　　b）电压、电流波形

图 1-3-7　理想化单相 AC/AC 变换电路的整流和逆变工作状态

（2）三相 AC/AC 变换电路　　三相 AC/AC 变换电路主要用于交流调速系统，因此实际使用的主要是三相 AC/AC 变换电路。三相 AC/AC 变换电路由三组输出电压相位差为 120°的单相 AC/AC 变换电路组成，电路的接线方式主要有公共交流母线进线方式和输出端星形联结方式两种，如图 1-3-8 所示。在采用输出端星形联结方式的三相 AC/AC 变换电路中，各相输出电压是相电压，而加在负载上的电压是线电压，若在各相电压中叠加同样的直流分量或 3 倍输出频率的谐波分量，则它们不会反映在线电压中，也不会被加在负载上，利用这一特性可以改善输入功率因数并提高输出电压。

AC/AC 变换电路的特点为直接进行一次变换，效率较高，方便实现四象限工作，以及低频输出波形接近正弦波。

a）公共交流母线进线方式　　　b）输出端星形联结方式

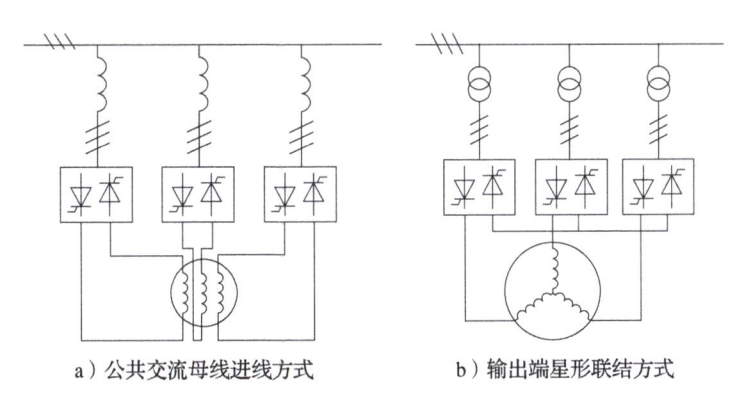

图 1-3-8　三相 AC/AC 变换电路的接线方式

二、AC/DC 变换电路的特点与应用

AC/DC 变换电路是将交流电变换成直流电的电路，又被称为整流电路。大多数整流电路由整流主电路、滤波器和变压器等组成。20 世纪 70 年代以后，整流主电路多用硅整流二极管或晶闸管组成；滤波器接在主电路与负载之间，用于滤除脉动直流电压中的交流成分；变压器设置与否视具体情况而定，变压器的作用是实现交流输入电压与直流输出电压之间的匹配和交流电网与整流电路之间的电隔离。以下介绍 AC/DC 变换电路中常用的不控整流电路和 PWM 整流电路。

1．不可控整流电路

不可控整流电路是由无控制功能的整流二极管组成的整流电路。当交流输入电压一定时，在负载上得到的直流电压不能调节。不可控整流电路利用整流二极管的单向导电性把外加的交流电压变换成直流电压。对于理想情况而言，整流二极管既无惯性又无损耗，因为二极管的导通和截止只需要几微秒；对于频率为 50Hz 的电流的半周期而言，可以看作是瞬时完成整流。以下介绍三种常用的不可控整流电路。

（1）单相半波整流电路　半波整流电路是电源电路中最简单的一种整流电路，它由整流变压器、二极管和负载组成。单相半波整流电路及其波形如图 1-3-9 所示。

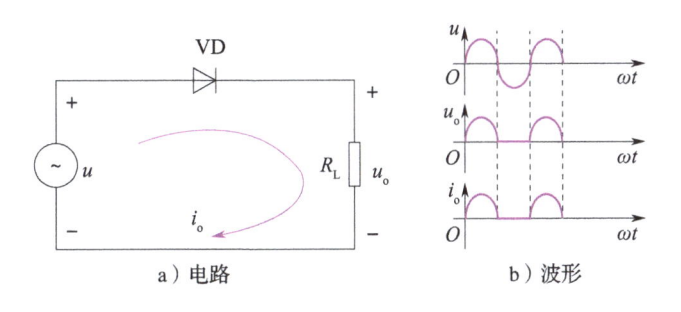

a）电路　　　b）波形

图 1-3-9　单相半波整流电路及其波形

电阻负载上得到一个半波整流电压。整流电压虽然是单方向的，但其大小是变化的，所以被称为脉动直流电压。如图 1-3-10 所示，整流输出电压的平均值 $U_o=0.45U$。

半波整流电路的输出电压不到输入电压的一半，交流分量大，电路工作效率低，因此这种电路仅适用于整流电流较小、对脉冲要求不高的场合。

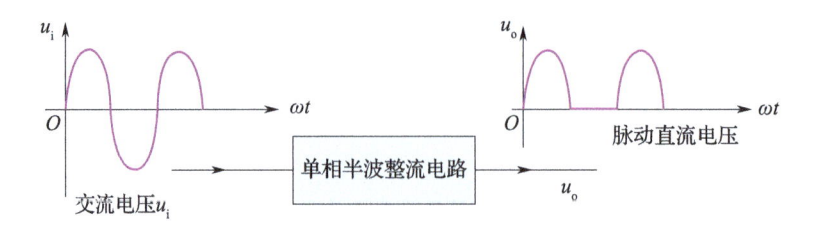

图 1-3-10　单相半波整流电路的波形变化

（2）**单相桥式整流电路**　为了克服半波整流电路的缺点，实用电路中多采用全波整流电路，最常用的全波整流电路是桥式整流电路。桥式整流电路由四个二极管接成电桥的形式构成。图 1-3-11 所示为单相桥式整流电路的简化画法。

a）整流电路　　　　　　b）整流电路的简化画法

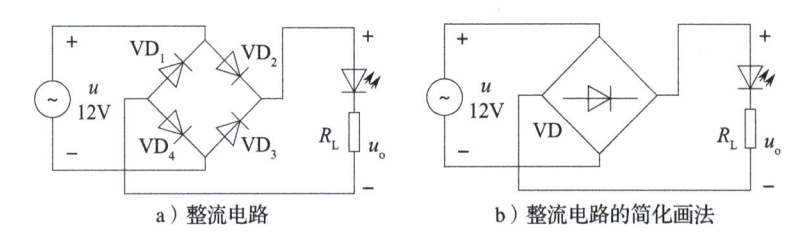

图 1-3-11　单相桥式整流电路的简化画法

当输入信号为正半周时，VD$_2$、VD$_4$ 导通，VD$_1$、VD$_3$ 截止，负载上有半波输出；当输入信号为负半周时，VD$_1$、VD$_3$ 导通，VD$_2$、VD$_4$ 截止，负载上有半波输出。在输入信号的一个周期内，负载上得到两个半波输出。单相桥式整流电路及其波形如图 1-3-12 所示。

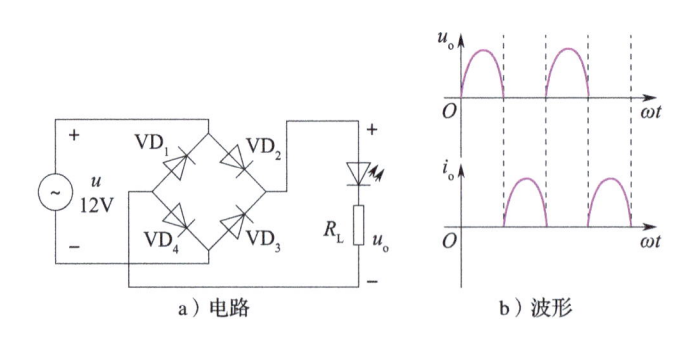

a）电路　　　　　　b）波形

图 1-3-12　单相桥式整流电路及其波形

（3）**三相桥式整流电路**　应用广泛的三相桥式整流电路从三相半波整流电路扩展而来，由两组三相半波整流电路串联组成的，一组为共阴极连接，另一组为共阳极连接，不再需要变压器中性点。

三相桥式整流电路如图 1-3-13 所示，VD$_1$、VD$_3$ 和 VD$_5$ 为共阴极组，VD$_2$、VD$_4$ 和

VD₆ 为共阳极组。

三相桥式整流电路工作时，共阴极的三个二极管中，阳极交流电压最高的那个二极管优先导通，另外两个二极管因承受反向电压而处于截止状态；同理，共阳极的三个二极管中，阴极交流电压最低的那个二极管优先导通，另外两个二极管因承受反向电压而处于截止状态。在电路工作过程中，共阴极组和共阳极组中各有一个二极管处于导通状态，电压波形如图 1-3-14 所示。

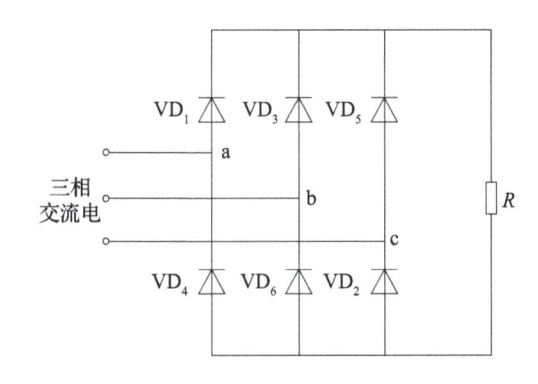

图 1-3-13　三相桥式整流电路

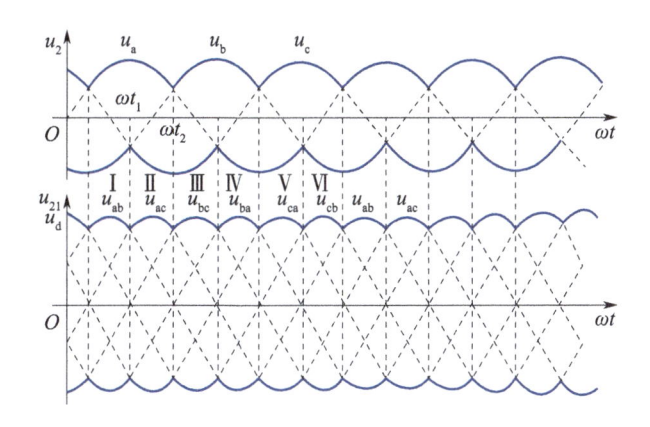

图 1-3-14　电压波形

在单相桥式整流电路中，每个二极管承受交流电源的相电压，而在三相桥式整流电路中，每个二极管要承受交流电源的线电压，因此三相桥式整流电路需要选用耐压值更高的二极管。

2．PWM 整流电路

PWM 整流电路由全控型功率开关器件构成，采用脉冲宽度调制（Pulse Width Modulation，PWM）控制方式。PWM 整流电路不是传统意义上的 AC/DC 变换电路，而是一种能够实现电能双向变换的电路。当 PWM 整流电路从电网接收电能时，电路工作于整流状态；当 PWM 整流电路向电网反馈电能时，电路工作于有源逆变状态。根据不同的分类，PWM 整流电路有不同的类型，按电路的拓扑结构和外特性，PWM 整流电路可分为电压型和电流型，两者的区别在于直流侧滤波形式不同，电压型 PWM 整流电路采用大电容，电流型 PWM 整流电路则采用大电感。电压型 PWM 整流电路应用更为广泛。

（1）单相电压型 PWM 整流电路　单相电压型 PWM 整流电路最初应用于电力机车交流传动系统中，为牵引变流器提供直流电源。单相电压型 PWM 整流电路如图 1-3-15 所示，每个桥臂由全控型器件和整流二极管反并联组成。串联型滤波电路的谐振频率是基波频率的两倍，因此可以短路交流侧的偶次谐波。

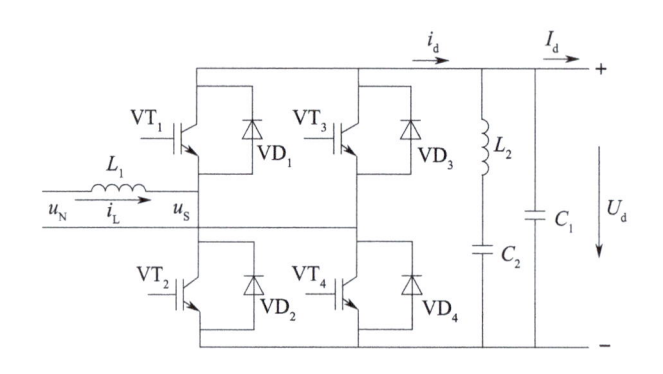

图 1-3-15　单相电压型 PWM 整流电路

（2）三相电压型 PWM 整流电路　三相电压型 PWM 整流电路如图 1-3-16 所示。三相电压型 PWM 整流电路是最基本的 PWM 整流电路，应用也最广泛。u_a、u_b 和 u_c 为交流侧电源电压，i_a、i_b 和 i_c 为交流侧电源电流，L 为电抗器即电路的电感，C 为直流侧滤波电容。

三相电压型 PWM 整流电路具有更快的响应速度和更好的输入电流波形，当整流电路稳态工作时输出直流电压不变，对开关器件进行正弦 PWM 控制，整流电路交流侧的输出电压与逆变电路相同，如果忽略整流电路输出交流电压的谐波，可以把整流器或逆变器之类的变换器看作可控正弦三相电压源，它和正弦电源高电压共同作用于输入电感，产生正弦电流波形。适当控制整流电路输出电压的间隔值和相位，就可以获得所需大小和相位的输入电流。

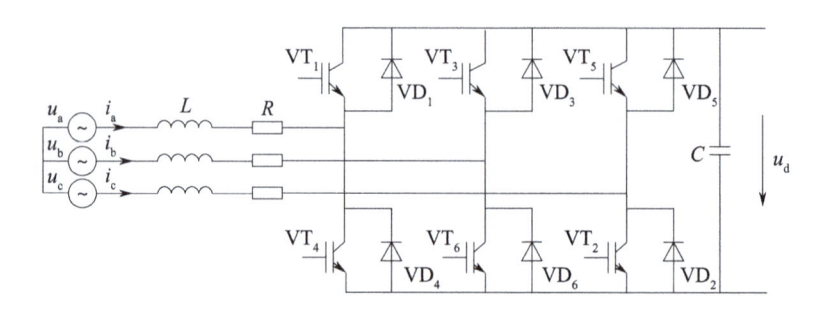

图 1-3-16　三相电压型 PWM 整流电路

（3）三相电流型 PWM 整流电路　三相电流型 PWM 整流电路如图 1-3-17 所示。三相电流型 PWM 整流电路用于稳定输出电流，使输出特性为电流源特性，利用正弦 PWM

方式控制直流电流在各开关器件上的分配，使交流电流的波形接近正弦，且与电源电压同相位，交流侧电容的作用是滤除与开关频率相关的高次谐波。

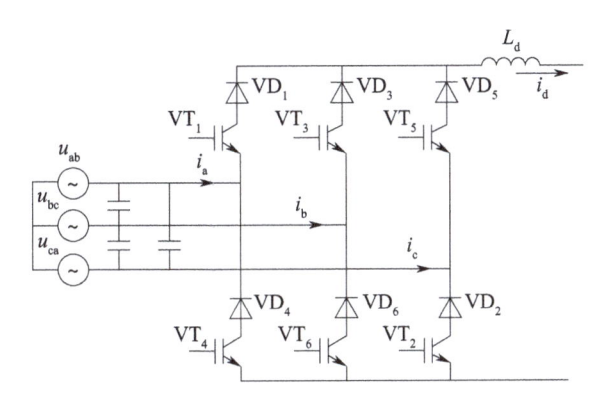

图 1-3-17　三相电流型 PWM 整流电路

PWM 整流电路改善了传统晶闸管相控整流电路中交流侧谐波电流较大、深度相控时功率因数较低的缺点。PWM 整流电路采用全控型器件实现理想化的 AC/DC 变换，具有输出直流电压可调，输入电流波形为正弦、功率因数可调，以及可双向变换等优点。电流型 PWM 整流电路也有缺点，如电感的体积、质量和功耗较大，常用的全控型器件都是双向导通，使主电路通态损耗较大。

车载充电机是整流电路在新能源汽车上的典型应用，其功能是将电网的单相交流电变换为直流电给动力蓄电池充电。为了提高电路的功率因数、减小设备体积，达到比较理想的输出效果，一般将整流电路和其他结构的电路相结合，完成电能变换。车载充电机的电路结构如图 1-3-18 所示。

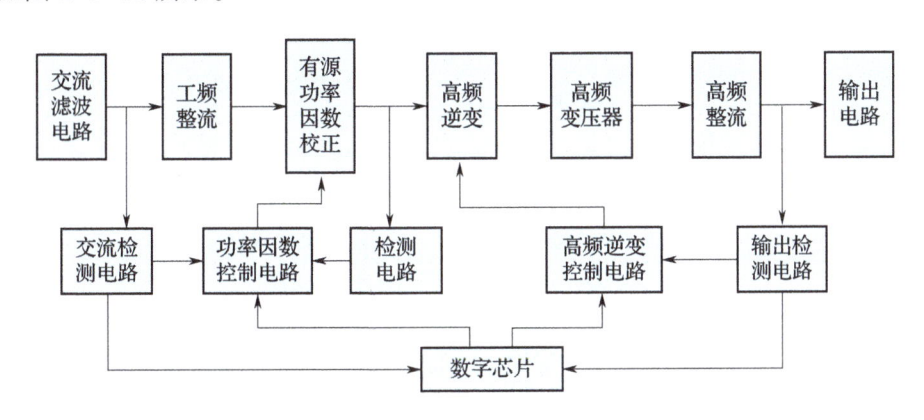

图 1-3-18　车载充电机的电路结构

三、DC/DC 变换电路的特点与应用

DC/DC 变换电路的功能是将一种直流电变为另一种固定电压或可调电压的直流电，包括直接直流变换电路和间接直流变换电路。直接直流变换电路也被称为斩波电路，它的功

能是将一种直流电变为另一种固定电压或可调电压的直流电，一般是指直接将一种直流电变为另一种直流电，这种情况下输入与输出之间不隔离。间接直流变换电路是在直接直流变换电路中增加交流环节，通常在交流环节中采用变压器实现输入和输出之间的隔离，因此也被称为带隔离的DC/DC变换电路。

1. 斩波电路的工作原理和控制方式

（1）斩波电路的工作原理　工程上，一般将按一定控制规律对开关器件进行调制且无变压器隔离的DC/DC变换电路称为斩波电路。斩波电路的主要工作方式是PWM，基本原理是通过开关器件把直流电斩成方波（脉冲波），通过调节方波的占空比（脉冲宽度与脉冲周期之比）来改变输出电压。

如图1-3-19所示，输入电源通过开关与负载串联，当开关闭合时，输出电压等于输入电压，$U_o=U_i$；而当开关断开时，输出电压等于零，$U_o=0$，从而得到基本电压变换电路的输出电压波形。

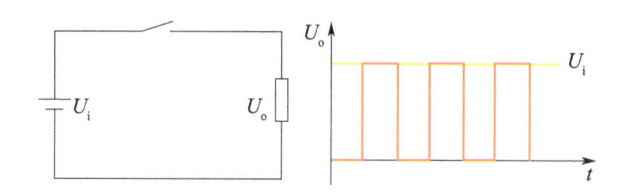

图1-3-19　输入电源通过开关与负载串联

用可控的功率开关器件代替开关，输入一定的控制信号，控制电路的交替通断，获得可调的输出电压，达到降压的目的。如图1-3-20所示为基本斩波电路与输出电压波形。

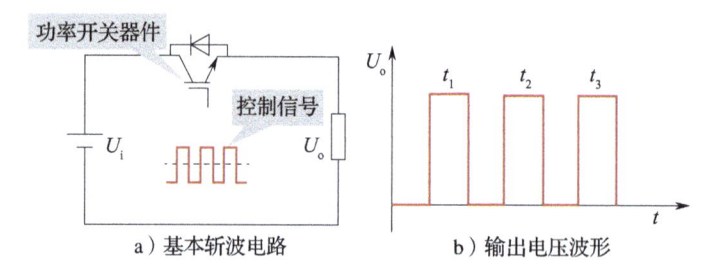

a）基本斩波电路　　　b）输出电压波形

图1-3-20　基本斩波电路与输出电压波形

由公式 $U_o=\dfrac{t_1+t_2+t_3}{T}U_i$（$U_o \leqslant U_i$）可知，在周期 T 不变的情况下，改变导通时间就可以改变 U_o 的大小。将功率开关器件的导通时间与开关周期之比定义为占空比（Duty Ratio），用 D 表示，$D=\dfrac{t_1+t_2+t_3}{T}$。

由于占空比 $D \leqslant 1$，所以输出电压 U_o 小于或等于输入电压 U_i，因此改变 D 值就可以改变输出电压平均值的大小，而 D 值的改变可以通过改变导通时间或开关周期来实现。

（2）斩波电路的控制方式

1）PWM。如图1-3-21a所示，在这种控制方式中，输出电压的周期或频率是不变的，因此输出谐波的频率也是不变的，这使得滤波器的设计比较容易，所以 PWM 得到普遍应用。

2）PFM（脉冲频率调制）。如图 1-3-21b 所示，在这种控制方式中，由于输出电压的周期或频率是变化的，因此输出谐波的频率也是变化的，这使得滤波器的设计比较困难，输出波形受谐波干扰严重，所以 PFM 一般很少被采用。

3）调频调宽混合控制。这种控制方式可以有效扩大输出范围，但由于频率是变化的，也存在着滤波器设计较难的问题。

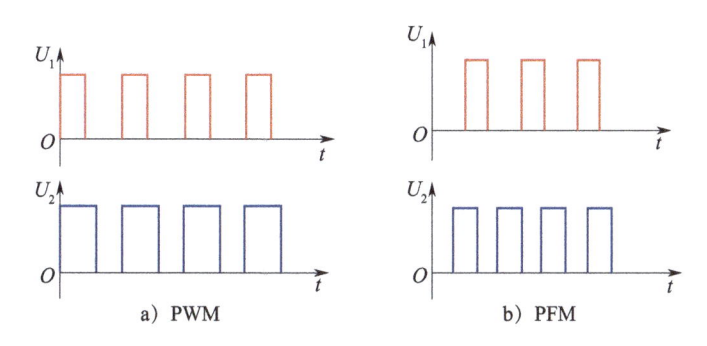

a) PWM b) PFM

图 1-3-21　PWM 和 PFM 的电压波形

2．降压斩波电路的结构组成与工作原理

（1）降压斩波电路的结构组成　图 1-3-22 所示为降压斩波电路的结构组成。为抑制输出电压脉动，在基本斩波电路中加入滤波电容 C；为功率开关器件 VT 导通时的电流应力，将缓冲电感串入 VT 的支路中；为了避免 VT 关断时缓冲电感中电流的突变，加入续流二极管 VD。

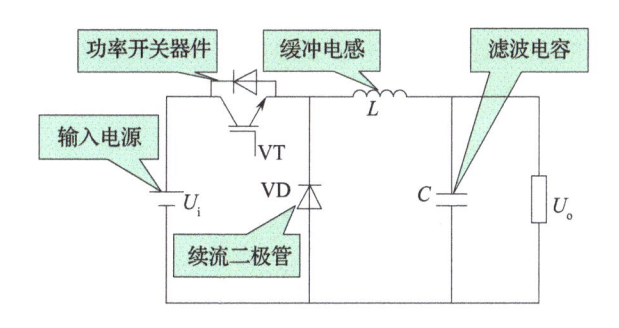

图 1-3-22　降压斩波电路的结构组成

（2）降压斩波电路的工作原理　斩波电路是应用广泛的 DC/DC 变换电路。图 1-3-23 所示的方波为连续输出电压，其平均电压如蓝色折线所示。改变脉冲宽度即可改变输出电压，在时间 t_1 前脉冲较宽、间隔窄，平均电压（U_{o1}）较大；在时间 t_1 后脉冲变窄、间隔变宽，平均电压（U_{o2}）减小。固定方波的周期 T 不变，通过改变占空比调节输出电压就是 PWM 控制方式，也被称为定频调宽法。由于输出电压比输入电压小，所以称之为降压斩波电路或 Buck（降压）电路。

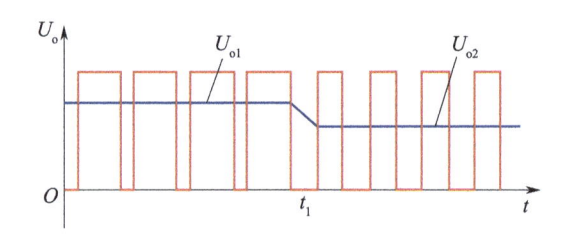

图 1-3-23 连续输出电压及其平均电压

方波脉冲不能算直流电源，实际使用要加上滤波电路。图 1-3-24 所示为有 LC 滤波的电路及其电压波形。图 1-3-24a 中，L 是滤波电感，C 是滤波电容，VD 是续流二极管。当 VT 导通时，L 与 C 蓄能，向负载输电；当 VT 关断时，C 向负载输电。输出方波选用的频率较高，一般是几千赫兹至几万赫兹，故电感体积很小，输出波纹也不大。输出电压 $U_o=DU_i$，D 是占空比，值为 0~1。

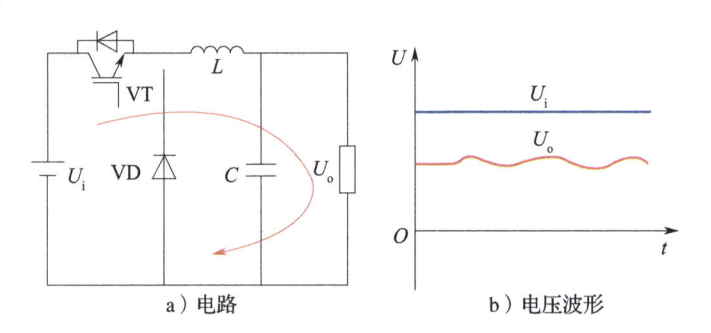

a) 电路　　b) 电压波形

图 1-3-24 有 LC 滤波的电路及其电压波形

3．升压斩波电路的结构组成与工作原理

（1）升压斩波电路的结构组成　升压斩波电路的结构组成如图 1-3-25 所示。升压斩波电路也被称为并联开关变换电路，由输入电源、功率开关器件、二极管、储能电感和滤波电容等元器件组成。

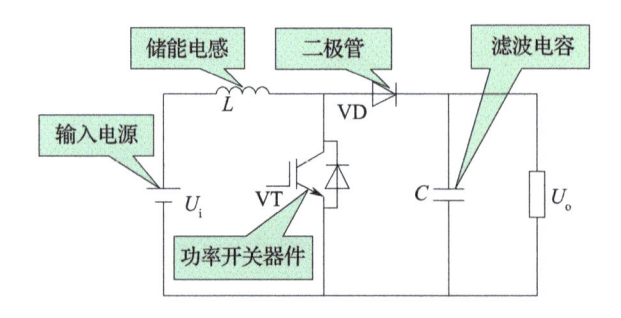

图 1-3-25 升压斩波电路的结构组成

（2）升压斩波电路的工作原理　如图 1-3-26 所示，通过电感元件可以组成升压斩波电路，当开关器件 VT 导通时，电流通过电感 L 时会在 L 中存储能量，此时负载上的电压

由 C 提供；当 VT 关断时，电感 L 释放能量，输出电压为输入电压 U_i 与 L 产生的电压相加，提高了输出电压，所以该电路被称为升压斩波电路或 Boost（升压）电路，输出电压 $U_o=U_i/(1-D)$，D 是占空比，值为 0~1。

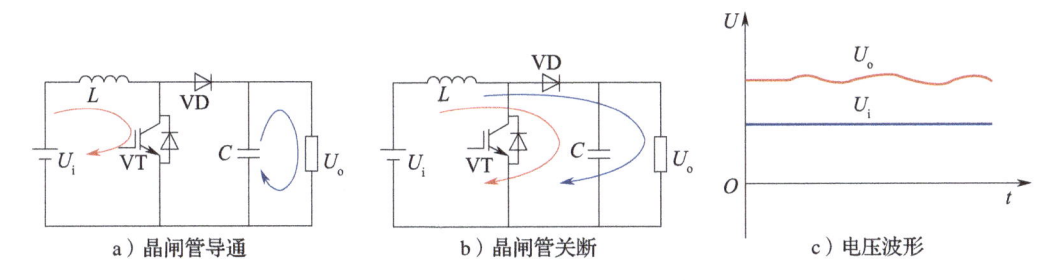

a）晶闸管导通　　　　　　b）晶闸管关断　　　　　　c）电压波形

图 1-3-26　升压斩波电路晶闸管导通和关断时的电压波形

4．升降压斩波电路的结构组成与工作原理

（1）**升降压斩波电路的结构组成**　Boost 型升降压斩波电路的特点是输出电压可以低于电源电压，也可以高于电源电压，它是将降压斩波和升压斩波电路结合的一种直接直流变换电路，主要由功率开关器件、二极管、储能电感、滤波电容等元器件组成。

（2）**升降压斩波电路的工作原理**　升降压斩波电路及其工作状态如图 1-3-27 所示。当 VT 导通时，电流（$I_T=I_L$）由电源流经 VT 和 L，电流上升，电感 L 储能，二极管 VD 因受反向电压而截止，负载 R 由电容 C 提供电流；当 VT 关断时，电感电流 I_L 从 VT 关断时的 I_{o2} 开始下降，并经 C、R 的并联电路和二极管 VD 流通，电感 L 释放储能，电容 C 储能。电感电流 I_L 能否连续，取决于电感的储能。

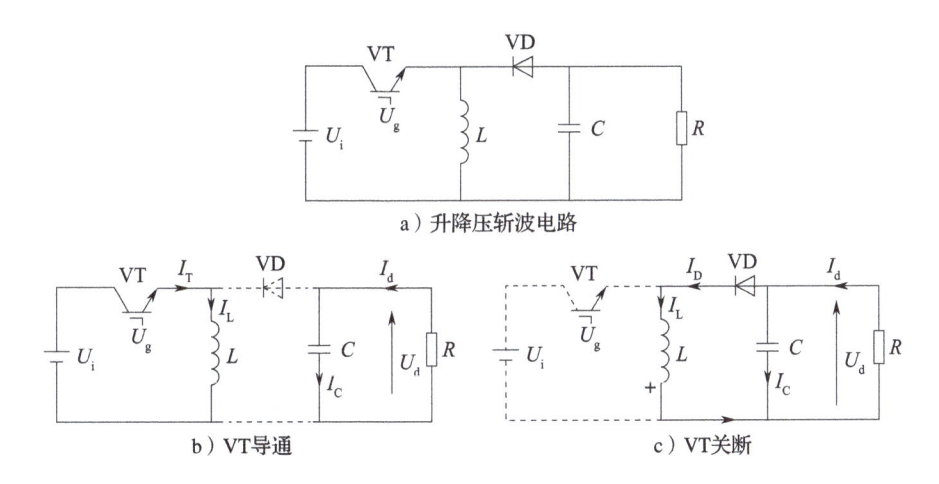

a）升降压斩波电路

b）VT导通　　　　　　　　c）VT关断

图 1-3-27　升降压斩波电路及其工作状态

若电感和电容的储能足够大，或者尽管电感储能不足，但是电容储能足够大，则电感电流连续，如图 1-3-28 所示；若 VT 导通时电感储能不足，I_{o2} 不够大，不能延续到下次 VT 导通，则电感电流断续，如图 1-3-29 所示。若电感电流连续，则电感电流从 VT 导通时的 I_{o1} 上升；若电感电流断续，则电感电流侧从 0 开始上升。

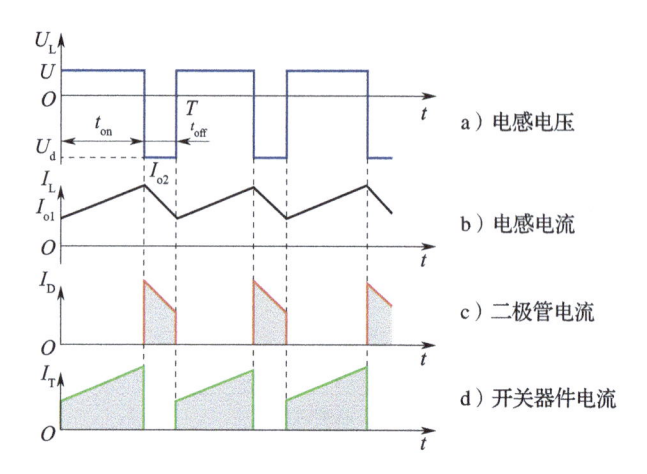

图 1-3-28　升降压斩波电路波形（电感电流连续）

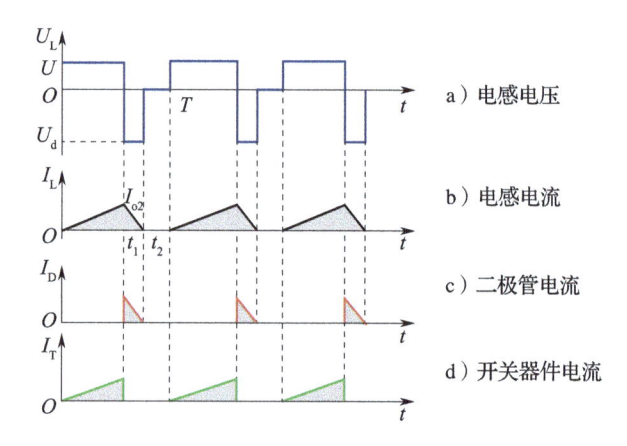

图 1-3-29　升降压斩波电路波形（电感电流断续）

5. DC/DC 变换器的应用

纯电动汽车上的 DC/DC 变换器（见图 1-3-30）作为电动汽车动力系统中很重要的

图 1-3-30　纯电动汽车上的 DC/DC 变换器

一部分，它的一个重要功能是动力蓄电池组直接通过DC/DC变换器转换为14V低压直流电，为整车低压用电设备供电，另一个作用是在复合电源系统中与超级电容串联，调节电源输出，稳定母线电压。

纯电动汽车和"电－电"耦合电动汽车（如增程式电动汽车、燃料电池汽车）中，能量混合型电力系统采用升压型DC/DC变换器；功率混合型电力系统采用双向升降压型DC/DC变换器或全桥型DC/DC变换器，当车辆滑行或下坡制动时，驱动电机发电运行产生的电能也通过双向升降压型DC/DC变换器向储能电源充电。

四、DC/AC变换电路的特点与应用

DC/AC变换电路又被称为逆变电路，它是应用电力电子器件将直流电变换成交流电的一种变流装置。图1-3-31所示为混合动力电动汽车的电机控制器。目前大部分电动汽车采用永磁同步电动机和三相异步电动机，工作电源都是三相交流电，而电动汽车的动力蓄电池组输出的是高压直流电，所以必须通过一个DC/AC变换器将直流电变换为交流电，为驱动电机提供动力电源。同时，也需要将制动等工况下的能量回收，即通过交流发电机发电，经整流后给动力蓄电池充电。

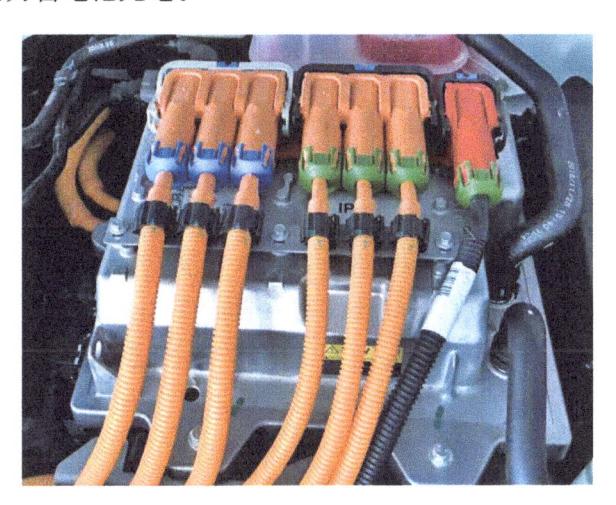

图1-3-31 混合动力电动汽车的电机控制器

1．逆变的概念

将直流电变成交流电的过程被称为逆变，逆变电路与整流电路相对应。交流侧接在电网上，即交流侧接有电源的逆变被称为有源逆变；交流侧直接和负载连接的逆变被称为无源逆变。逆变电路的应用非常广泛，在已有的各种电源中，蓄电池、干电池和太阳能电池等都是直流电源，当需要用这些电源向交流负载供电时，就需要逆变电路。另外用于交流电动机调速的变频器、不间断电源、感应加热电源等电力装置应用非常广泛，这些装置电路的核心部分都是逆变电路，它的基本作用是在控制下将中间直流输出的直流电源转换为

频率和电压都任意可调的交流电源。

2. 逆变电路的原理

以下以图 1-3-32 所示的单相桥式逆变电路为例说明逆变电路的原理。图 1-3-32a 中 $S_1 \sim S_4$ 是单相桥式电路四个臂上的开关,假设 $S_1 \sim S_4$ 均为理想开关。当 S_1、S_4 闭合,S_2、S_3 断开时,负载电压 u_o 为正;当 S_1、S_4 断开,S_2、S_3 闭合时,u_o 为负,其波形如图 1-3-32b 所示。这样就把直流电变成了交流电。改变两组开关的切换频率就可以改变输出交流电的频率,这是逆变电路的最基本原理。当电路连接电阻性负载时,负载电流 i_o 和负载电压 u_o 的波形相同,相位也相同;当电路连接阻感负载时,i_o 的基波滞后于 u_o 的基波,两者波形也不同,图 1-3-32b 就是电路连接阻感负载时的波形。若 $S_1 \sim S_4$ 为实际的电力电子开关器件,且辅助元件(R、L、C)也是非理想的,则逆变过程会复杂很多。

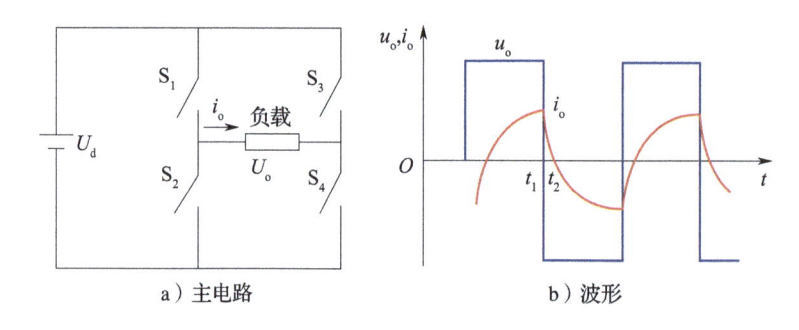

a)主电路 b)波形

图 1-3-32 单相桥式逆变电路及其波形

3. 逆变电路的换向方式

在电路工作过程中,电流从一个支路向另一个支路转移的过程被称为换相,也常被称为换流。在换相过程中,有的支路要从通态变为断态,有的支路要从断态变为通态。从断态向通态转变时,无论支路由全控型还是半控型电力电子器件组成,只要给门极适当的驱动信号,就可以使其导通。但从通态向断态转变的情况就不同,全控型器件可以通过对门极的控制使其关断,而半控型器件就不能通过对门极的控制使其关断,必须利用外部条件或采取其他措施才能使其关断。一般来说,换相方式可分为以下四种。

(1)**器件换相** 利用全控型器件的自关断能力进行换相的换相方式被称为器件换相。采用 IGBT、IEGT(注入增强型栅极晶体管)、P 沟道 MOSFET、IGCT(集成门极换流晶闸管)等全控型器件的电路,其换相方式为器件换相。

(2)**电网换相** 由电网提供换相电压的换相方式被称为电网换相。对于可控整流电路,无论其工作在整流状态还是有源逆变状态,都是借助于电网电压实现换相的,都属于电网换相。三相交流调压电路和采用相控方式的 AC/AC 变换电路的换相方式也都是电网换相。在换相时,只要把负的电网电压施加在欲关断的晶闸管上,即可使其关断,这种换相方式不需要器件具有自关断能力,也不需要为换相附加任何元件,但是这种换相方式不适用于不接交流电网的无源逆变电路。

（3）**负载换相**　由负载提供换相电压的换相方式被称为负载换相。凡是电路有负载电流超前于负载电压的情况，都可以实现负载换相。当负载为电容性负载时，即可实现负载换相。另外，当负载为同步电动机时，由于可以控制励磁电流使负载呈现电容性，因此也可以实现负载换相。

（4）**强迫换相**　强迫换相需要设置附加的换相电路，给欲关断的晶闸管强迫施加反向电压或反向电流的换相方式被称为强迫换相。强迫换相可使输出频率不受电源频率的限制，但需要附加换相电路，同时还要增加晶闸管的电压、电流定额，对晶闸管的动态特性要求也高。

以上四种换相方式中，器件换相只适用于全控型器件，其余三种方式主要针对晶闸管而言。器件换相和强迫换相都是因为器件或变换电路自身的原因而实现换相，它们属于自换相；电网换相和负载换相不是依靠变换电路自身因素，而是借助外部手段（电网电压或负载电压）实现换相，它们属于外部换相。采用自换相方式的逆变电路被称为自换相逆变电路，采用外部换相方式的逆变电路被称为外部换相逆变电路。

在晶闸管时代，换相技术十分重要，但在全控型器件时代，换相技术就不重要了。当今，强迫换相已停止应用，仅负载换相还有一定应用，如负载为同步电动机时，通过控制励磁电流使负载呈现电容性，实现负载换相。

4. 逆变电路的种类

为了满足不同用电设备对交流电源性能参数的不同要求，逆变电路发展出不同种类，并大致可按以下方式分类。

（1）**按输出电能的去向分类**　按输出电能的去向可分为有源逆变电路和无源逆变电路，前者输出的电能返回公共交流电网，后者输出的电能直接输向用电设备。

（2）**按电流波形分类**　按电流波形可分为正弦逆变电路和非正弦逆变电路，前者开关器件的电流为正弦波，其开关损耗较小，宜工作于较高频率下；后者开关器件的电流为非正弦波，因其开关损耗较大，故工作频率较正弦逆变电路低。

（3）**按输出相数分类**　按输出相数可分为单相逆变电路和三相逆变电路。

（4）**按直流电源性质分类**　按直流电源性质可分为由电压型直流电源供电的电压型逆变电路和由电流型直流电源供电的电流型逆变电路。

1）电压型逆变电路。电压型逆变电路的直流侧为电压源或并联大电容，直流侧电压基本无脉动，输出电压为矩形波，输出电流因负载阻抗不同而不同。当电路连接阻感负载时，需要给电路提供无功功率，为了给交流侧向直流侧反馈的无功能量提供通道，逆变桥各臂并联反馈二极管。

电压型逆变电路分为单相电压型逆变电路和三相电压型逆变电路。单相电压型逆变电路分为半桥逆变电路（图1-3-33）、全桥逆变电路（图1-3-34）和带中心抽头变压器的逆变电路（图1-3-35）。三相电压型逆变电路应用最广泛的是三相桥式逆变电路。

a）半桥逆变电路　　　　　　　　　b）波形

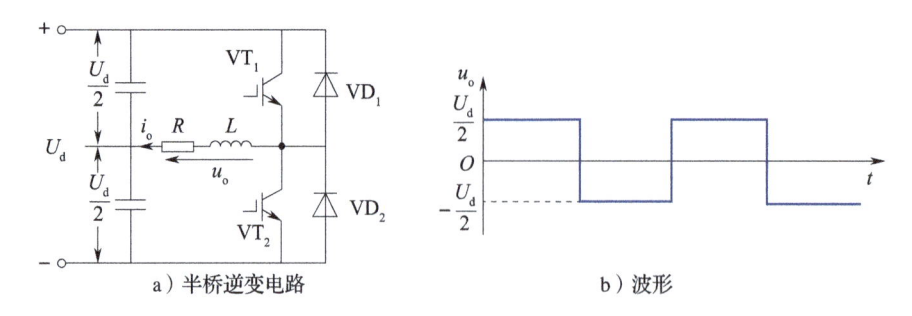

图1-3-33　半桥逆变电路及其波形

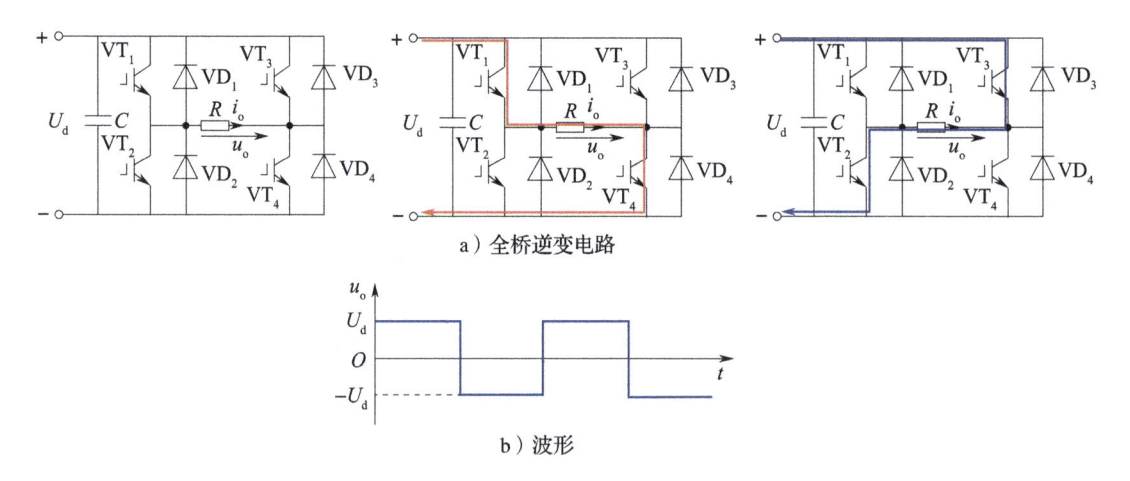

a）全桥逆变电路

b）波形

图1-3-34　全桥逆变电路及其波形

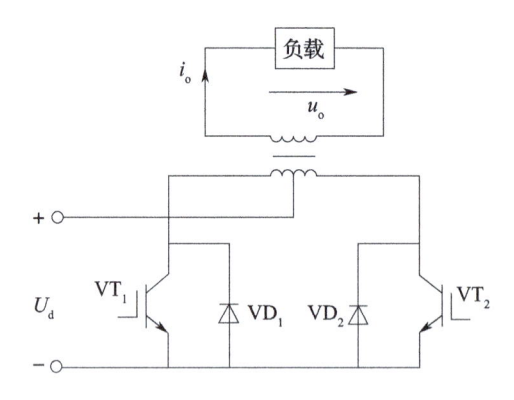

图1-3-35　带中心抽头变压器的逆变电路

三相电压型逆变电路如图1-3-36所示，三个单相电压型逆变电路可组合成一个三相电压型逆变电路。

2）电流型逆变电路。电源为电流源的逆变电路被称为电流型逆变电路。采用半控型器件的电流型逆变电路仍应用较多。电流型逆变电路的换流方式有负载换流、强迫换流。电流型逆变电路可以分为单相电流型逆变电路和三相电流型逆变电路，分别如图1-3-37和图1-3-38所示。

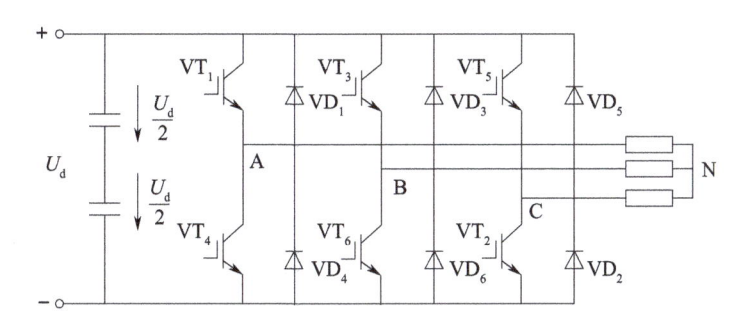

图 1-3-36　三相电压型逆变电路

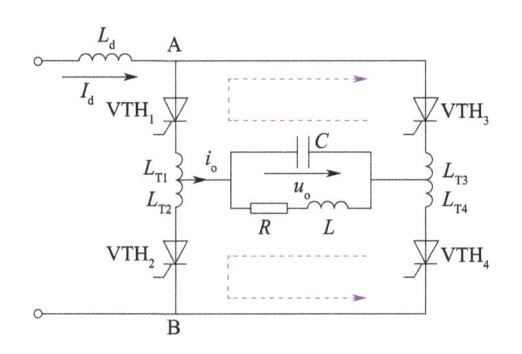

图 1-3-37　单相电流型逆变电路

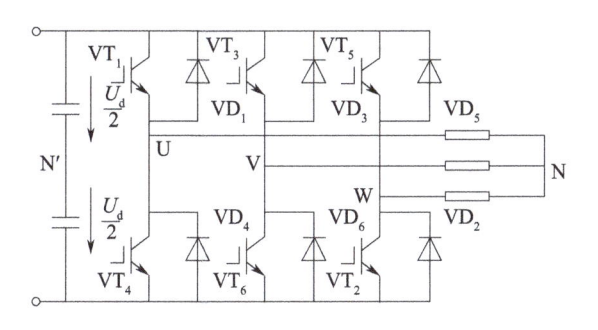

图 1-3-38　三相电流型逆变电路

技能操作

参照"知识学习"的内容，必要时参考其他技术资料，完成本书配套任务工单所要求的操作项目。

在进行新能源汽车高压部件功率变换电路变换结构认识操作之前，请预先了解以下内容。

（1）**高压部件功率变换电路原理图**　图 1-3-39 所示为比亚迪纯电动汽车高压电控总成内部电路原理图，功率变换如下。

1）直流充电口到动力蓄电池（电池包）：DC/DC 变换，外部充电桩的高压直流电到动力蓄电池的高压直流电（直流充电）。

2）交流充电口到车载充电机（OBC）：AC/DC 变换，外部 220V 交流电经车载充电机变换为高压直流电，为动力蓄电池充电。

3）双向交流逆变式电机控制器（VTOG）到驱动电机（MG）：DC/AC 变换，电机控制器将动力蓄电池的高压直流电逆变为三相交流电，为驱动电机提供电源。

4）驱动电机到双向交流逆变式电机控制器：AC/DC 变换，电机控制器将车辆制动（减速）时回收的能量逆变为高压直流电，为动力蓄电池充电。

5）双向交流逆变式电机控制器到交流充电口：DC/AC 变换，放电功能，电机控制器将动力蓄电池的高压直流电逆变为 220V 单相交流电，为车外交流用电器提供电源。

6）车载充电机到车内插座：DC/AC 转换，放电功能，电机控制器将动力蓄电池的高压直流电逆变为 220V 单相交流电，经车载充电机为车内交流用电器提供电源。

7）动力蓄电池到压缩机和暖风加热器（PTC）：DC/DC 变换，动力蓄电池的高压直流电到压缩机和暖风加热器的高压直流电。

8）动力蓄电池到 DC/DC 变换器：DC/DC 变换，DC/DC 变换器将动力蓄电池的高压直流电变换为 12V 或 24V 低压直流电，为低压蓄电池充电，并为车内低压电气设备供电。

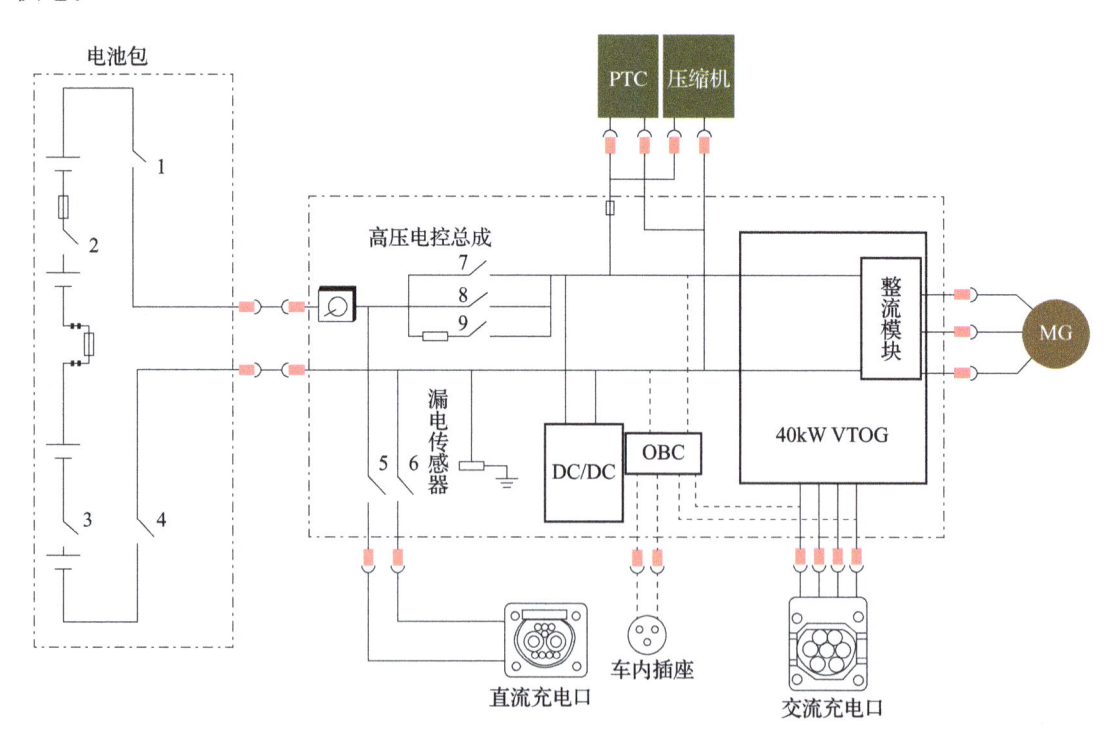

图 1-3-39 比亚迪纯电动汽车高压电控总成内部电路原理图

1—正极接触器 2—电池包分压接触器 1 3—电池包分压接触器 2 4—负极接触器 5—直流正极接触器 6—直流负极接触器 7—主接触器 8—交流充电接触器 9—预充接触器 VTOG—双向交流逆变式电机控制器 MG—驱动电机 OBC—车载充电机 DC/DC—DC/DC 变换器 PTC—暖风加热器

（2）高压部件功率变换电路实物图　高压电控总成内部布局图见图 1-3-40~图 1-3-42。

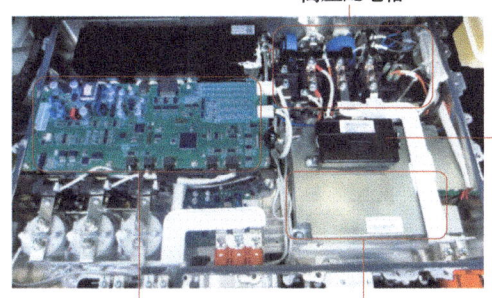

图 1-3-40　比亚迪纯电动汽车高压电控总成内部布局图 1

图 1-3-41　比亚迪纯电动汽车高压电控总成内部布局图 2

图 1-3-42　比亚迪纯电动汽车高压电控总成内部布局图 3

课堂测试

1. 判断题

1）通常将一个固定的直流电压变换为可变的直流电压的过程称为直流逆变。（   ）
2）通常将直流电压变换成交流电压的过程称为整流。（   ）
3）电动机控制器实质是一个逆变器。（   ）
4）车载充电机实质是一个整流器。（   ）
5）车载变流电路只能实现直流到交流的变换。（   ）

2. 单选题

1）Boost 电路是指（   ）电路。
　　A. 降压　　　B. 升压　　　C. 稳压　　　D. 整流
2）Buck 电路是指（   ）电路。
　　A. 降压　　　B. 升压　　　C. 稳压　　　D. 整流
3）可用（   ）只 IGBT 构成三相逆变电路。
　　A. 4　　　　B. 6　　　　C. 8　　　　D. 12
4）可用（   ）只二极管构成单相桥式逆变电路。
　　A. 2　　　　B. 4　　　　C. 6　　　　D. 没有规定
5）为使电动汽车具有能量回馈功能，以满足能量回收的需要，电动汽车的功率变换器一般为（   ）设计。
　　A. 双向　　　B. 单向　　　C. 冗余　　　D. 随机

模块二 新能源汽车高压电路与高压部件识别

内容描述

本模块介绍新能源汽车高压电路与触电急救，以及新能源汽车高压部件识别与高压安全设计、安全隐患检查相关的知识和技能，分为两个学习任务，分别为：学习任务一，高压电路认知与触电急救；学习任务二，新能源汽车高压部件识别与安全隐患检查。通过以上对学习任务的学习，你能够了解人体触电的原因并学会触电急救的方法，识别新能源汽车高压部件安装位置、高压电类型和高压电存在时间，以及检查高压安全隐患并分析事故原因。

学习任务一 高压电路认知与触电急救

任务目标

知识目标：
1) 能够描述人体触电的原因与方式。
2) 能够描述高压电对人体的伤害形式。
3) 能够描述触电事故的急救方法。

能力目标：
1) 能够验证人体对不同电流大小的反应。
2) 能够执行触电事故的急救。

素质目标：
1) 培养安全生产意识。
2) 培养严谨的工作作风。

情境导入

情境描述：

你知道高压电会给人体带来怎样的伤害吗？如果你的同事在进行新能源汽车保养维修时，因违章操作导致了触电事故，你知道应该如何施救吗？

情境提示：

新能源汽车的动力蓄电池及其他高压部件带有高压电，会对人体产生伤害。如果没有对涉及的高压工作区域正确进行防护，就可能导致严重的高压触电伤害。

知识学习

一、人体触电的原因与方式

1．人体触电的原因

（1）**电压的安全级别**　依据目前最新的国家标准 GB 18384—2020《电动汽车安全要求》中对人员触电防护的要求，考虑到空气的湿度和人体在不同工作环境下的电阻，根据不同电压等级可能对人体产生的伤害和危险程度不同，在新能源汽车中将车辆电压按照类型和数值分为 A、B 两个安全级别，见表 2-1-1。

表 2-1-1　电压的安全级别

电压等级	工作电压 U/V	
	直流	交流（有效值）
A	$0 < U \leq 60$	$0 < U \leq 30$
B	$60 < U \leq 1500$	$30 < U \leq 1000$

注：1．A 级是较为安全的电压等级，处于该电压下的维护人员不需要采取特殊的防电保护。
　　2．B 级属于高电压等级，对人体会产生伤害，必须采用防护装备（绝缘）对维护人员进行保护。

（2）**人体安全电压与致命电流**　人体的触电并不是指接触到了很高的电压，而是指过高的电压通过人体这个电阻后，会在人体中形成电流，从而导致对人体的伤害。因此必须注意的是，伤害人体的不是电压，而是电流。

如图 2-1-1 所示，人体电阻会存在个体的差异性，例如胖人和瘦人、男人和女人的电阻都可能不一样。另外，人体所处的工作环境也会导致人体电阻发生变化，例如在潮湿的环境和干燥的环境，人体表现的电阻就不一样，环境越潮湿，人体电阻就会越小。此外，还需要注意的是，每个人对电流流过身体的反应也不一样，有一部分人能够比其他人承受更大的电流。

当电压高到一定值以后，会有相应的电流通过人体。如图 2-1-2 所示，通过人体的电流越大、时间越长，对人体的伤害也就越严重。大约 1mA 的电流通过人体时，就会产生麻木感；5~10mA 时肌肉就会开始收缩并产生疼痛感；人体内通过的电流超过 10mA 时，到达导出电流的极限，人体无法再导出电流，电流的滞留时间也相应增加；30~100mA 交流电的长时间滞留会导致呼吸停顿以及心室纤维性颤动；当通过人体的电流到达大约 80mA 时，这个电流被认为是致命的。

需要注意的是，人体之所以能够导电，主要的原因是血液含有的电解质成分具有导电性，而且人体的皮肤、肌肉也具有一定的导电能力。对于大多数人来说，整个身体的总阻

值很低，特别是有主动脉的部位（胸腔和躯干），最大的危险发生在电流通过人体心脏时刺激心脏产生的异常颤动。

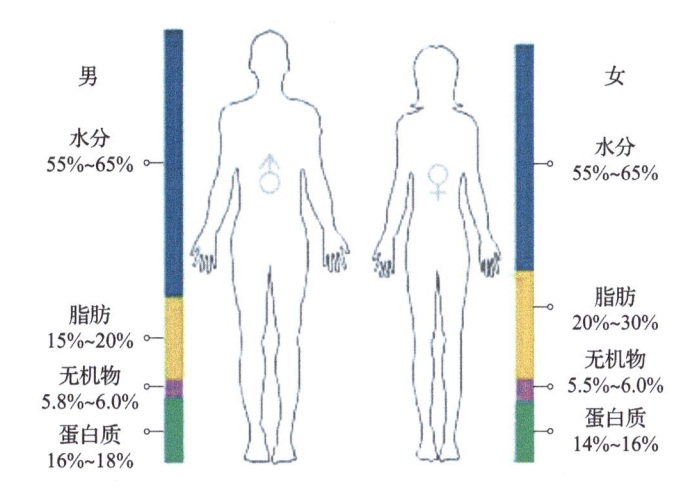

图 2-1-1 人体电阻的差异性

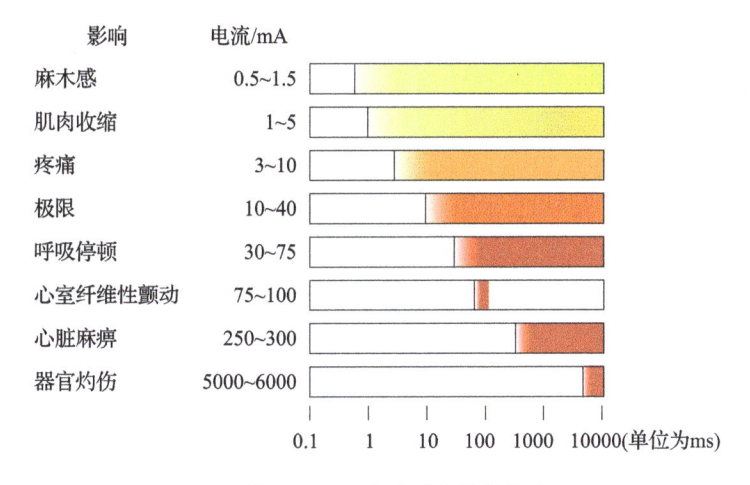

图 2-1-2 电流对人体的伤害

如图 2-1-3 所示，假如一个人的电阻是 1080Ω，接触到 288V 的直流电压，根据欧姆定律，人体电流 $I=U/R$=288V/1080Ω ≈ 0.27A，也就是说通过人体的电流达到 270mA，这个电流值如果在心脏的滞留时间达到 10~15ms 就会致命！

（3）交流与直流触电对人体的伤害 直流电与交流电都会对人体产生伤害，但是直流电对电阻的瞬间冲击性明显高于交流电，因此直流电对人体的伤害通常比交流电严重。

由于交流电存在 50Hz 的交变频率，其交变系数接近人体的心脏跳动频率，一旦触电，因两者频率接近，触电的时候交流电的频率加于人体上，导致心肌舒张随交流电频率进行，加上人体自身的心脏跳动频率，很容易导致心脏跳动紊乱，致使触电者出现心室颤抖，血液得不到有效循环，最终导致其他器官缺氧死亡。因此也有人认为，交流电的危害更甚于直流电。

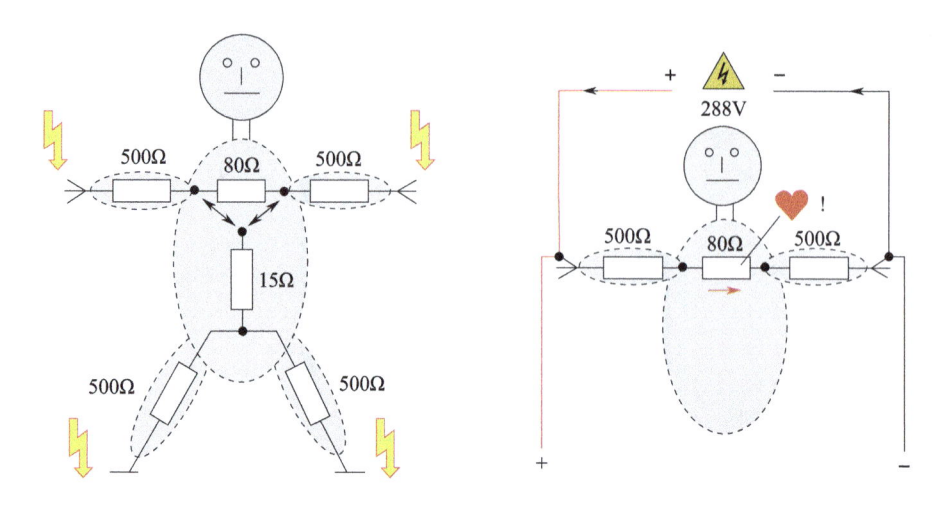

图 2-1-3　人体电阻与通过人体的电流

如果电气设备的电压规格中注明了交流电压，那么该电压指的是行业内通用的有效电压数值。但是，实际的接触电压可能会高得多，这取决于交流电压的波形（频率和幅值）。

新能源汽车电驱动系统中的驱动电机由三相交流电驱动，驱动电机的输出功率和转速由交流电压的高低和频率控制。图 2-1-4 所示为大众 ID.4 纯电动汽车驱动电机的参数，额定电压高达 360V（三相交流电），如果引发触电事故，就会相当危险。

图 2-1-4　大众 ID.4 纯电动汽车驱动电机的参数

2．人体触电的方式

人体触电的前提是人体与所接触的电源之间形成回路，有电流通经人体。

新能源汽车的高压系统与车身之间是隔离的，在图 2-1-5 所示的情况下，人体不会产生触电，原因就在于人体没有与电源之间形成回路。但是，当高压部件与车身产生搭铁故障，即在图 2-1-6 所示的情况下，人体就可能发生触电事故。

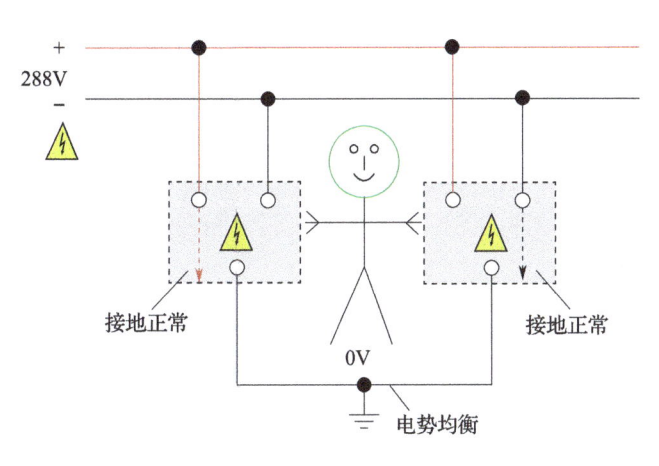

图 2-1-5 非触电情况

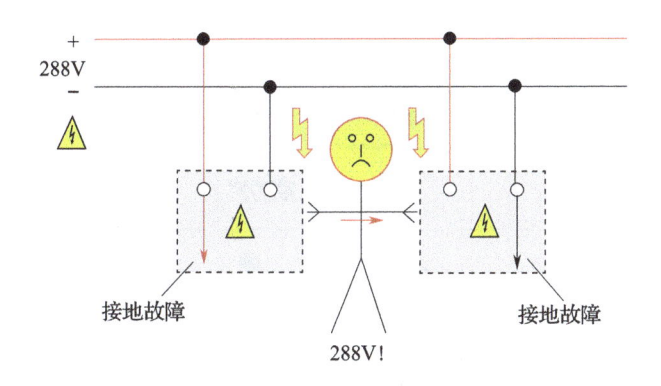

图 2-1-6 触电情况

当人体触电时，电流通过人体的心脏、肺部和中枢神经系统等重要部位，产生的危险性较大，因此从手到脚的电流途径最为危险，其次从一只手到另一只手的电流途径也很危险，如图 2-1-7 所示。

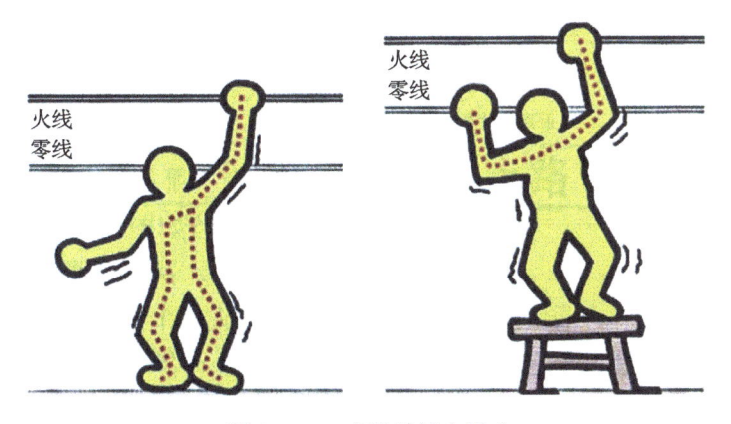

图 2-1-7 危险的触电形式

高压系统的维修人员在实际工作中，应该避免因为操作错误导致自身与高压系统形成回路，例如图 2-1-8 所示的直接触电方式是大多数维修人员能够理解并避免的。但是在

图 2-1-9 所示的两种间接触电方式却是很容易被维修人员所忽视的。表 2-1-2 所列的是高压电路发生电击风险的情形。

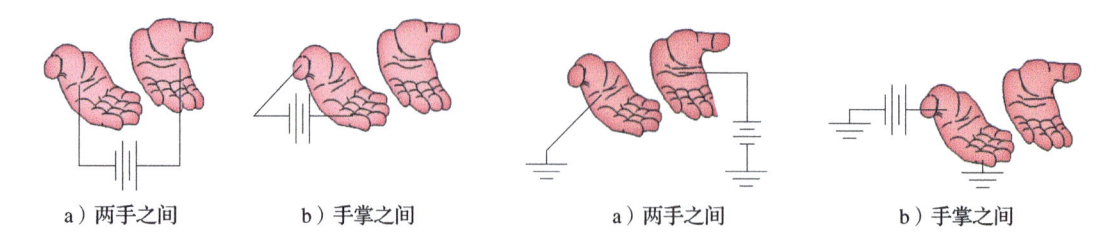

a）两手之间　　b）手掌之间　　　　　　　　a）两手之间　　b）手掌之间

图 2-1-8　直接触电方式　　　　　　　图 2-1-9　间接触电方式

表 2-1-2　高压电路发生电击风险的情形

事例	情形	电击风险
人体绝缘时触摸高电压正极侧		无风险
漏电时触摸车身（高电压负极侧）		无风险
漏电时触摸高电压正极侧		可能被电击（绝缘情况）
触摸高电压正极和负极侧		一定被电击！

二、高压电对人体的伤害形式

最终能够对人体产生伤害的是电流，电流的热效应、化学效应和机械效应都会对人体造成伤害。电流对人体的伤害有以下四种形式。

1. 电击伤害

电击伤害是指电流通过人体造成人体内部组织的破坏。当人遭到电击时，电流通过人体内部，会伤害人的心脏、肺部和神经系统，使人产生痉挛、窒息、心颤、心跳骤停等反应，严重的会导致死亡。电击是最危险的触电伤害，绝大部分触电死亡事故都是由电击造成的。一般情况下，电击给人体带来的伤害包括以下情形。

（1）**电击效应带来的伤害**　电阻有阻止或减慢电流导通的功能。人体电阻主要集中在皮肤上，与皮肤的状况有直接关系。当电流低于导通限值时，人体会有相应的电击反应，容易因肢体不受控制和失去平衡而导致受伤，如图 2-1-10 所示。

图 2-1-10　电击效应的伤害

（2）**热效应带来的伤害**　电流导入导出点处会发生烧伤和焦化，也会发生内部烧伤，其结果是导致肾脏负荷过大，甚至造成致命的伤害。

如果发生静态短路，也会产生热效应，例如拆装工具短路后急剧发热，会导致材料熔化，从而可能造成烧伤事故。图 2-1-11 所示为类似电击产生的热效应形式。

图 2-1-11　类似电击产生的热效应形式

（3）**化学效应带来的伤害**　人体的血液和细胞液成为电解液并被电解，会导致人员严重中毒。中毒情况可能在几天后才能被发现，因此伤害极大。

（4）**肌肉刺激效应带来的伤害**　所有的身体功能和人体肌肉运动都是由大脑通过对神经系统的电刺激来控制。如果通过人体的电流过高，就会使肌肉开始抽搐，大脑再也无法控制肌肉组织，例如握紧的拳头无法打开或者移动，甚至会"主动抓住"带电体。

如果电流通过胸腔，肺部就会产生痉挛（呼吸停止），心脏的跳动节奏会被中断，产生心室纤维化颤动，无法进行心脏的收缩和扩张运动。

（5）**由短路引起火花带来的伤害** 如图 2-1-12 所示，电路短路后，金属熔化会产生飞溅的火花，飞溅出来的金属颗粒温度超过 5000℃，可能引起烧伤或严重伤害眼睛。

图 2-1-12 高压电路短路产生火花

（6）**高压电路接通和断开时产生电弧带来的伤害** 如图 2-1-13 所示，高压电击穿空气产生电弧，光辐射可能造成电光性眼炎。

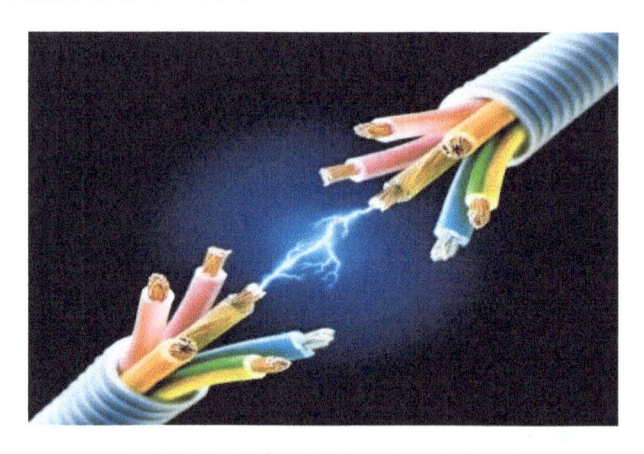

图 2-1-13 高压电击穿空气产生电弧

2. 电伤伤害

电伤伤害是指电流对人体外部造成的局部伤害，包括电弧烧伤、电烙印以及熔化的金属渗入皮肤等。电伤伤害虽然一般不会导致死亡，但也使人遭受巨大的痛苦，甚至造成失明、截肢等。电伤通常与电击同时发生。

3. 电磁场生理伤害

电磁场生理伤害是指在高频电磁场的作用下，人会出现头晕、乏力、记忆力减退、失眠和多梦等神经系统的症状。

4. 二次伤害

高压触电事故还容易导致人体因剧烈痉挛而摔倒，导致电流通过全身并造成摔伤、坠落等二次伤害事故。

三、触电事故的急救方法

1. 脱离电源

如果不幸发生了人员触电事故，援救触电事故中受伤人员时，救援人员自身的安全是第一位的，绝对不要触碰仍然与电源有接触的人员。

人体触电以后，可能由于痉挛或失去知觉等原因紧紧抓住带电体，触电者无法自己摆脱电源。抢救触电者的首要步骤就是使触电者尽快脱离电源。如果可能，应立即将电气系统断电，或用不导电的物体（如绝缘杆、非金属扫帚把等）把触电者或者导电体与带电导线分离，如图 2-1-14 所示。在新能源汽车触电事故施救中，脱离电源的方法是戴上绝缘手套将触电人员移开，或者切断车辆的高压电源。总之要因地制宜，灵活运用各种方法，快速切断电源，防止事故扩大。在进行施救的同时，应立即拨打 120 急救电话，获取专业的救援，如图 2-1-15 所示。

图 2-1-14　脱离电源　　　　　　　　图 2-1-15　拨打 120 急救电话

2. 现场急救

当触电者脱离电源后，应根据触电者的具体情况迅速对症救护，力争在触电后 1min 内进行救治。国内外的急救资料表明，在触电后 1min 内进救治，90% 以上触电者有良好的效果，而超过 12min 再开始救治，触电者基本无救活的可能。现场应用的主要方法是口对口人工呼吸法和人工胸外心脏按压法，严禁打强心针。

如图 2-1-16 所示，在进行触电现场应急处理与急救时，必须遵守基本的高压触电急救流程。

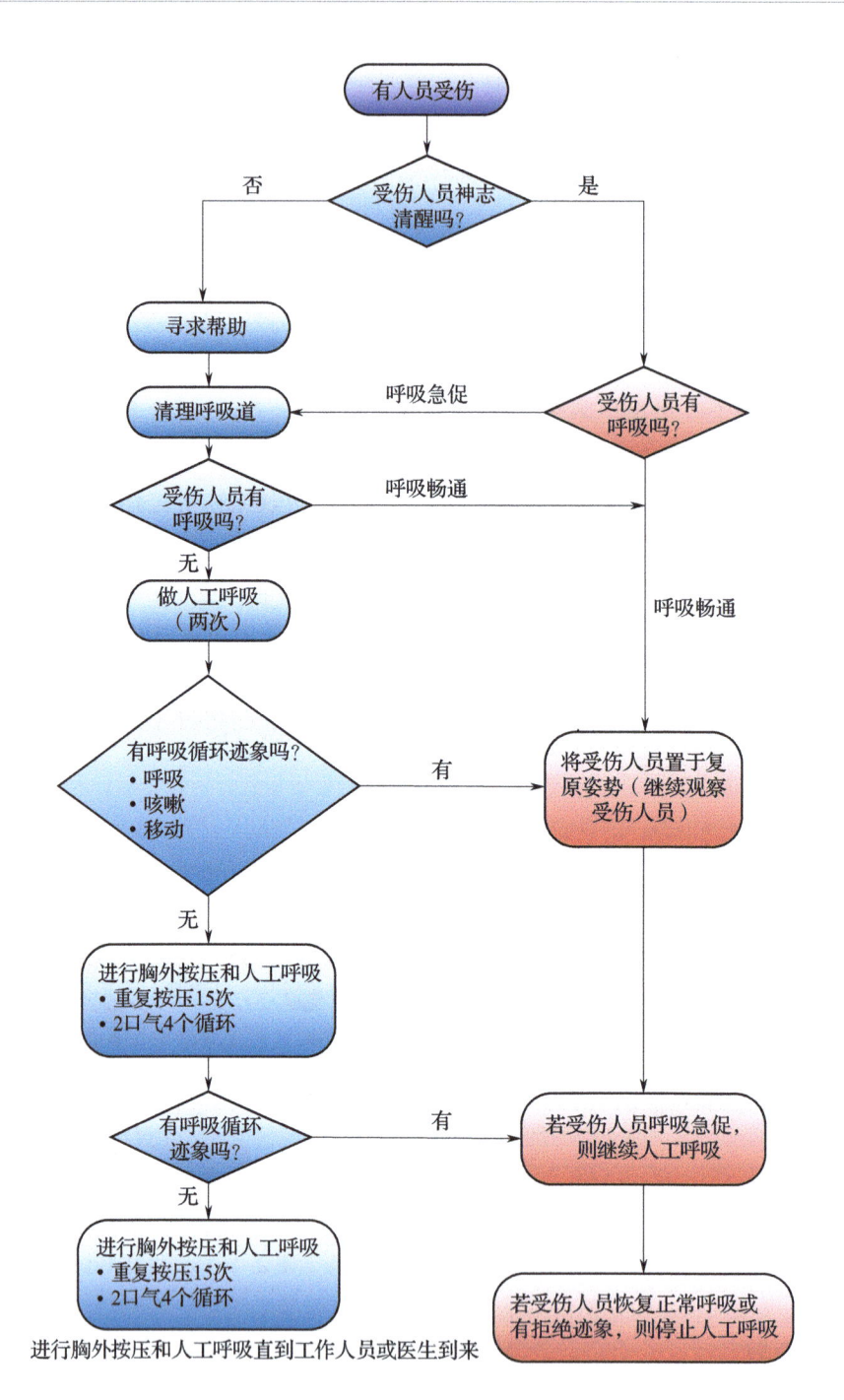

图 2-1-16　高压触电急救流程

根据触电者的情形，常用的触电急救方法有以下几种。

1）情形1：触电者神志尚清醒，但心慌力乏，四肢麻木。该类触电者一般只需将其扶到清凉通风之处休息，让其慢慢自然恢复，但要派专人照料护理，如图 2-1-17 所示，因为有的触电者在几小时后会发生病变而突然死亡。

2）情形2：触电者有心跳，但呼吸极微弱或停止。该类触电者应该采用口对口人工呼吸法进行急救，如图 2-1-18 所示。口对口人工呼吸法可按下述口诀进行，频率约为 12 次 /min：

清理口腔防堵塞，鼻孔朝天头后仰；贴嘴吹气胸扩张，放开口鼻换气畅。

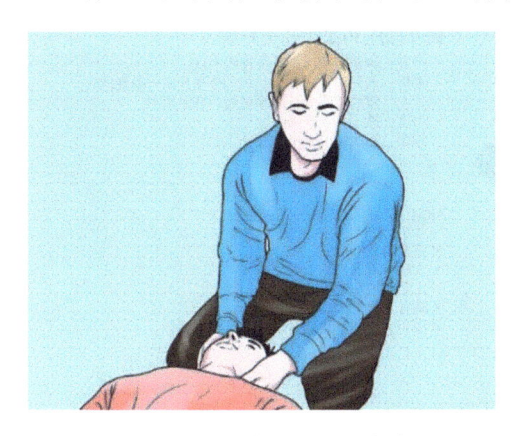

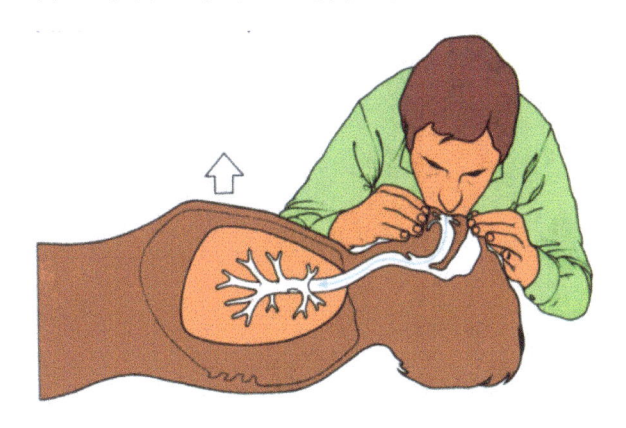

图 2-1-17　专人照料触电者　　　　　　　　图 2-1-18　口对口人工呼吸法

3）情形 3：触电者有呼吸，但心跳极微弱或停止。该类触电者应该采用人工胸外心脏按压法来恢复病人的心跳，如图 2-1-19 所示。一般可以按下述口诀进行，频率为 60~80 次 /min。

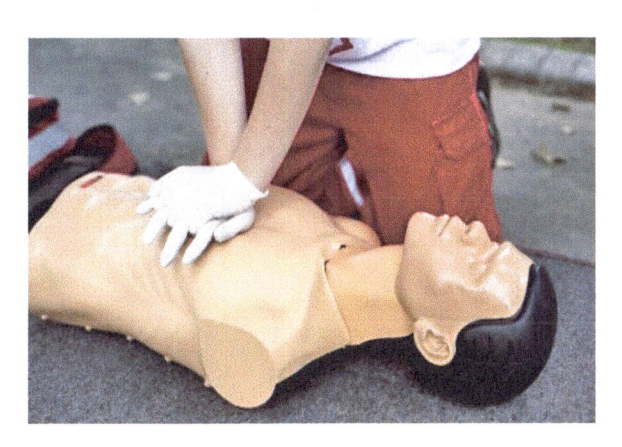

图 2-1-19　人工胸外心脏按压法

当胸一手掌，中指对凹膛；掌根用力向下压，压下突然收。

4）情形 4：触电者心跳、呼吸均已停止。该类触电者的危险性最大，抢救的难度也最大。应该把以上两法同时使用，即采用心肺复苏的方法。最好是两人一起实施抢救，如果仅有一人实施抢救，应先吹气 2~3 次，再按压心脏 15 次，如此反复交替进行。

心肺复苏是指对早期心跳呼吸骤停的患者采取人工循环、人工呼吸、电除颤等方法，帮助其恢复自主心跳和呼吸。高压触电会让人体短时间心脏骤停，恰当的、第一时间的心肺复苏可以成功挽救 80% 以上触电者的生命。图 2-1-20 所示为心肺复苏抢救流程图。

提示：心肺复苏抢救流程仅供参考！请参照专业医疗救助流程操作！

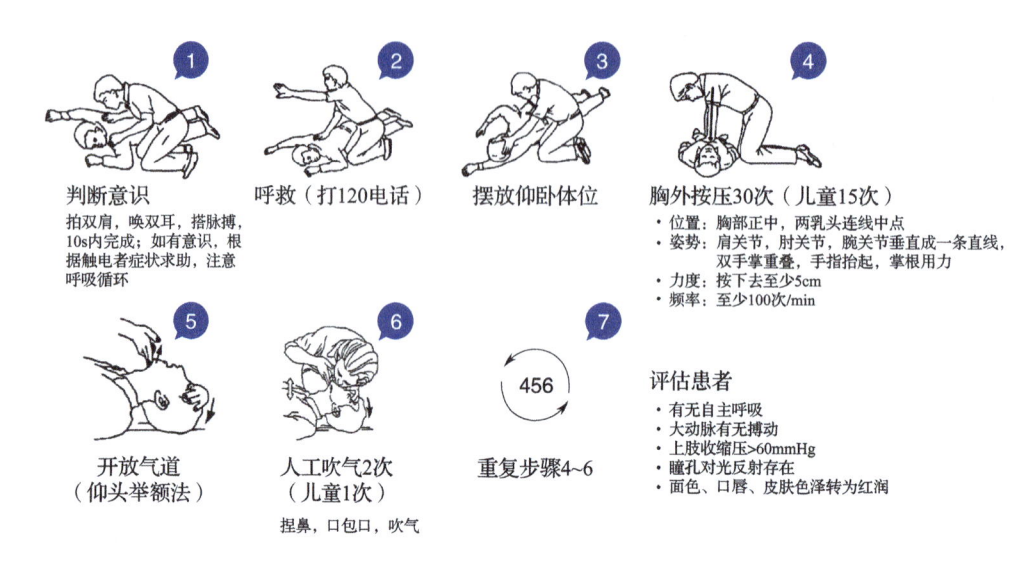

图 2-1-20　心肺复苏抢救流程图

5）其他情形。如果发生动力蓄电池破损泄漏事故，还应该按以下要求进行处理：

①如果皮肤接触到了电解液，应用大量的清水进行冲洗。

②如果吸入了有毒气体，应必须马上呼吸大量新鲜空气。

③如果眼睛接触到了电解液，应用大量的清水进行冲洗（至少10min）。

④如果吞咽了电池内容物，应喝大量清水，并且避免呕吐。

技能操作

参照"知识学习"的内容，必要时参考其他技术资料，完成本书配套任务工单所要求的操作项目。

在进行心肺复苏触电急救时请注意如下要点：

只要判断心脏骤停，就应立即进行胸外按压，以维持重要脏器的功能。实施开放气道操作时，应先去除气道内异物。如无颈部创伤，清除口腔中的异物时，可一只手按压开下颌，另一只手的食指将固体异物钩出，或用指套或手指缠纱布清除口腔中的液体分泌物。

课堂测试

1. 判断题

1）通常当人体接触到30V以上的交流电或60V以上的直流电时，就有可能会发生触电事故。　　　　　　　　　　　　　　　　　　　　　　　　（　　）

2）人体只要接触到电源，就一定会发生触电事故。　　　　　　　（　　）

3）新能源汽车的高压系统与车身之间是连接的。　　　　　　　　（　　）

4）直流电与交流电都会对人体产生伤害，但是直流电对电阻的瞬间冲击性明显高于交流电，因此直流电对人体的伤害通常比交流电严重。（　　）

5）电流通过人体的心脏、肺部和中枢神经系统时危险性较大，特别是电流通过心脏时，危险性最大。（　　）

6）如果不幸发生了人员触电事故，绝对不要去触碰仍然与电源有接触的人员，应尽量立即将电气系统断电，或用不导电的物体把触电者或者导电体与电压分离。（　　）

7）在触电施救中，脱离电源的方法是戴上绝缘手套将触电者移开，或者切断高压电源。（　　）

8）只要判断心脏骤停，就应立即进行胸外按压，以维持重要脏器的功能。（　　）

9）急救时，开放气道应先去除气道内异物。（　　）

10）如果发生了触电事故，施救的同时应立即拨打120急救电话。（　　）

2．单选题

1）目前国标对安全电压的规定是（　　）以下。
    A．直流60V、交流36V　　　　B．直流36V、交流60V
    C．直流60V、交流30V　　　　D．直流30V、交流60V

2）当电压高到一定值以后，会有相应的电流通过人体。当有（　　）mA电流通过人体时，人会产生肌肉收缩和疼痛感。
    A．1mA　　　　　　　　　　B．5~10mA
    C．80mA　　　　　　　　　　D．100mA

3）触电后，人体的血液和细胞液成为电解液并被电解，会导致人员严重中毒，这种伤害是（　　）带来的。
    A．电击效应　　　　　　　　B．热效应
    C．化学效应　　　　　　　　D．电弧伤害

4）高压触电以后，会让人体短时间心脏骤停，恰当的、第一时间的心肺复苏可以成功挽救（　　）以上触电者的生命。
    A．50%　　　　　　　　　　B．90%
    C．15%　　　　　　　　　　D．80%

5）进行胸外按压时，以下做法错误的是（　　）。
    A．触电者仰卧位于硬质平面上
    B．按压部位在胸骨中下1/3交界处或双乳头与前正中线交界处
    C．按压时，按压速度越快越好
    D．每2min更换按压者，每次更换尽量在5s内完成

学习任务二 新能源汽车高压部件识别与安全隐患检查

任务目标

知识目标：
1）能够描述新能源汽车高压部件的特征与识别方法。
2）能够描述新能源汽车高压安全设计要求与内容。
3）能够描述新能源汽车事故隐患与形式。

能力目标：
1）能够识别新能源汽车高压部件位置和高压电类型。
2）能够检查并排除新能源汽车安全隐患。
3）能够分析新能源汽车安全事故原因。

素质目标：
1）培养安全生产意识。
2）培养严谨的工作作风。

情境导入

情境描述：

一辆新能源汽车发生了事故，你被指派去现场处理事故车辆的工作。你能正确判断哪些部件存在高压电，并检查车辆是否还存在安全隐患，以及分析事故原因吗？

情境提示：

新能源汽车的电驱动系统存在高压电，维修新能源汽车之前，必须能够正确识别高压部件，能够检查和排除安全隐患，并能够分析事故原因。

知识学习

一、新能源汽车高压部件的特征与识别方法

1. 新能源汽车高压电的类型

新能源汽车的高压系统同时具有高压直流电和高压交流电。图2-2-1所示为新能源汽车高压电的类型及分布位置。

（1）高压直流电　高压直流电主要分布在动力蓄电池输出到各个高压部件的位置。例如，动力蓄电池到逆变器（驱动电机控制器）、电动空调压缩机和暖风加热器之间是高压直流电。车辆在进行直流快充时，外部充电桩输入的充电电流也是高压直流电。

（2）高压交流电 高压交流电主要分布在逆变器与驱动电机之间，以及车辆在进行交流慢充时，充电接口与车载充电机（充电器）之间。不同的是，逆变器与驱动电机之间的交流电压通常都在380V左右（根据车型不同电压有所不同），而充电接口与车载充电机之间的交流电压为外部电网的220V电压。

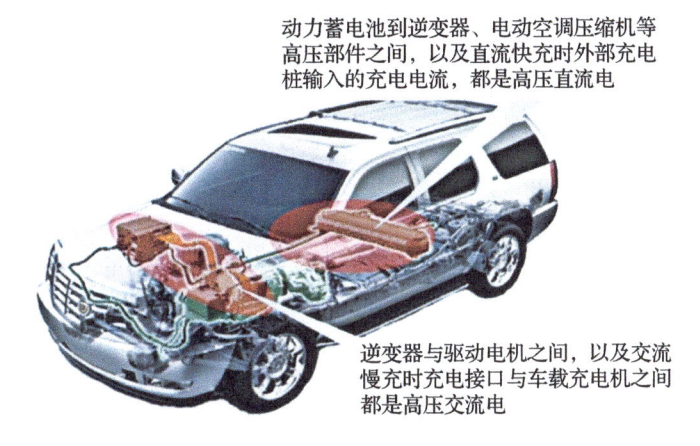

图 2-2-1　新能源汽车高压电的类型及分布位置

2．新能源汽车高压电变换

由于动力蓄电池只能输出、输入高压直流电，因此新能源汽车（包括油电混合动力汽车和纯电动汽车）的高压系统都需要进行高压电变换。

（1）混合动力汽车高压电变换　图 2-2-2 所示为典型的混合动力汽车驱动系统高压电变换示意图，图中标有高压警告标记的部件为高压部件。

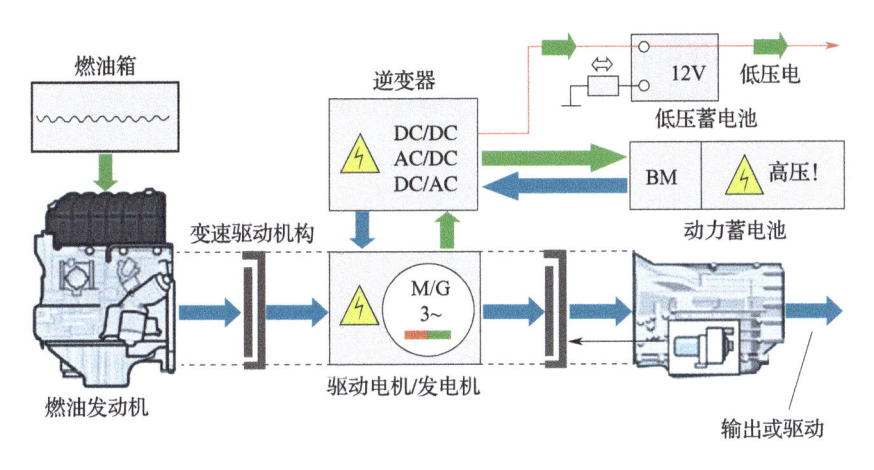

图 2-2-2　混合动力汽车驱动系统高压电变换示意图

混合动力汽车驱动系统的主要高压部件有动力蓄电池、逆变器和驱动电机。在逆变器内部的变换包括 DC/DC、AC/DC 和 DC/AC。

1）DC/DC：把动力蓄电池的高压直流电变换为车辆电气系统所用的低压直流电，并为车辆的 12V 蓄电池充电。

2）AC/DC：当动力蓄电池的电压低时，燃油发动机发电，以及减速、制动进行能量回收时，把发电机的三相交流电变换成直流电给动力蓄电池充电。

3）DC/AC：驱动车辆时，把动力蓄电池的高压直流电变换成三相交流电给驱动电机供电。

（2）纯电动汽车高压电变换　图2-2-3所示为典型的纯电动汽车驱动系统高压电变换示意图，图中标有高压警告标记的部件为高压部件。纯电动汽车驱动系统与混合动力汽车驱动系统的结构区别是前者没有了燃油发动机驱动车辆和发电，增加了用于外部电源充电的车载充电机及充电相关的部件和导线。插电式混合动力汽车也装备了充电（通常是交流慢充）相关的部件。

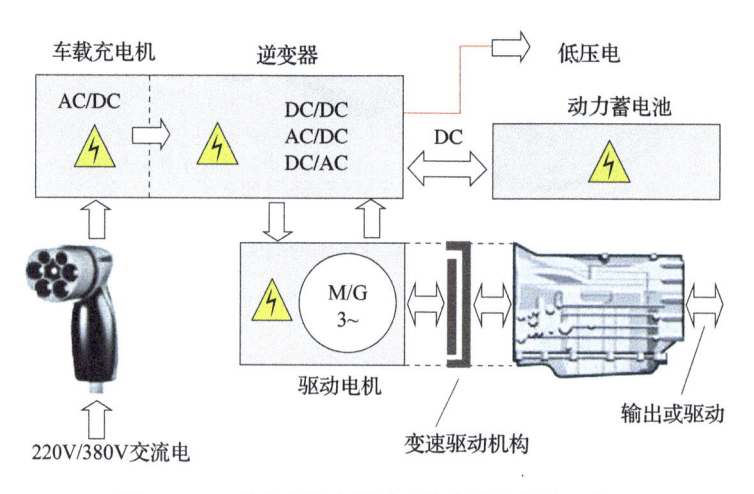

图 2-2-3　纯电动汽车驱动系统高压电变换示意图

3. 新能源汽车高压电的存在时间

如图 2-2-4 所示，新能源汽车高压系统的高压电主要有三种存在时间。

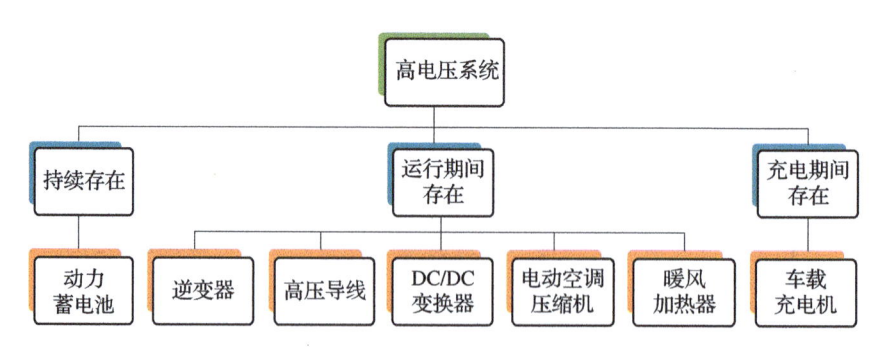

图 2-2-4　高压电的存在时间

（1）持续存在　由于动力蓄电池始终有存储功能，因此只要满足动力蓄电池的放电条件，即使车辆停止运行，仍然持续存在高压电。

（2）运行期间存在　运行期间存在高压电是指当点火开关处于 ON、RUN 或其他运行状态时，部件存在高压电。逆变器、高压导线、电动空调压缩机、暖风加热器和 DC/DC

变换器等部件，只有当系统运行时，来自动力蓄电池的高压电才会加载到这些部件上。

运行期间存在高压电的系统或部件有两种类型：

1）只要点火开关处于 ON 或 RUN 位置就会存在高压电，如逆变器、DC/DC 变换器和它们连接的高压导线。

2）虽然点火开关处于 ON 或 RUN 位置，但是由于该系统所执行的功能没有被接通，此时相关的部件仍然不会接通高压电。例如电动空调压缩机和暖风加热器，在没有运行车辆的空调或暖风功能时，这些部件上不会存在高压电。

（3）充电期间存在　采用交流慢充时，充电系统存在来自外部电网的 220V/380V 三相高压交流电和车载充电机与动力蓄电池之间的高压直流电。

采用直流快充时，外部直流充电桩的高压直流电直接输入到动力蓄电池内部。

充电过程中，充电桩、充电接口及充电系统相关的电路上都具有高压电。出于对驾乘人员的安全考虑，在车辆未进行充电时，充电系统内部都会自动断开电路，也就是说正式充电前，充电桩和充电接口是安全的。

需要注意的是，有些新能源汽车的车载充电机和动力蓄电池设计了加强型冷却系统，在车辆充电期间，由于车载充电机和动力蓄电池可能产生很高的热量，因此车辆的空调系统会自动运行来降低车载充电机和动力蓄电池的温度，此时电动空调压缩机也会在充电期间运行，也存在高压电。

4. 新能源汽车高压部件的警告标记和颜色

为防止意外触及高压系统，新能源汽车对高压部件均采用特殊的标记或颜色，对维修人员或驾乘人员给予警告。新能源汽车通常采用高压警告标记和高压警告颜色两种形式进行高压警告。

（1）高压警告标记　新能源汽车的高压部件上标有危险电压警告标记：黄色（警告）或红色（禁止）底色的高压触电警告图标。图 2-2-5 所示为高压警告标记，图 2-2-6 所示为新能源汽车上贴有警告标记的高压部件。

图 2-2-5　高压警告标记　　　　图 2-2-6　贴有警告标记的高压部件

（2）高压警告颜色　由于高压导线可能有几米长，因此在一处或两处通过警告牌标记的意义不大。新能源汽车采用橙色警告色标记出所有高压导线，高压部件的插接器也采用橙色设计。图 2-2-7 所示为高压导线及接插件，图 2-2-8 所示为高压部件的导线和插接器。

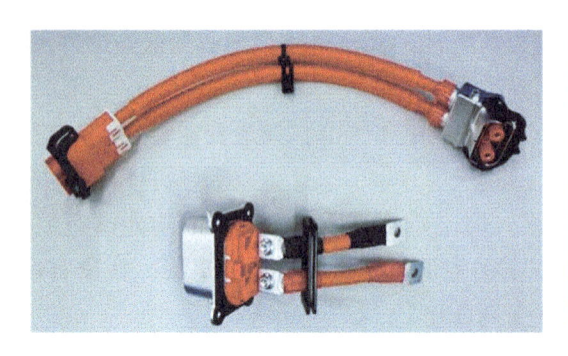

图 2-2-7　高压导线及接插件 　　　　图 2-2-8　高压部件的导线和插接器

5. 新能源汽车高压部件的安装位置和高压部位

如图 2-2-9 所示，新能源汽车的高压部件主要集中在动力蓄电池（高压电源）系统、电机与变速驱动系统、充电系统和空调与暖风系统几个位置。此外，用于连接高压部件之间的高压导线也属于高压部件。

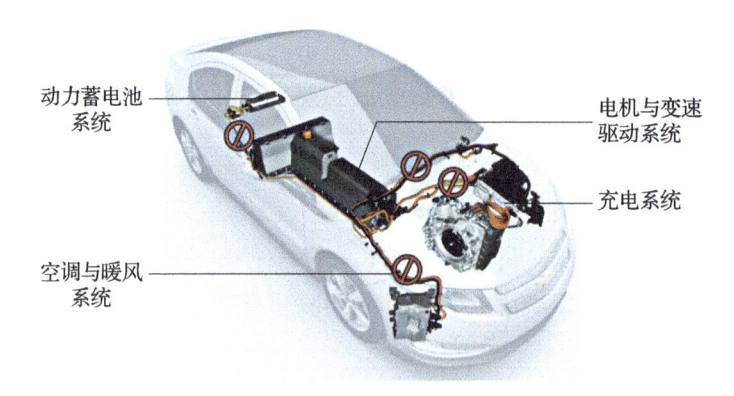

图 2-2-9　高压部件在车辆上的位置

（1）动力蓄电池的安装位置和高压部位　纯电动汽车的动力蓄电池体积比较大，一般安装在车辆底部（见图 2-2-10）；混合动力汽车的动力蓄电池体积比较小，一般安装在车辆后排座椅后部或行李舱内（见图 2-2-11）。

如图 2-2-12 所示，动力蓄电池上大多数部件如动力蓄电池组、维修开关、高压导线及插接器，均具有高压直流电。

图 2-2-10　纯电动汽车动力蓄电池的安装位置 　　图 2-2-11　混合动力汽车动力蓄电池的安装位置

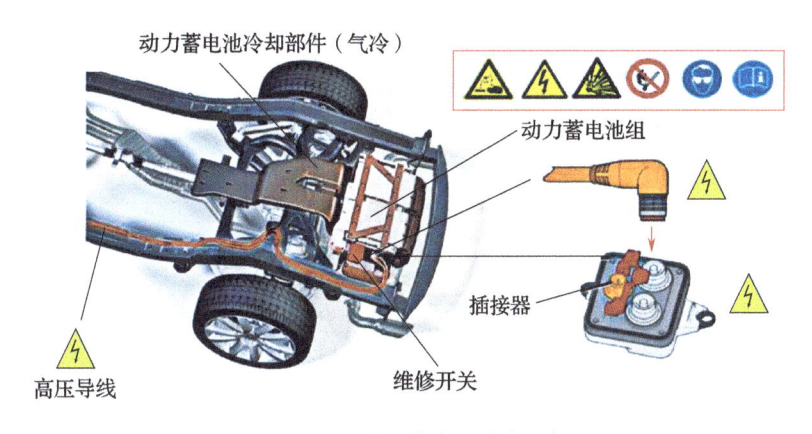

图 2-2-12 动力蓄电池的高压部位

（2）驱动电机与逆变器的安装位置和高压部位　除了动力蓄电池外，新能源汽车的高压部件如驱动电机、逆变器等高压部件布置在乘员舱外部，大部分集中在前机舱位置，图 2-2-13 所示为纯电动汽车前机舱的高压部件。

图 2-2-13　纯电动汽车前机舱的高压部件（比亚迪汉 EV）

1）驱动电机的高压部位。图 2-2-14 所示为驱动电机内部具有高压的部位。当电机运行时，电机上连接的高压导线、插接器和电机的定子绕组上均会存在高压交流电。

2）逆变器的高压部位。图 2-2-15 所示为逆变器的主要高压部位，逆变器的壳体通常采用金属全封闭设计，主要的高压部位集中在模块导线的接口上。

（3）电动空调压缩机及暖风加热器的安装位置和高压部位

1）电动空调压缩机的安装位置和高压部位。新能源汽车采用高压驱动的电动空调压缩机，一般安装在前机舱下部。空调压缩机的电动机可以采用直流电动机，也可以采用三相交流异步电动机，但交流电动机需要配置空调促动器（提供交流驱动电源）或在空调压缩机内部集成逆变器。

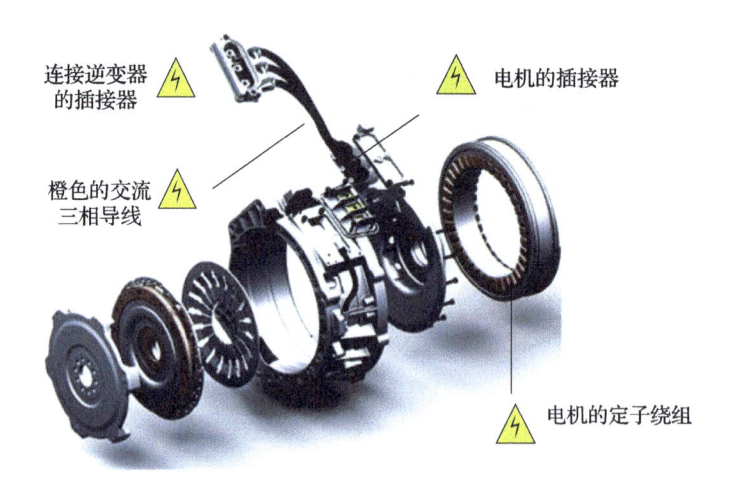

图 2-2-14 驱动电机的高压部位

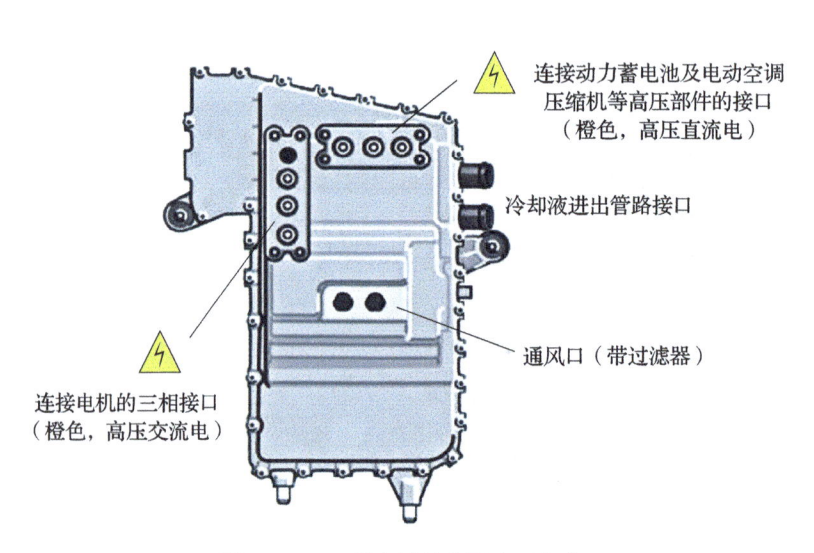

图 2-2-15 逆变器的主要高压部位

图 2-2-16 所示为电动空调压缩机的主要高压部位。当电动空调压缩机运行时，位于电动空调压缩机上的高压导线接口、高压导线和电动空调压缩机内部均具有高压直流电或高压交流电。

2）暖风加热器的安装位置和高压部位。在暖风实现的形式上，纯电动汽车由于没有燃油发动机的热量来源，因此利用 PTC（Positive Temperature Coefficient，正温度系数，指温度越高电阻越大，泛指正温度系数很大的半导体材料或元器件）电加热的方式来产生暖风。电加热的制暖方式有两种，一种是加热冷却液的制暖方式，通过高压电加热类似传统汽车暖风系统中的冷却液（电热液），再经过高温冷却液循环为暖风水箱提供热量，这种类型的暖风加热器通常安装在前机舱，如图 2-2-17 所示；另一种是直接加热空气的制暖方式，直接通过高压电驱动加热器加热经过蒸发箱的空气实现制暖，这种类型的暖风加热器通常安装在车内的仪表板下方，如图 2-2-18 所示。

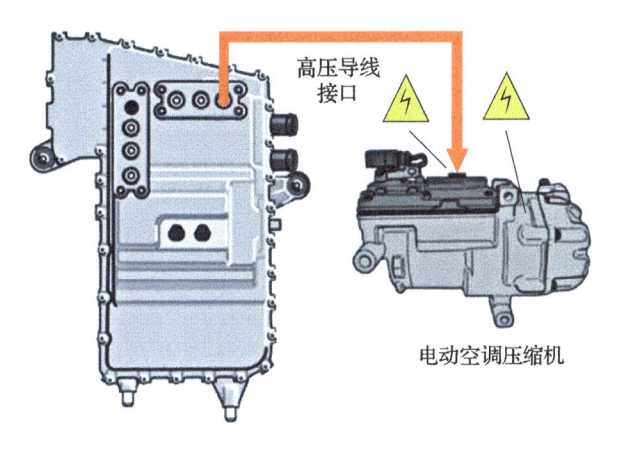

图 2-2-16　电动空调压缩机的主要高压部位

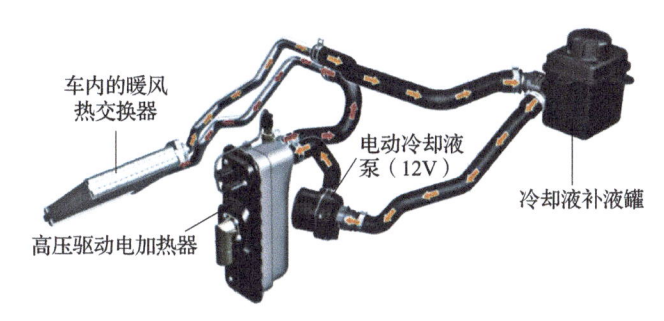

图 2-2-17　加热冷却液的制暖方式　　　　图 2-2-18　直接加热空气的制暖方式

（4）高压导线的安装位置和高压部位　新能源汽车高压系统的高压导线一般是沿着底盘外布置，图 2-2-19 所示为纯电动汽车底盘的橙色高压导线。高压导线在相关高压部件运行时，具有高压电。

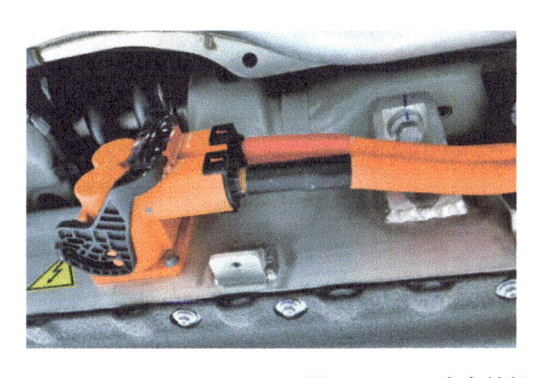

图 2-2-19　底盘的橙色高压导线

二、新能源汽车高压安全设计要求与内容

1. 国家标准对新能源汽车的安全要求

2020 年 5 月 12 日，工业和信息化部组织制定的 GB 18384—2020《电动汽车安全要

求》、GB 38032—2020《电动客车安全要求》和 GB 38031—2020《电动汽车用动力蓄电池安全要求》三项强制性国家标准由国家市场监督管理总局、国家标准化管理委员会批准发布，并于 2021 年 1 月 1 日起开始实施。

以下摘录并解读 GB 18384—2020《电动汽车安全要求》（以下简称"国家标准"）的部分内容，具体请参阅国家标准全文。

（1）国家标准规定的范围

本标准规定了电动汽车的安全要求和试验方法。

本标准适用于车载驱动系统的最大工作电压是 B 级电压的电动汽车。

本标准不适用于行驶过程中持续与电网连接的道路车辆。

解读：

国家标准主要规定了电动汽车的电气安全和功能安全要求，增加了电池系统热事件报警信号要求，能够第一时间给驾乘人员安全提醒；强化了整车防水、绝缘电阻及监控要求，以降低车辆在正常使用、涉水等情况下的安全风险；优化了绝缘电阻、电容耦合等试验方法，以提高试验检测精度，保障整车高压电安全。

（2）人员触电防护和安全电压要求

5.1.1 总则

人员触电防护要求应包括以下四个部分：

——高压标记要求；

——直接接触防护要求；

——间接接触防护要求；

——防水要求。

对于相互传导连接的 A 级电压电路和 B 级电压电路，当电路中直流带电部件的一极与电平台连接，且其他任一带电部分与这一极的最大电压值不大于 30V（a.c.）（rms）且不大于 60V（d.c.），则 5.1.4.1、5.1.4.2、5.1.4.3 和 5.1.5 的要求对该电路（包括直流部分和交流部分）不适用。

解读：

国家标准明确了电动汽车高压电路最大的安全电压值（A 级安全电压）为交流不大于 30V，直流不大于 60V。

5.1.2 高压标记要求

5.1.2.1 高压警告标记要求

B 级电压的电能存储系统或产生装置，如 REESS 和燃料电池堆，应标记图 1 所示符号。对于相互传导连接的 A 级电压电路和 B 级电压电路，当电路中直流带电部件的一极与电平台连接，且满足其他任一带电部分与这一极的最大电压值不大于 30V（a.c.）（rms）且不大于 60V（d.c.）的情况，则 REESS 不需标记图 1 所示符号；否则，REESS 无论是否存在 B 级电压，都应标记图 1 所示符号。符号的底色为黄色，边框和箭头为黑色。

解读：

国家标准中的 REESS 为可充电储能系统。国家标准明确了电动汽车高压电路超过最大电压值即 B 级电压，达到 B 级电压，必须标记高压警告标记，并统一了标记的符号，如图 2-2-20 所示，即国家标准中的"图 1"。

（3）绝缘电阻相关要求

5.1.4 间接接触防护要求

5.1.4.1 绝缘电阻要求

图 2-2-20 高压警告标记

在最大工作电压下，直流电路绝缘电阻应不小于 100Ω/V，交流电路应不小于 500Ω/V。如果直流和交流的 B 级电压电路可导电的连接在一起，则应满足绝缘电阻不小于 500Ω/V 的要求。

5.1.4.2 绝缘电阻监测要求

车辆应有绝缘电阻监测功能，并能通过 6.2.3 的绝缘监测功能验证试验。在车辆 B 级电压电路接通且未与外部电源传导连接时，该装置能够持续或者间歇地检测车辆的绝缘电阻值，当该绝缘电阻值小于制造商规定的阈值时，应通过一个明显的信号（例如：声或光信号）装置提醒驾驶员，并且制造商规定的阈值不应低于 5.1.4.1 的要求。

解读：

国家标准明确了直流电路绝缘电阻应不小于 100Ω/V，交流电路应不小于 500Ω/V。即假设动力蓄电池额定电压为 500V，绝缘电阻应不小于 50kΩ。这是电动汽车维修中绝缘电阻测量范围的标准依据。

（4）充电插座要求

5.1.4.5 充电插座要求

5.1.4.5.1 车辆交流充电插座

车辆交流充电插座应有端子将电平台与电网的接地部分连接。

车辆交流充电插座的绝缘电阻，包括充电时传导连接到电网的电路，当充电接口断开时应不小于 1MΩ。

5.1.4.5.2 车辆直流充电插座

车辆直流充电插座应有端子将车辆电平台和外接电源的保护接地相连接。

车辆直流充电插座的绝缘电阻，包括充电时传导连接到车辆直流充电插座的电路，当充电接口断开时，应满足 5.1.4.1 的要求。

解读：

国家标准明确了直流、交流充电插座绝缘电阻和接地标准规格，这是电动汽车安全的要求，也是维修中绝缘电阻测量范围的标准依据。

2. 防护等级要求

国家标准 GB/T 4208—2017《外壳防护等级（IP 代码）》规定，纯电动汽车动力蓄电池及其他高压部件的防护等级必须要达到 IP67。

IP67 是指防护等级。衡量电池防尘防水性能的指标是侵入保护（Ingress Protection，IP），IEC（国际电工委员会）制定了防护安全等级标准。

防护等级代号为 IP××，它定义了一个界面对液态和固态微粒的防护能力。第一个 × 代表防尘（固态）等级，范围是 0~6，分别表示对从大颗粒异物到灰尘的防护；第二个 × 代表防水（液态）等级，范围是 0~8，分别表示对从垂直水滴到水底压力情况下的防护。数字越大表示防护能力越强。表 2-2-1 列出了防护等级说明，图 2-2-21 所示为电动汽车高压部件铭牌上的防护等级标记。

表 2-2-1　防护等级说明

防尘等级说明		防水等级说明	
等级	防护范围	等级	防护范围
0	无防护	0	无防护
1	防止直径大于 50mm 的固体外物侵入	1	防止垂直水滴浸入
2	防止直径大于 12.5mm 的固体外物侵入	2	倾斜 15° 时，仍可防止水滴浸入
3	防止直径大于 2.5mm 的固体外物侵入	3	防止喷洒的水浸入
4	防止直径大于 1.0mm 的固体外物侵入	4	防止飞溅的水浸入
5	防止外物及灰尘侵入	5	防水喷射的水浸入
6	完全防止外物及灰尘侵入	6	防止猛烈喷水时水的浸入
		7	防止短时间浸水时水的浸入
		8	防止连续进水时水的浸入
		9	防止高温/高压喷水时水的浸入

图 2-2-21　防护等级标记

IP67 的防护等级可以理解为：防尘等级达到 6 级，即完全防止外物及灰尘侵入；防水等级达到 7 级，即防止浸水时水的浸入。相对而言，IP67 的防护等级就意味着能够保证物体可以浸入深度 1m 的水内持续 30min，其性能不受影响，这个防护等级是比较高的。简单地说，IP67 的防护等级可以防护灰尘侵入（整体防止接触，防护灰尘渗透），防护短暂浸泡（防浸）。

目前在电气布线行业最高实现的是 IP68。除此以外，工业插接器还有温度、振动等对其他恶劣环境的考虑因素。

3．新能源汽车安全设计内容

根据新能源汽车存在的安全隐患和实际的工作状况，主要从维修安全、碰撞安全、电气安全和功能安全的角度进行设计，同时也包括对动力蓄电池的安全设计策略。

（1）**维修安全**　新能源汽车对维修人员有特殊的安全保护设计，包括以下四个方面。

1）维修开关。大部分新能源汽车设计了维修开关，可以直接断开高压回路，保证维修人员的安全。维修开关的外形和拆卸后的情形如图 2-2-22 所示。

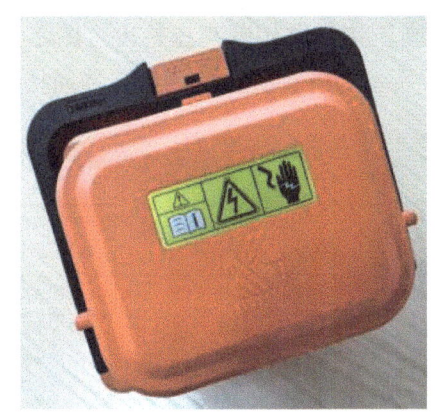

图 2-2-22　维修开关的外形和拆卸后的情形

2）开盖检测开关。有的新能源汽车在高压部件的上盖设计了开盖检测开关（处于低压线路），当高压部件的上盖被打开时，开盖检测开关同时断开，VCU（整车控制器）接收到信号后命令高压控制系统切断高压。图 2-2-23 所示为电机控制器上盖的开盖检测开关。

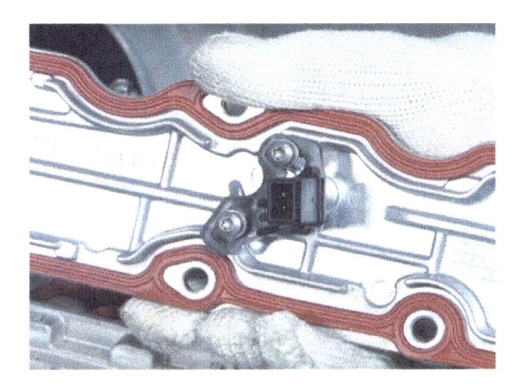

图 2-2-23　电机控制器上盖的开盖检测开关（上汽荣威 e50）

3）高压互锁回路。高压互锁回路（Hazardous Voltage Interlock Loop，HVIL）是指通过使用低压信号来监控新能源汽车高压系统上所有与高压母线（动力蓄电池输出的主高压导线）相连的各分路，包括整个动力蓄电池系统、电机控制器、车载充电机和电动空调压缩机等高压部件，及高压导线、插接器等高压系统回路的电气连接完整性（连续性）。

设计高压互锁回路的目的是确认整个高压系统的完整性，当高压系统回路断开或者完整性受到破坏的时候，就需要启动安全保护措施。

高压互锁回路内的低压回路需要一个检测用电源，让低压信号沿着闭合的低压回路传递。一旦低压信号中断，说明某一个高压部件的插接器松动或者脱落。按照整体控制策略，设计监测点或监测回路将高压互锁回路信号的状态传递给 VCU 或 BMS（动力蓄电池管理系统）。

如图 2-2-24 所示，当高压互锁回路断开（表示某一高压部件的高压导线连接断开）时，驾乘人员或维修人员有可能会接触到高压电从而造成触电伤害，因此 VCU、BMS 在检测到断开信号之后，应当立即控制相应的高压接触器切断高压输出。图 2-2-25 所示为高压互锁插接器连接端子示意图，图 2-2-26 所示为各种类型的高压互锁插接器实物图。

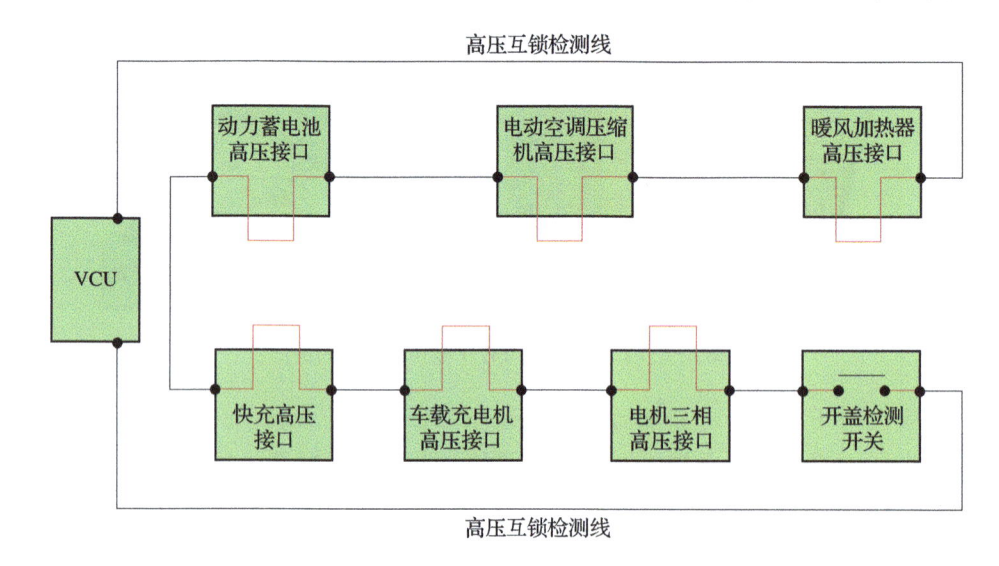

图 2-2-24　高压互锁回路示意图

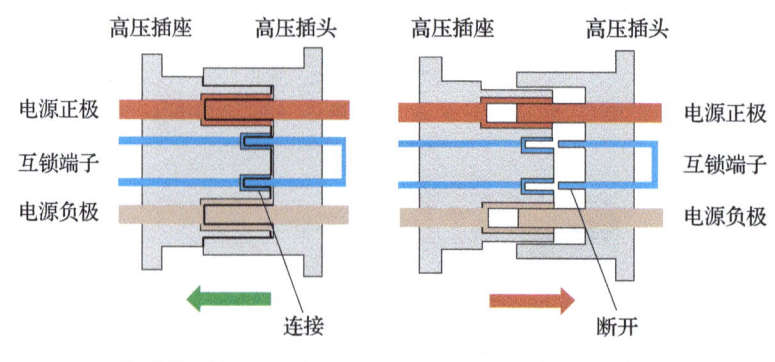

a）高压插接器互锁连接状态　　b）高压插接器互锁断开状态

图 2-2-25　高压互锁插接器连接端子示意图

图 2-2-26　各种类型的高压互锁插接器实物图

4）电源极性反接保护。如果意外接错高压电源的正负极，BMS 将自动控制高压接触器切断高压输出。

（2）**碰撞安全**　当车辆发生碰撞时，车辆的安全系统（车身结构和安全防护性能）应当在碰撞过程中和碰撞后都保证相关人员的人身安全。对于新能源汽车来说，除了传统汽车的相关保护需求之外，还应当满足以下要求：

1）碰撞过程中避免驾乘人员和行人遭受触电风险。
2）在保证人员安全的情况下，尽量保护关键零部件不受损害。
3）碰撞后避受维修和救援人员遭受触电风险。

为了满足碰撞安全的要求，车辆的控制系统（VCU 和 BMS）通过 CAN（控制器局域网络）监测到安全气囊引爆后，将自动切断高压电路的高压输出。有的新能源汽车设计了惯性开关电路：将惯性开关串联到高压接触器的供电回路中，当发生碰撞时惯性开关断开，从而切断高压接触器的供电电源，此时动力蓄电池的高压输出便会被物理性断开，保证了驾乘人员、行人、维修和救援人员的安全。图 2-2-27 所示为惯性开关电路示意图。

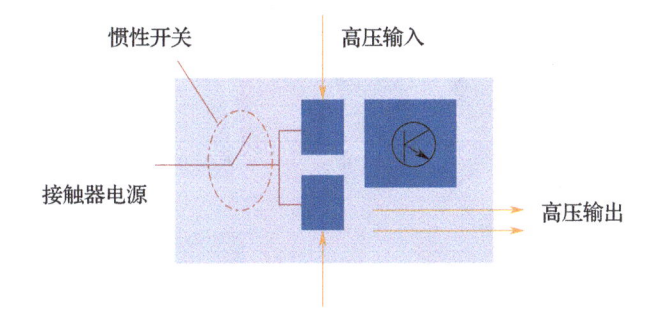

图 2-2-27　惯性开关电路示意图

（3）**电气安全**　为保证新能源汽车在高压系统运行期间的电气安全，设计了以下安全装置。

1）高压插接器。如图 2-2-28 所示，高压部件的绝缘插接器既可以防止维修人员直接接触到高压，还可以防水、防尘，降低高压系统绝缘出现问题的风险。

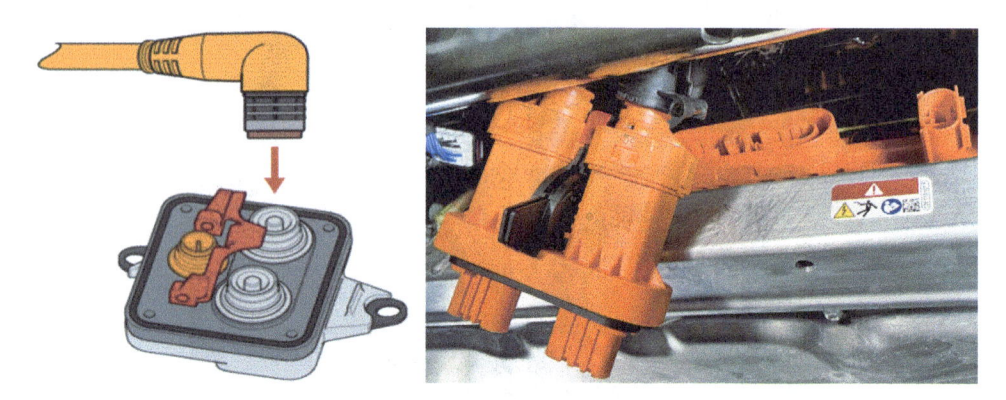

图 2-2-28　高压部件的绝缘插接器

2）高压接触器。新能源汽车的高压部件都是由 VCU 或 BMS 通过高压接触器控制高压电路的接通与断开的。高压接触器相当于传统汽车的主继电器，实际上也是一个大功率的继电器，用于控制高压导线正负极之间的接通与断开。高压接触器安装在动力蓄电池与外部高压回路之间，通常位于动力蓄电池组内部或独立安装在高压配电箱中。高压接触器一般有正极高压接触器、负极高压接触器和控制预充电阻电路的高压接触器，其数量根据动力蓄电池组内部模块数量和高压回路布置确定。

图 2-2-29 所示为纯电动汽车动力蓄电池组内部的高压接触器及其他相关部件。

图 2-2-29　纯电动汽车动力蓄电池组内部的高压接触器及其他相关部件

如图 2-2-30 所示，丰田混合动力汽车的动力蓄电池端部布置了多个高压接触器。如果混合动力控制单元控制高压接触器断开，整车仅动力蓄电池上会存在高压，位于高压接触器下游的高电压系统部件将不存在高压。

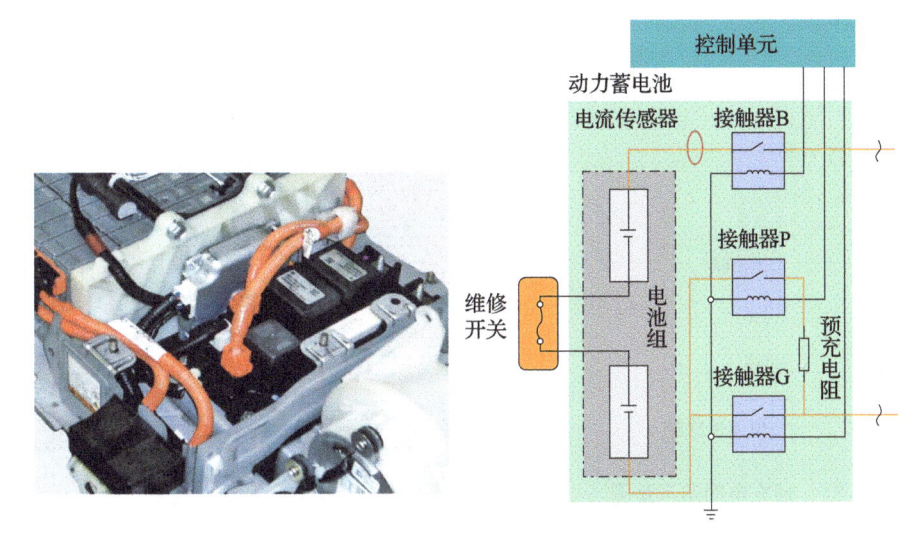

图 2-2-30　丰田混合动力汽车的高压接触器及其内部电路

正常情况下，只有当车辆的点火开关置于 ON 位置或对动力蓄电池进行充电时，高压接触器才会闭合，接通高压回路，即"上电"。

① 高压接触器的闭合条件如下：
a）点火开关置于 ON 位置。
b）高压系统自检，不存在漏电（绝缘电阻低于标准值）等故障。

② 高压接触器的断开条件如下：
a）点火开关置于 OFF 位置。
b）高压系统检测到安全事件的发生，如互锁开关断开、高压部件或高压导线对车身的绝缘电阻过低、车辆发生过碰撞且安全气囊已弹出等异常情况时，自动切断高压输出，避免人员触电。

3）预充电回路。新能源汽车高压系统中设计了预充电回路，主要由预充电阻和预充接触器构成。在动力蓄电池输出高压电之前，先通过预充电回路对电池外部的高压系统进行预充电。由于高压部件的高压正负极之间有补偿电容等电子元器件，如果没有预充电阻，那么在高压回路导通瞬间，补偿电容或其他电子元器件将会因瞬间电流过大而烧毁。

预充电过程如下：在充放电初期闭合预充接触器，串联的预充电阻对外部的容性负载进行预充电，当预充接触器两端电压达到电池总电压的一定比例（通常是 95%）时，预充电完成，断开预充接触器，同时闭合正极接触器。

图 2-2-31 所示为纯电动汽车动力蓄电池典型的预充电回路示意图，图 2-2-32 所示为预充电回路实物图。

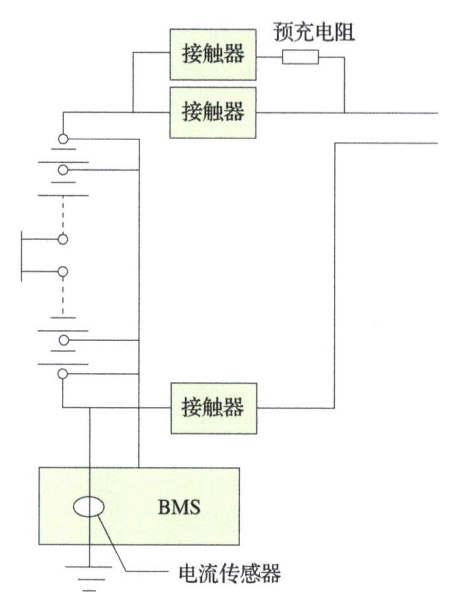

图 2-2-31　预充电回路示意图　　　图 2-2-32　预充电回路实物图

4）绝缘电阻检测。新能源汽车在运行过程中难免会出现零部件之间的相互碰撞、摩擦或挤压，导致高压电路与底盘之间的绝缘性能下降，高压电源的正负极导线可能通过绝缘层与底盘构成漏电回路。当高压电路与底盘之间发生多点绝缘性能下降时，还会导致漏电回路的热积累效应，可能造成车辆的电气火灾。因此，高压系统与车辆底盘之间的电气绝缘性能实时检测是电气安全技术的核心内容。

高压系统通过电流传感器等部件检测车辆的绝缘电阻，当检测到漏电（短路）发生时，高压接触器切断高电压的同时启动主动泄放保护和被动泄放保护。以比亚迪纯电动汽车为例：

①主动泄放保护指 5s 内把预充电容电压降低到≤60V，迅速释放危险电能。

②被动泄放保护指 2min 内把预充电容电压降低到≤60V。被动泄放是主动泄放失效的二重保护。

在新能源汽车维修中，可以采用绝缘测试仪检测绝缘电阻，如图 2-2-33 所示。

绝缘电阻判定标准：高压电源正极对负极的绝缘阻值、正极对地（车身）的绝缘阻值和负极对地的绝缘阻值均大于或等于 100Ω/V（直流）、500Ω/V（交流）为合格。

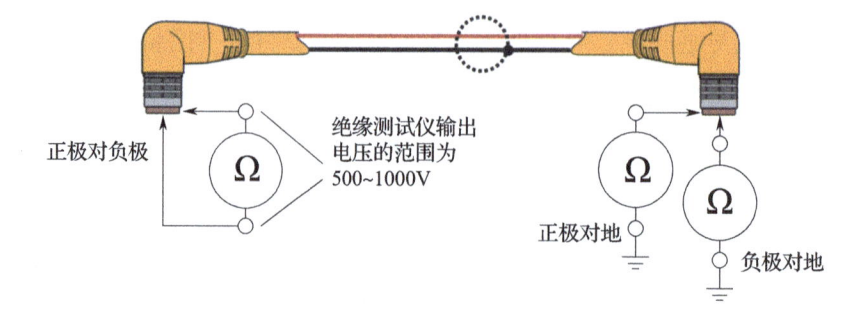

图 2-2-33　绝缘电阻的检测

5）短路保护器。新能源汽车高压系统的每一个高压回路均有短路保护器（熔丝）做过电流保护。动力蓄电池总成内部增加了多个的高压接触器和短路保护器进行保护，动力蓄电池的每根采样线也有单独的短路保护器进行保护，即使车辆发生碰撞造成高压导线短路，也可保证动力蓄电池等高压部件及其线束不会发生短路损坏或起火。一般情况下，短路保护器的位置有动力蓄电池组串联的中央、DC/DC变换器回路、暖风加热器回路和电动空调压缩机回路等。

图2-2-34所示为高压系统保护电路示意图，图2-2-35所示为接触器和短路保护器的位置示意图，图2-2-36所示为动力蓄电池中的短路保护器实物图。

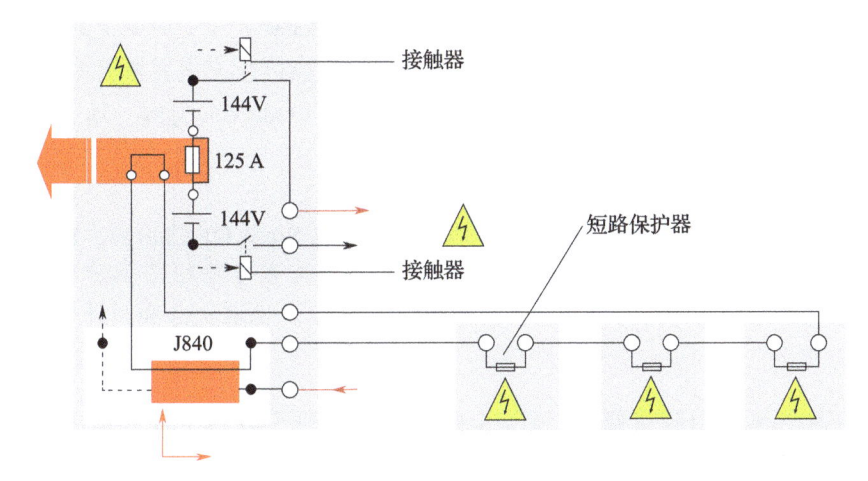

图2-2-34　高压系统保护电路示意图

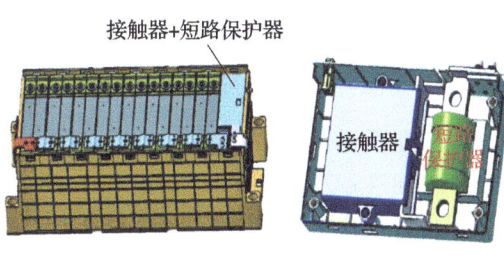

图2-2-35　接触器和短路保护器的位置示意图　　图2-2-36　动力蓄电池中的短路保护器实物图

（4）**功能安全**　新能源汽车还需要从以下功能方面采取安全设计，避免安全事故的发生。

1）转矩安全控制策略。为防止车辆出现不被期望的运动，如驱动电机转速过快甚至失控，需要在VCU中加入转矩安全控制策略。具体的转矩安全策略如下：

① VCU负责计算整车的转矩需求，若计算的转矩需求大于某个标定值，则认为转矩

输出存在安全风险，此时 VCU 会将车速限制在安全范围内。

②若 VCU 计算出的转矩需求与电机实际转矩的差值大于某个标定值，则认为电机的转矩控制存在风险，此时 VCU 会限制电机的转矩输出；若两者差值一直过大，则切断动力蓄电池的高压输出。

2）充电安全。在充电时需要防止车辆移动并避免快充（直流）、慢充（交流）和行驶模式之间的冲突，为此进行以下设计：

①只有变速器处于 P/N 位时才允许充电。

②在充电过程中，转矩需求和实际转矩输出都应当为 0（即车辆无法行驶）。

③当充电枪插上时，不允许闭合控制高压输出的接触器。

④当充电回路绝缘电阻小于标准要求的阻值时，应当停止充电并断开高压接触器。

（5）动力蓄电池的安全设计策略　以北汽新能源纯电动汽车为例，动力蓄电池相关的安全设计策略如下。

提示： 电池状态计算包括电池组的荷电状态（State Of Charge，SOC）和健康状态（State Of Health，SOH）两方面。SOC 用来提示动力蓄电池组的剩余电量，是计算和估计纯电动汽车续驶里程的基础；SOH 用来提示电池组的技术状态和预计可用寿命等健康状态的参数。

1）动力蓄电池可用容量修正。BMS 根据单体电池（电芯）在环境温度下的放电容量，以及慢充过程中因为单体电池一致性变差导致动力蓄电池系统充电并未真正充满等因素，确定可用容量上报给 VCU，VCU 根据该值计算续驶里程。

2）SOC 估算及修正策略。BMS 根据车载充电模式和行车模式下单体电池的最高电压进行 SOC 修正。

3）放电过程电流控制策略。行车放电过程中，放电电流不能超过 BMS 给 VCU 上报的最大允许放电电流值。放电过程电流控制策略是 BMS 根据动力蓄电池当前的 SOC 和最高温度实时调整最大允许放电电流值。

4）能量回馈（回收）过程控制策略。BMS 通过上报最大允许充电电流给 VCU 来表现动力蓄电池当前状态可以接受最大回馈电流的能力。

5）车载充电电流控制策略。进行车载充电（交流慢充）时，BMS 根据当前最小温度请求允许最大充电电流。当单体电池最高电压充电到 3.6V 时，BMS 请求充电电流降到 5A；当单体电池最高电压达到 3.7V 时，停止充电，并把 SOC 修正为 100%。

6）地面充电控制策略。进行地面充电（直流快充）时，BMS 与地面直流充电桩之间的交互信息和工作流程严格按照 GB/T 27930—2015《电动汽车非车载传导式充电机与电池管理系统之间的通信协议》执行。

受限于动力蓄电池的充电能力，为了更好地实现快充功能，在快充过程中设计了加热功能。

①快充结束条件为电池最高单体电压 $U_{max} \geq 3.7V$。

②快充过程中不进行 SOC 修正。

③当电池最小温度 T_{min}<0℃时，闭合加热继电器，开启加热功能。

7）保温过程控制策略。车载充电完成之后，BMS 根据电池的温度判断是否需要保温，若需要保温，则进入保温过程。

①进入保温过程的条件：电池温度 T_{max}<25℃且 T_{min}<10℃。

②在保温过程中，如果 T_{min}<5℃，BMS 向车载充电机发出加热请求，并闭合加热继电器。

③在保温过程中，当 T_{min}≥8℃时，断开加热继电器，停止加热。

④保温时间为 6h。若进入保温过程达到 6h，则停止保温，退出保温过程。

8）动力蓄电池故障处理策略。BMS 在行车模式/车载充电模式/地面充电模式下持续诊断、上报和处理动力蓄电池的故障和处理措施及恢复条件。

三、新能源汽车的安全隐患与事故形式

新能源汽车的安全隐患包括高压触电安全隐患、动力蓄电池安全隐患，以及车辆发生事故等特殊情况下可能存在的安全风险等。

1. 新能源汽车的安全隐患

（1）高压触电安全隐患　无论是纯电动汽车，还是油电混合动力汽车，其电压和电流等级都比较高。动力蓄电池的额定电压一般在 300~600V，甚至更高。高压系统正常工作时，电流可达几百安培，已经远远超过人体能承受的极限。新能源汽车高压系统中的高压部件和导线，如果破损或者潮湿，就可能会漏电。此时，如果人体触及到相关漏电部位，就会有触电的危险。图 2-2-37 所示为新能源汽车发生触电事故的情形。

图 2-2-37　新能源汽车发生触电事故的情形

（2）动力蓄电池安全隐患　新能源汽车动力蓄电池在设计、制造和出厂环节都经过严格的测试，在正常使用过程中不会出现安全问题，但电池的滥用会导致电池的热效应加剧，最终表现为电池的热失控，从而引发安全事故。以锂离子电池为例，导致动力蓄电池热失控的有过充电、过放电、过电流和过温等情况。

1）过充电。当给新能源汽车动力蓄电池充电时，特别是在充电末期，电池内部离子

的浓度增加，电池接受能力下降，再充电就会出现过充电。过充电时，如果电池的散热能力较好，或者过充电流很小，此时电池的温度较低，过充电后只发生电解液的分解，那么电池仍然安全。但是，如果此时电池的散热能力较差，或者由于大电流充电导致电池温度很高而引发化学反应，往往就会导致安全事故发生。

为避免动力蓄电池发生过充电，如果充满电后运行时间较短就再次充电，充电时间不宜过长，否则会造成过充电，使动力蓄电池发热引发事故。图2-2-38所示为新能源汽车动力蓄电池过充电导致火灾事故的发生。

图2-2-38 动力蓄电池过充电导致火灾事故的发生

2）过放电。动力蓄电池在放电末期提供大电流的能力下降，当电池剩余电量不足而又需要大电流放电时，就会造成电池过放电。

过放电过程如下：当电池负极的锂离子完全脱出以后，为了维持电流，电池负极表面电极电位低的物质继续被氧化，同时正极材料中的锂离子有可能发生还原反应。在发生过放电时，由于电池负极的锂离子减少，脱出能力下降，极化电压增加，此时很容易导致电池负极的活性物质脱落，从而造成电池内部短路。电池内部短路的直接表现就是迅速产生热量带来着火隐患。

若新能源汽车在上坡、急加速时发生动力蓄电池自燃，则可能原因是动力蓄电池剩余电量不足，造成动力蓄电池过放电。图2-2-39所示为在行驶中发生自燃的新能源汽车。

图2-2-39 在行驶中发生自燃的新能源汽车

为避免动力蓄电池发生过放电，在车辆正常行驶时，如果电量表指示电量不足，应尽快充电，否则会造成过度放电，使动力蓄电池发热引发事故。

需要特别说明的是，过充电、过放电和充电不足都会缩短动力蓄电池寿命。在新能源汽车使用过程中，应根据实际情况准确把握充电时间和充电频次。即便续驶里程要求不长，充一次电可以使用2~3天，但还是建议每天都充电，这样动力蓄电池处于浅循环状态，使用寿命会延长。如果长时间停放车辆，应定期检查动力蓄电池的状态并充电，保持电量充足，避免电池自放电影响电池寿命以及过度放电损坏电池。图2-2-40所示为纯电动汽车动力蓄电池合适的电量区间，"浅充电、多循环"的控制逻辑可以大幅延长电池寿命，而在使用过程中，仪表上显示的电量范围只是电池实际电量范围的一部分。

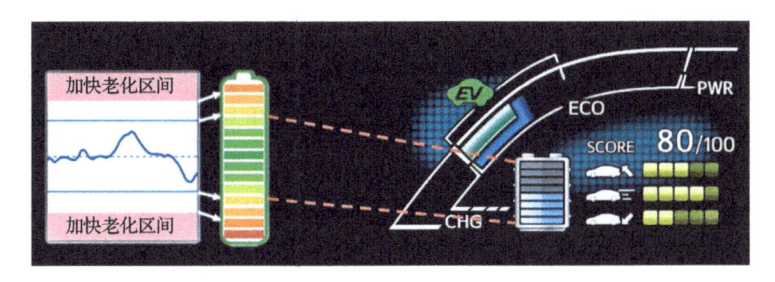

图2-2-40 纯电动汽车动力蓄电池合适的电量区间

EV—纯电动驾驶区域　CHG—能量（动能）回收驾驶区域　ECO—节能（经济）驾驶区域
PWR—动力驾驶区域　SCORE—占比

3）过电流。新能源汽车动力蓄电池过电流主要有以下四种情况。

①低温环境下充放电。在低温环境下，由于电池的导电性和扩散性下降，特别是电池负极的锂离子活动能力下降，电池可接受电流的能力下降，容易导致电池出现过电流。

②电池老化且电池的性能下降（包括容量降低、内阻增加等）后，如果仍按照原来的电流充电，容易产生过大的相对电流。

③电池一致性差异。在多个单体电池并联充电过程中，由于单体电池一致性的差异，单体电池的内阻各不相同，分配到各单体电池的充电电流不同，可能会导致分配到某些单体电池的电流远大于正常的充电电流。图2-2-41所示为多个电池并联充电时，充电电流不一致导致的过热损坏。

图2-2-41 充电电流不一致导致的过热损坏

④电池的内部、外部短路。电池短路瞬间会产生很大电流，电池内部温度急剧升高，从而使电池发生电解液泄漏、起火等安全事故。

4）过温。上述提到的过充电、过放电和过电流都会导致电池过温，以下四种情况也会引起电池过温。

①电池热管理失控。电池热管理失控表现为动力蓄电池总成内的电池温度传感器损坏，检测控制电路失效或散热风扇损坏。

②电池温度采样点数量有限。动力蓄电池内部包含的单体电池数量众多，很难对每个单体电池都实现温度检测。

③电池温度采样点位置受限。由于电池本身结构原因，BMS对电池的温度采样点一般都在电池的正负极接线柱上，或通过贴片采集电池外壳的温度，不能完全反映实际的电池内部温度。

④工作环境温度高。如果电池靠近驱动电机或其他容易发热的部件，会导致电池过温。电池温度升高会造成电池本身性能的逐步下降，进一步加剧电池内部的短路。

此外，如果动力蓄电池本身温度过高，会导致电池产生变形，从而导致电解液泄漏、短路等事故的发生。

图2-2-42所示为典型的动力蓄电池内部电池温度监测示意图，图2-2-43所示为动力蓄电池内部电池电压、温度采样点位置和线束实物图。从图2-2-43中可以看出，并不是每个单体电池都能单独采样，采样点位置也受限。

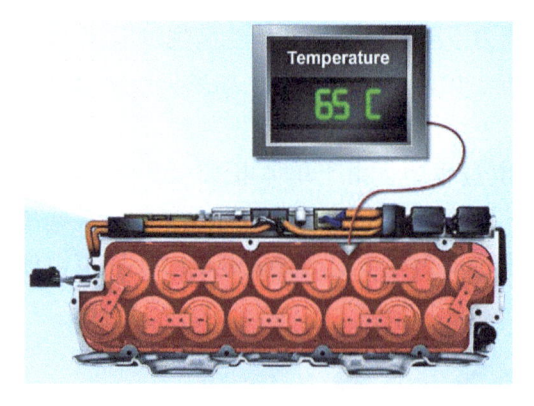

图 2-2-42　电池温度监测示意图　　图 2-2-43　电池电压、温度采样点位置和线束实物图

2. 新能源汽车的事故形式

当新能源汽车在行驶中处于危险运行工况（如交通事故、暴雨等）时，有可能发生安全事故，以下是四种常见的事故形式。

（1）**发生碰撞或翻车**　当新能源汽车发生碰撞或翻车时，除了会对驾乘人员造成机械伤害外，还可能导致高压系统的电路短路，此时高压系统瞬间产生大量热量，存在燃烧甚至爆炸的风险。此外，碰撞或翻车事故还可能造成高压部件和插接器脱落或高压导线断裂，可能使驾乘人员触电。如果动力蓄电池受到碰撞或因为燃烧导致温度过高，就有可能造成电池电解液泄漏，对驾乘人员造成化学腐蚀等伤害。图2-2-44所示为新能源汽车发生交通事故的情形。

图2-2-44 新能源汽车发生交通事故的情形

（2）**涉水或遭遇暴雨** 虽然新能源汽车的防护等级达到IP67，但是当涉水或遭遇暴雨时，由于水汽侵蚀，高压导线的正负极之间可能出现绝缘电阻变小甚至短路的情况，可能引起动力蓄电池的燃烧、漏液甚至爆炸；若电流流经车身，可能使驾乘人员面临触电风险。图2-2-45所示为新能源汽车涉水的情形。

图2-2-45 新能源汽车涉水的情形

（3）**高压系统短路** 当新能源汽车高压系统的高压电路短路时，将会导致动力蓄电池瞬间大电流放电，此时动力蓄电池和高压线束的温度迅速升高，将会导致动力蓄电池和高压线束的燃烧，严重时还可能会引发动力蓄电池爆炸。如果动力蓄电池连接的高压导线与车身短路，驾乘人员可能会触碰到动力蓄电池的高压电，从而导致触电。

图2-2-46所示为路边停放的新能源汽车因高压系统短路而发生自燃事故的情形。

（4）**充电时车辆的意外移动** 如果车辆在充电时发生移动，可能会造成充电电缆断裂，使驾乘人员和车辆周围人员面临触电风险。若充电电缆断裂前车辆正在进行大电流充电，还可能造成动力蓄电池的高压接触器粘连，从而进一步增加人员的触电风险。图2-2-47所示为新能源汽车充电时可能发生触电事故的情形。

图 2-2-46　因高压系统短路而发生自燃事故的情形　　图 2-2-47　充电时可能发生触电事故的情形

技能操作

参照"知识学习"的内容，必要时参考其他技术资料，完成本书配套任务工单所要求的操作项目。

课堂测试

1．判断题

1）GB 18384—2012《电动汽车安全要求》是目前最新的电动汽车安全相关国家标准。　　　　　　　　　　　　　　　　　　　　　　　　　　（　　）
2）国家标准规定电动汽车的高压电路达到 A 级电压，必须标高压警告标记。（　　）
3）新能源汽车动力蓄电池中，每个单体电池都有电池温度采样点。　（　　）
4）新能源汽车的防护等级为 IP67，但是涉水或遭遇暴雨时也可能有风险。（　　）
5）如果车辆在充电时发生移动，可能会产生触电风险。　　　　　　（　　）
6）新能源汽车对高压导线和插接器的颜色没有特殊要求。　　　　　（　　）
7）动力蓄电池输出的电压是高压直流电。　　　　　　　　　　　　（　　）
8）新能源汽车上的高压交流电一定是 220V 电压。　　　　　　　　（　　）
9）有些纯电动汽车的电动空调压缩机在充电期间可能会自动运行。　（　　）
10）充电时，充电桩、充电枪及充电系统相关的电路上都具有高电压。（　　）

2．单选题

1）新能源汽车上高压警告标志的底色是（　　　）。
　　A．白色　　　　　B．红色　　　　　C．黄色　　　　　D．绿色
2）新能源汽车上高压系统的电压是（　　　）。
　　A．高压直流　　　　　　　　　　　B．高压交流
　　C．同时具有高压直流和高压交流　　D．以上都不是

3）驱动电机逆变器输出的电压是（　　）。
　　A. 高压直流　　B. 高压交流　　C. 低压交流　　D. 低压直流
4）新能源汽车的高压部件主要集中在动力蓄电池系统和（　　）。
　　A. 电机与变速驱动系统　　　　B. 充电系统
　　C. 空调与暖风系统　　　　　　D. 以上都是
5）根据存在时间分类，新能源汽车高压系统的高压电主要的存在时间是（　　）。
　　A. 持续存在　　B. 运行期间存在　　C. 充电期间存在　　D. 以上都是
6）GB 18384—2020《电动汽车安全要求》实施的时间是（　　）。
　　A. 2021年5月12日　　　　　B. 2020年1月1日
　　C. 2021年1月1日　　　　　　D. 2020年5月12日
7）国家标准明确了电动汽车高压电路A级安全电压值是（　　）。
　　A. 直流60V、交流36V　　　　B. 直流60V、交流30V
　　C. 直流60V、交流25V　　　　D. 直流30V、交流60V
8）GB 18384—2020《电动汽车安全要求》规定电动汽车高压警告标记符号的颜色是（　　）。
　　A. 底色为红色，边框和箭头为黑色　　B. 底色为黄色，边框和箭头为红色
　　C. 底色为黑色，边框和箭头为黄色　　D. 底色为黄色，边框和箭头为黑色
9）以下会造成动力蓄电池过温的是（　　）。
　　A. 过充电　　B. 过放电　　C. 过电流　　D. 以上都是
10）以下最不可能造成新能源汽车安全事故的是（　　）。
　　A. 发生碰撞或翻车　　　　　　B. 涉水或遭遇暴雨
　　C. 堵车缓慢行驶　　　　　　　D. 高压系统短路

模块三 新能源汽车高压安全防护装备与工具设备的使用

内容描述

本模块介绍新能源汽车高压安全防护装备，以及维修工具与高压检测设备相关的知识和技能，分为两个学习任务，分别为：学习任务一，新能源汽车高压安全防护装备的使用；学习任务二，新能源汽车维修工具与高压检测设备的使用。通过对以上学习任务的学习，你能够学会各种类型的高压安全装备、维修工具与高压检测设备的使用。

学习任务一 新能源汽车高压安全防护装备的使用

任务目标

知识目标：

1）能够描述新能源汽车高压安全防护装备的类型。
2）能够描述新能源汽车高压安全防护装备的特点与使用方法。

能力目标：

1）能够布置新能源汽车高压危险警示牌和隔离带。
2）能够检查与使用新能源汽车高压安全防护装备。

素质目标：

1）培养安全生产意识。
2）培养良好的工匠精神。

情境导入

情境描述：

你的主管要求你培训一批没有新能源汽车维修经验的维修人员，培训内容涉及高压安全防护装备的检查和使用，你能完成这个任务吗？

情境提示：

新能源汽车具有高压电，在维护、检修高压系统时会有高压触电的风险，必须采用高压安全防护装备。

知识学习

一、新能源汽车高压安全防护装备的类型

虽然新能源汽车都设计了完善的防止意外触电功能，但是针对事故车辆、故障车辆和始终存在高压电的动力蓄电池组，维修人员必须做好防止被高压电击伤的安全防护。

图 3-1-1 所示为新能源汽车常用的高压安全防护装备，包括高压安全警告标识及隔离带、绝缘手套、绝缘安全鞋、绝缘安全帽、护目镜和非化纤工作服等。新能源汽车高压安全防护装备的规格和参数见表 3-1-1，其中数量为最低配置。

图 3-1-1 新能源汽车常用的高压安全防护装备

表 3-1-1 新能源汽车高压安全防护装备的规格和参数

序号	装备名称	规格和参数要求	数量	备注
1	高压安全警告标识	高压危险警示牌和隔离带	1	可根据场地情况定制
2	绝缘手套	耐压≥10kV	2	根据维修人员数量，至少两套
3	绝缘安全鞋	耐压≥10kV	2	
4	绝缘安全帽	耐压≥10kV	2	
5	护目镜	耐压≥10kV	2	
6	非化纤工作服	防静电（棉质）	2	可根据人员情况定制
7	绝缘杆	耐压≥10kV	1	救护和指示用
8	绝缘垫	耐压≥10kV	1	铺设工位地面和工作台
9	灭火器材	消防栓及干粉、水基灭火器	1	根据消防部门要求

二、新能源汽车高压安全防护装备的特点与使用方法

1. 高压安全警告标识

在高压维修工位或车辆、高压部件附近放置明显的警告标识，防止无关人员进入工位或触摸高压部件，发生触电事故。图 3-1-2 所示为高压危险警示牌和隔离带。

图 3-1-2　高压危险警示牌和隔离带

2. 个人安全防护装备

（1）**绝缘手套**　在拆卸及安装高压部件的时候应使用绝缘手套（见图 3-1-3）。橡胶材质的绝缘手套具备两个功能：一是在进行高压部件或线路操作时，绝缘手套能够承受 1000V 以上的工作电压；二是具备抗酸碱性，当维修人员在工作中接触到来自动力蓄电池的氢氧化物等腐蚀性化学物质时，绝缘手套能防止这些物质对人体造成伤害。

图 3-1-3　绝缘手套

为了确保安全，绝缘手套出厂时必须要有合格证，并需要定期检验，而且在每次使用前必须进行漏气检查。绝缘手套在使用过程中的检查步骤与注意事项如下：

1）检查绝缘手套是否在有效检验期内。

2）检查绝缘手套橡胶是否完好，外表无破损。

3）检查绝缘手套是否有漏气现象。绝缘手套漏气的检查方法如图 3-1-4 所示，根据图 3-1-4 所示步骤，向手套内吹入一定的空气并倾听，或观察手套是否漏气，如果漏气或有其他损坏，就必须更换。

4）正确佩戴好绝缘手套，并按要求使用。

5）绝缘手套使用后应擦净、晾干，最好洒上一些滑石粉，以免粘连。

（2）**绝缘安全鞋（靴）**　绝缘安全鞋也被称为电绝缘鞋（见图 3-1-5），其作用是使人体与地面绝缘，防止电流通过人体与大地之间构成通路，对人体造成电击伤害，把触电时的危险降低到最小程度。因为触电时电流会经接触点通过人体流入地面,所以高压电气作业时不仅要戴绝缘手套,还要穿绝缘安全鞋。

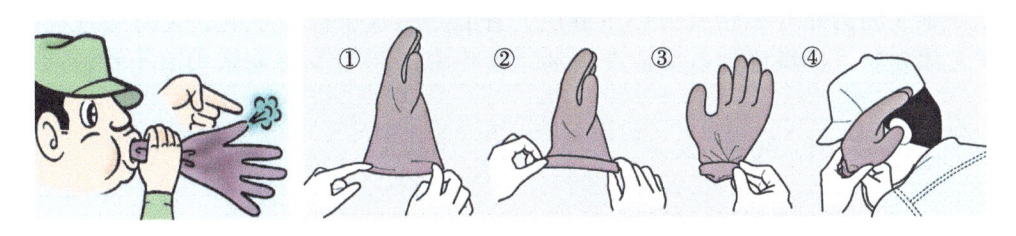

图 3-1-4 绝缘手套漏气的检查方法

图 3-1-5 绝缘安全鞋

绝缘安全鞋除了应具备透气性能好、防静电、耐磨和防滑等功能外,电绝缘性能要求是绝缘安全鞋产品的核心和关键技术指标。国家标准 GB 21148—2020《足部防护 安全鞋》规定了安全鞋的分类、式样和标记,及基本要求、防护性能等规范。按国家标准规定,安全鞋的电绝缘性能在测试电压 10kV 时,泄漏电流需小于或等于 4mA。

(3)**绝缘安全帽** 绝缘安全帽也被称为绝缘安全头盔。在举升车辆,拆卸和安装动力蓄电池时应戴绝缘安全帽,保护头部安全。在使用前应检查绝缘安全帽的外观是否破损,固定装置是否正常,检查无误后应正确佩戴。图 3-1-6 所示为绝缘安全帽及其正确佩戴方法。

图 3-1-6 绝缘安全帽及其正确佩戴方法

(4)**护目镜** 护目镜除了能正面防护眼睛外,还应该具有侧面防护功能,防止高压系统维修过程中产生的电火花和动力蓄电池的电解液对眼睛的伤害。在使用前应检查护目镜的外观是否破损。图 3-1-7 所示为护目镜及其正确佩戴方法。

（5）**非化纤工作服** 维修高压系统时，维修人员必须穿非化纤（纯棉等非化工合成材质）工作服。因为化纤工作服会产生静电，并且当火灾事故发生时，化纤会在高温环境下粘连人体皮肤，给维修人员造成严重的二次伤害。图 3-1-8 所示为电力行业的纯棉工作服。

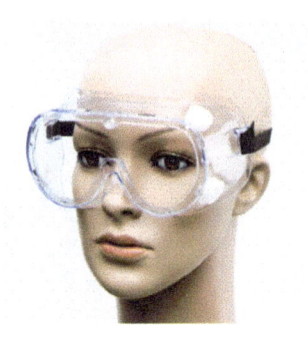

图 3-1-7　护目镜及其正确佩戴方法

图 3-1-8　电力行业的纯棉工作服

技能操作

参照"知识学习"的内容，必要时参考其他技术资料，完成本书配套任务工单所要求的操作项目。

课堂测试

1．**判断题**

1) 新能源汽车设计了完善的防止触电功能，维修人员没必要进行特别的安全防护。　　　　　　　　　　　　　　　　　　　　　　　　（　　）
2) 在高压维修工位或车辆、高压部件附近，应放置明显的警告标识。（　　）
3) 绝缘手套需要定期检验，而且在每次使用前必须进行漏气检查。（　　）
4) 可以采用家用防水手套代替绝缘手套。　　　　　　　　　　（　　）

5）在举升车辆，拆卸和安装动力蓄电池时应戴绝缘安全帽，保护头部安全。（　　　）

2．单选题

1）以下不属于新能源汽车安全防护装备的是（　　　）。
  A．绝缘手套 B．护目镜   C．绝缘安全鞋 D．绝缘测试仪

2）橡胶材质的电工绝缘手套具备的功能是（　　　）。
  A．承受高电压 B．抗酸碱性 C．A和B都是 D．以上都不是

3）护目镜的防护功能针对（　　　）。
  A．电火花 B．电解液   C．A和B都是 D．以上都不是

4）非化纤工作服的材质要求是（　　　）。
  A．涤纶、尼龙 B．纯棉   C．橡胶   D．没有特殊要求

5）绝缘安全鞋的最主要功能是（　　　）。
  A．防止滑倒   B．保护足部安全
  C．使人体与地面绝缘   D．使人体与新能源汽车高压线路绝缘

学习任务二　新能源汽车维修工具与高压检测设备的使用

任务目标

知识目标：

1）能够描述新能源汽车维修工具与高压检测设备的类型。
2）能够描述绝缘测试仪与钳形电流表的使用方法。

能力目标：

1）能够认识新能源汽车维修工具与检测设备。
2）能够使用绝缘测试仪测量高压部件的绝缘电阻。
3）能够使用钳形电流表测量高压交流、直流电流。

素质目标：

1）培养安全生产意识。
2）培养良好的工匠精神。

情境导入

情境描述：

你所在的维修站采购一批新能源汽车维修工具与高压检测设备，你的主管让你对这些工具和设备进行检查和测试，你能完成这个任务吗？

情境提示：

新能源汽车具有高压电，需要使用绝缘拆装工具、动力蓄电池举升机和高压系统检测设备。

知识学习

一、新能源汽车维修工具与高压检测设备的类型

除了传统的汽车维修工具和检测设备外，新能源汽车由于存在高压电路，需要专用的维修工具和高压检测设备。常用的新能源汽车维修工具和高压检测设备见表3-2-1。

表3-2-1 常用的新能源汽车维修工具和高压检测设备

序号	类型	工具和设备名称	规格和参数要求	单位	备注
1	拆装工具和设备	绝缘拆装工具	耐压≥10kV	套	符合高压部件拆装的规格
2		工具车、零件车、工作台	铺设绝缘垫	套	
3		双柱龙门举升机	举升重量≥3.5t	台	
4		动力蓄电池举升机	电动、气动和液压均可，带绝缘垫块	台	配套双柱龙门举升机使用
5	检测仪表	钳形电流表	交/直流测量，符合CAT Ⅲ要求	个	
6		绝缘测试仪	输出测试电压50~1000V，符合CAT Ⅲ要求	个	
7		数字式万用表	电压量程≥1000V，符合CAT Ⅲ要求	个	
8		电池内阻表	符合CAT Ⅲ要求	个	
9		红外线测温仪	符合CAT Ⅲ要求	个	
10		示波器	符合CAT Ⅲ要求	套	
11	故障诊断和维护设备	故障诊断仪	专用或通用仪器，能诊断对应车型，支持跳线读取BMS数据	套	根据车型配置
12		动力蓄电池组均衡维护仪	适用磷酸铁锂电池、三元锂电池、钛酸锂电池，至少支持12个采集通道，智能安全控制	套	维修动力蓄电池组时配置，具体功能和使用方法参照仪器说明书
13		动力蓄电池组充放电维护仪		套	
14		动力蓄电池组气密性检测仪	配套常见动力蓄电池组适配器	套	

> 提示：CAT 等级

根据国际电工委员会制定的 IEC 61010—1 的定义，把电工工作的区域分为四个等级，分别为 CAT Ⅰ、CAT Ⅱ、CAT Ⅲ 和 CAT Ⅳ。CAT 等级是向下单向兼容的，也就是说，一块 CAT Ⅳ 的万用表在 CAT Ⅰ、CAT Ⅱ 和 CAT Ⅲ 的环境下使用是完全安全的，但是一块 CAT Ⅰ 的万用表在 CAT Ⅱ、CAT Ⅲ、CAT Ⅳ 的环境下使用就不保证安全了。

1．绝缘拆装工具

（1）绝缘与绝缘材料　绝缘是指用不导电的物质（绝缘材料）将带电体隔离或包裹起来，以对触电起保护作用的一种安全措施。良好的绝缘性能是保证设备和线路运行的必要条件，也是防止触电事故、漏电和短路发生的重要措施。绝缘材料除了上述作用外还有其他作用，如散热冷却、机械支撑、固定、储能、灭弧、防潮、防霉以及保护导体等。

（2）绝缘拆装工具　绝缘拆装工具是采用绝缘材料进行加工并适用于电气系统拆装等操作的工具。使用绝缘拆装工具可以有效防止意外触电事故的发生，新能源汽车涉及高压的部分零部件拆装必须使用绝缘拆装工具。绝缘拆装工具必须装有耐压 1000V 以上的绝缘柄。常用的绝缘拆装工具包括套筒、呆扳手、螺钉旋具、钳子、电工刀等。图 3-2-1 所示为带绝缘柄的绝缘拆装工具。

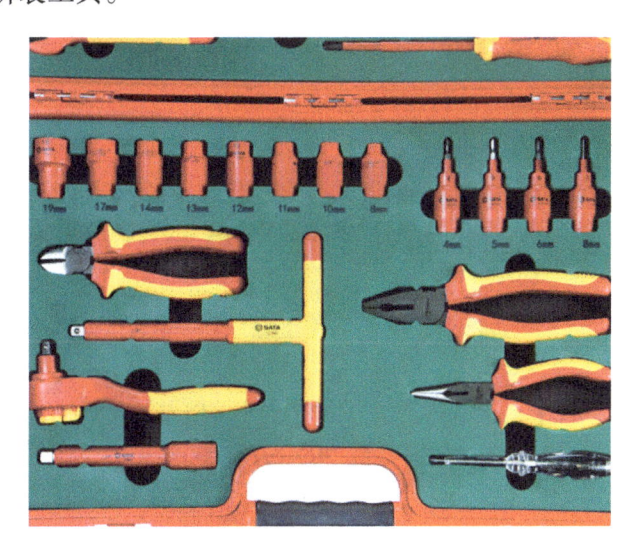

图 3-2-1　带绝缘柄的绝缘拆装工具

在新能源汽车维修中，涉及高压部件拆装时应该采用绝缘拆装工具。绝缘拆装工具的使用方法与普通拆装工具相同，但是需要注意以下三点：

1）绝缘拆装工具应有专门的工具室存放，室内应通风良好，清洁、干燥。

2）如果发现绝缘拆装工具损伤或受潮，应及时进行检修和干燥处理，试验合格后方可使用。

3）绝缘拆装工具必须按规定定期进行绝缘性能的试验，不符合试验要求的绝缘拆装工具禁止使用。

图 3-2-2 所示为储存绝缘拆装工具的工具车；图 3-2-3 所示为带绝缘垫的零件车，用于放置拆卸下来的高压部件。

图 3-2-2　储存绝缘拆装工具的工具车　　　图 3-2-3　带绝缘垫的零件车

2. 动力蓄电池举升机

纯电动汽车的动力蓄电池重量高达 400~500kg，拆装时必须使用动力蓄电池举升机（也称为举升平台）。动力蓄电池举升机配套双柱龙门举升机使用，顶部带绝缘垫，举升动力有电动、气动和液压等类型。图 3-2-4 所示为带绝缘垫的电动动力蓄电池举升机。

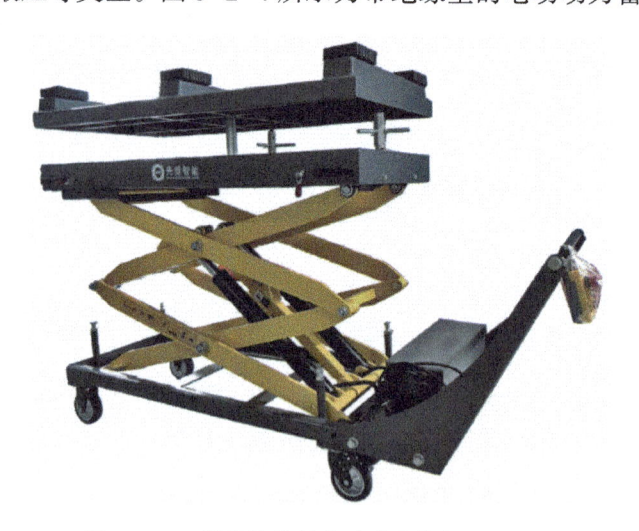

图 3-2-4　带绝缘垫的电动动力蓄电池举升机

二、新能源汽车高压检测设备的使用方法

新能源汽车维修中使用的检测设备有数字式万用表、绝缘测试仪（如绝缘电阻表、高压绝缘测试仪）、钳形电流表、示波器、红外线测温仪、故障诊断仪等类型。其中数字式万用表、示波器、红外线测温仪、故障诊断仪要求符合 CAT Ⅲ，使用方法与传统汽车的检测设备基本相同，以下只介绍高压检测相关的绝缘测试仪与钳形电流表的使用。

1. 绝缘测试仪的使用

（1）绝缘测试仪的类型　在新能源汽车的检测与维修中，对高压电气系统的绝缘性能进行检测时需要测试高压导线和高压部件对车身的绝缘电阻是否位于规定值范围内。绝缘测试仪并不是特指某一种仪器，而是指一类仪器。利用数字万用表、绝缘电阻表、绝缘测试多用表等仪器都可以完成绝缘电阻测试，只是测试的量程和精度有所区别。对于绝缘性能要求很高的新能源汽车，通常采用绝缘电阻表（指针式）和绝缘测试多用表（数字式）进行绝缘电阻的测试。

1）绝缘电阻表。绝缘电阻表的种类有很多，但其作用和工作原理大致相同。最常见的绝缘电阻表是用来测量大电阻和绝缘电阻的检测仪表，因为计量单位是兆欧（MΩ），故俗称兆欧表。图3-2-5所示为常见的绝缘电阻表及其接线柱，它共有三个接线柱，分别是E端（"接地"）、L端（"线路"）和G端（"保护环"或"屏蔽"）。

① E端：接地端，接被测设备的接地部分或外壳。

② L端：接线端，接被测设备的导体部分。

③ G端：保护环，主要用于高压导线绝缘电阻的测量。

常见绝缘电阻表的玻璃显示屏保护盖背面贴有使用说明书（见图3-2-6），方便使用时参照说明书进行操作。

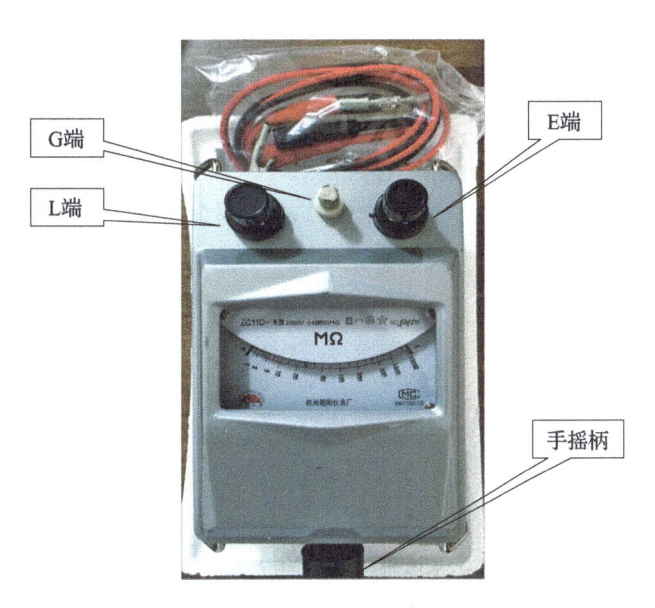

图3-2-5　常见的绝缘电阻表及其接线柱

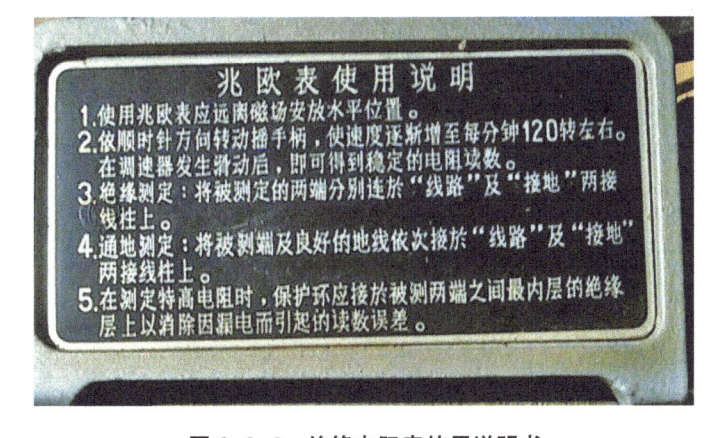

图3-2-6　绝缘电阻表使用说明书

手摇式兆欧表使用

数字式兆欧表使用

2）绝缘测试多用表。以 Fluke（福禄克）公司的产品为例，Fluke 1503、Fluke 1508 和 Fluke 1587 等型号的仪器都可以进行高压系统的绝缘测试，这些仪器虽然具有不同的名称，但都可以被称为绝缘测试仪或绝缘电阻表。图 3-2-7 所示为 Fluke 1508 数字式绝缘测试仪。

（2）新能源汽车绝缘电阻的测试方法

1）绝缘电阻测试的注意事项如下。

警告：为了避免触电或人身伤害，请严格遵守以下注意事项！

①为了避免触电或人身伤害，请首先仔细阅读仪表使用手册并严格按照手册进行操作！

②在将测试导线与电路或设备连接时，在连接带电导线之前先连接公共（COM）测试导线；当拆下测试导线时，要先断开带电的测试导线，再断开公共测试导线。

③绝缘测试只能在不通电的电路上进行。

④测试之前先检查绝缘测试仪的内部电源和熔丝。

⑤在进行绝缘电阻测试时，请勿用手去触摸表笔的金属部分，避免发生触电危险。

2）绝缘电阻的测试方法。图 3-2-8 所示为绝缘电阻测试方法示意图。以下以应用广泛的 Fluke 1508 数字式绝缘测试仪为例，介绍绝缘电阻的测试方法。

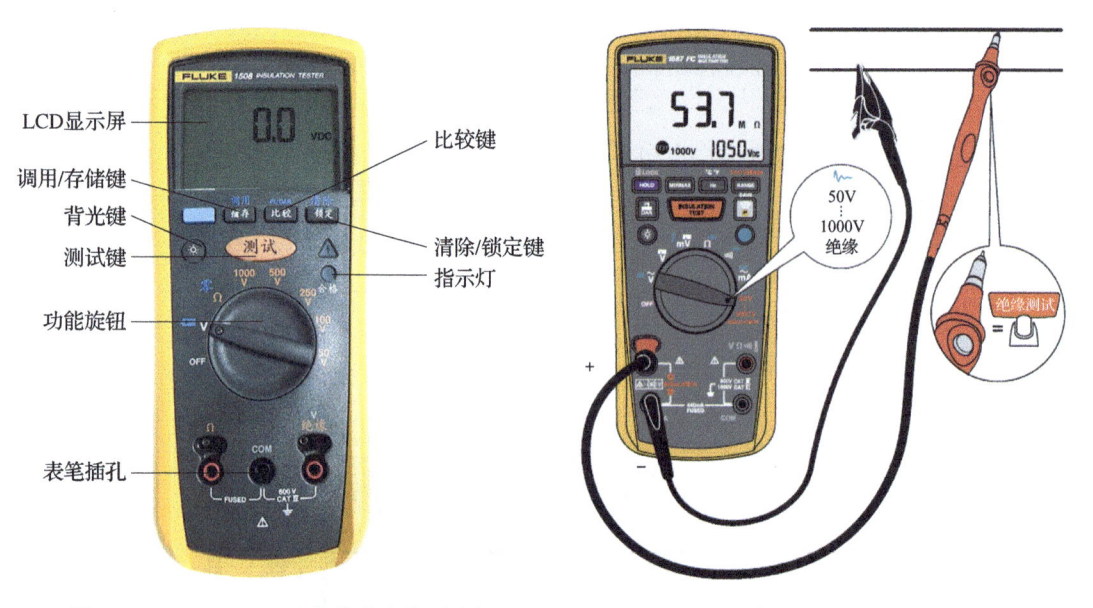

图 3-2-7　Fluke 1508 数字式绝缘测试仪　　图 3-2-8　绝缘电阻测试方法示意图

①如图 3-2-9 所示，将黑表笔插入"COM"端子。

提示：若使用 Fluke 1587 绝缘测试多用表，则插入"-"端子。

②如图 3-2-10 所示，将绝缘测试表的表笔插入"绝缘"（测试输入）端子。

提示：若使用 Fluke 1587 绝缘测试多用表，则插入"+"端子。

图 3-2-9　将黑表笔插入"COM"端子　　图 3-2-10　将绝缘测试表的表笔插入"绝缘"端子

③选择测试对象，如高压部件针脚、高压导线或其他需要测试绝缘的物体。以下以 25kV 绝缘手套为例，如图 3-2-11 所示。

图 3-2-11　选择测试对象（绝缘手套）

④根据所测试高压系统的绝缘性能要求，将绝缘测试仪功能旋钮旋至合适的测试电压档位。测试电压通常要比动力蓄电池的额定电压高，例如动力蓄电池的额定电压为 380V，则应选择 500V 测试电压档位，绝缘测试仪测试时会输出 500V 左右的直流测试电压。

测试电压档位选择完成以后，绝缘测试仪将启动内部电池负载检查，绝缘测试仪的显示如图 3-2-12 所示。如果内部电池未通过测试（即绝缘测试仪电源过低），显示屏下部将出现电池符号，在更换电池前不能进行绝缘测试。

提示：若使用 Fluke 1587 绝缘测试多用表，则将旋钮转至"INSULATION"（绝缘）位置，按"RANGE"（量程）键选择电压量程。

图 3-2-12　选择测试电压档位

⑤如图 3-2-13 所示，将测试表笔（探头）与待测部件或电路连接，绝缘测试仪会自动检测部件或电路是否通电。

⑥如图 3-2-14 所示，按下绝缘测试仪上的"测试"按键或测试表笔上的按键，此时显示屏将显示一个有效的绝缘电阻读数。

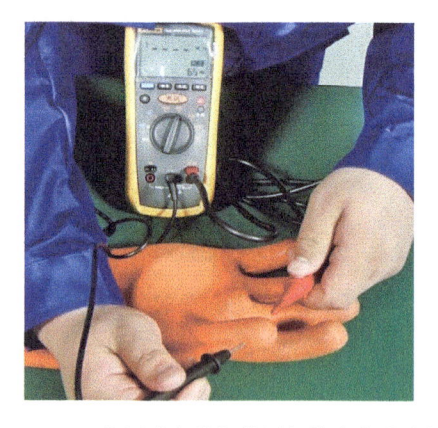

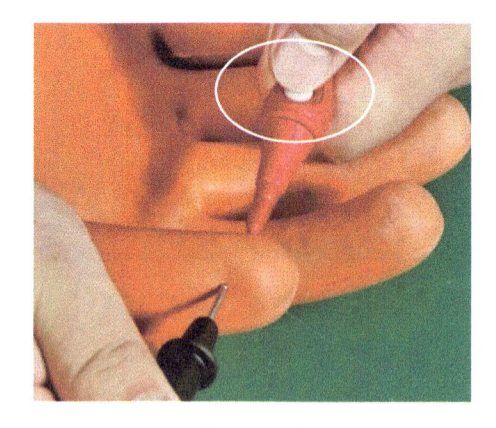

图 3-2-13　将测试表笔与待测部件或电路连接　　图 3-2-14　按下测试表笔上的按键

提示： 如果电路电源超过 30V（交流或直流），绝缘测试仪显示屏显示超过 30V 的警告，同时显示高压符号，测试被禁止，必须立即关闭电源。

⑦如图 3-2-15 所示，等待绝缘测试仪读数稳定后，读取绝缘测试仪显示的绝缘阻值。绝缘阻值应大于 500Ω/V，即假设选择测试电压为 500V，绝缘阻值应大于

500V × 500Ω/V=250000Ω=250kΩ

图 3-2-15　读取绝缘阻值

提示： 图 3-2-15 中显示屏显示的 550MΩ 为实际测试的绝缘电阻，说明所测部件的实际绝缘电阻远大于要求的绝缘电阻。"526V_{DC}"表示绝缘测试仪测试时输出的测试电压为 526V 的直流电压（与所选择的测试电压基本一致）。

⑧测试完成后，关闭绝缘测试仪，并拆下测试表笔（探头）。

2．钳形电流表的使用

新能源汽车的检测与维修需要测量高压导线中的电流。由于电驱动系统的导线（如逆变器与电动机之间）存在较大的交变电流，必须使用钳形电流表（也被称为数字电流钳）进行间接测量。图 3-2-16 所示为常见品牌的钳形电流表。

（1）钳形电流表的测量操作步骤　图 3-2-17 所示为电流测量步骤示意图，测量电流按以下步骤进行。

1）估算电流大小，选择正确量程档位与电流类型（交流或直流）。例如，若需要测量

三相驱动电机的某一相电流,则选择 40A 交流电流档(图 3-2-17 中 A 指示的位置)。

2)关闭待测部件。打开钳形电流表,将待测导线放入钳口之中。

图 3-2-16　常见品牌的钳形电流表

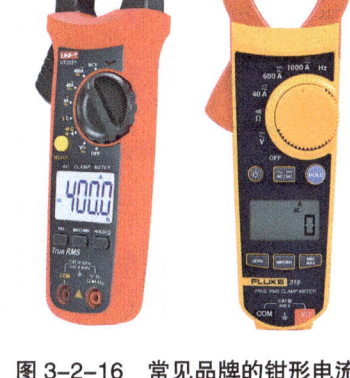

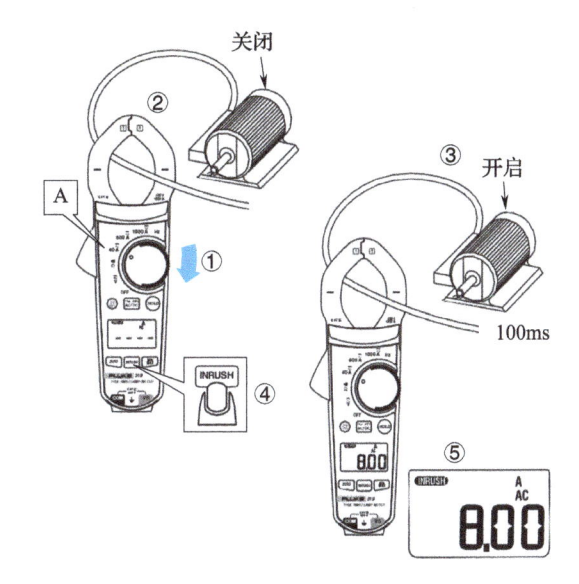

图 3-2-17　电流测量步骤示意图

注意:测量时应该保持钳形电流表的钳口闭合,导线垂直于钳口中心,否则将测量出不正确的电流。

3)运行待测部件。如果钳形电流表没有显示,则检查、调整钳口的安装位置,并确认量程档位与电流类型选择是否正确。

4)若需要测量一个变化的电流,则应在上一步的基础上按下"INRUSH"(涌流,即测量瞬间电流)键后再启动钳形电流表。

5)读取钳形电流表显示的电流值。

(2)新能源汽车高压交流电流的测量方法　以下以使用钳形电流表(Fluke 317)测量新能源汽车(荣威 e50 纯电动汽车)驱动电机的 W 线束、V 线束和 U 线束电流为例,介绍高压交流电流的方法。

警告:测量前请佩戴绝缘手套!高压电流测量为动态测量!如果使用整车,请举升车辆使其离地 10cm,并做好安全检查!

1)如图 3-2-18 所示,打开钳形电流表,功能旋钮旋至 600A 量程档位,此时钳形电流表默认为直流电流测量模式。

提示:测量电流的量程档位根据待测部件技术参数选择,荣威 e50 驱动电机相电流峰值为 200A。

2)如图 3-2-19 所示,按下钳形电流表的"AC/DC"(交直流模式切换)键,切换至交流模式。

图 3-2-18　选择电流测试量程档位 　　图 3-2-19　切换至交流模式

3）如图 3-2-20 所示，将钳口悬置于驱动电机的 W 线束。

4）如图 3-2-21 所示，运行车辆，踩下加速踏板，读取驱动电机 W 线束的电流值。

图 3-2-20　将钳口悬置于驱动电机的 W 线束

5）如图 3-2-22 所示，按下钳形电流表的"MIN/MAX"（测量数值最小 / 最大锁定）键，启动钳形电流表的最大交流电流锁定模式（显示屏显示"MAX"和"AC"）。

图 3-2-21　读取驱动电机 W 线束的电流值 　　图 3-2-22　启动最大交流电流锁定模式

6）如图 3-2-23 所示，再次运行车辆，踩下加速踏板，读取并记录驱动电机 W 线束通过的最大电流值。

7）采用同样的方法测量驱动电机 V 线束、U 线束的电流值，并记录。

8）关闭车辆电源，取下并关闭钳形电流表。

（3）新能源汽车高压直流电流的测量方法 高压直流电流的测量方法与交流电流基本相同，区别是应选择直流模式进行测量。

1）如图 3-2-24 所示，按下钳形电流表的"AC/DC"键，切换至直流模式。

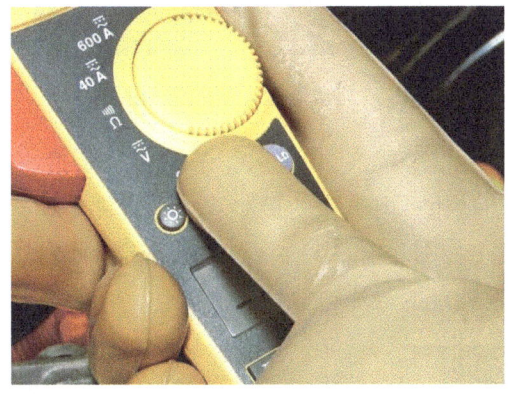

图 3-2-23 读取并记录最大电流值

图 3-2-24 切换至直流模式

2）如图 3-2-25 所示，将钳口悬置于驱动电机控制器的高压输入线束。

3）如图 3-2-26 所示，运行车辆，踩下加速踏板，读取驱动电机控制器高压输入线束的电流值。

图 3-2-25 将钳口悬置于驱动电机控制器的高压输入线束

图 3-2-26 读取驱动电机控制器高压输入线束的电流值

4）如图 3-2-27 所示，按下钳形电流表的"MIN/MAX"键，启动钳形电流表的最大直流电流锁定模式（显示屏显示"MAX"和"DC"）。

5）如图 3-2-28 所示，运行车辆，踩下加速踏板，读取并记录驱动电机控制器高压输入线束通过的最大电流值。

图 3-2-27　启动最大直流电流锁定模式 　　　　图 3-2-28　读取并记录最大电流值

6）如图 3-2-29 所示，若需要测量最小电流值，则按下钳形电流表的"MIN/MAX"键，启动钳形电流表的最小直流电流锁定模式（显示屏显示"MIN"和"DC"）。

7）如图 3-2-30 所示，运行车辆，踩下加速踏板，读取并记录驱动电机控制器高压输入线束通过的最小电流值。

图 3-2-29　启动最小直流电流锁定模式 　　　　图 3-2-30　读取并记录最小电流值

8）取下并关闭钳形电流表。

技能操作

参照"知识学习"的内容，必要时参考其他技术资料，完成本书配套任务工单所要求的操作项目。

绝缘电阻测试仪使用　　数字电流钳使用

课堂测试

1．判断题

1）动力蓄电池举升机应配套双柱龙门举升机使用。　　　　　　　　　　（　　）
2）新能源汽车所有的零部件拆装都必须使用绝缘拆装工具。　　　　　　（　　）

3）对高压电气系统的绝缘性能进行检测时，需要使用专用的绝缘测试仪器。（　　）
4）绝缘测试仪并不是指某一种仪表，而是指一类的仪表。（　　）
5）绝缘测试只能在通电的电路上进行。（　　）
6）绝缘测试实际上是测量电压。（　　）
7）绝缘电阻表是用来测量大电阻和绝缘电阻的检测仪表。（　　）
8）钳形电流表测量高压导线中的电流是间接测量。（　　）
9）钳形电流表的测量原理建立在电流互感器工作原理的基础上。（　　）
10）钳形电流表只能测量交流电流。（　　）

2．**单选题**

1）绝缘拆装工具必须装有耐压（　　）以上的绝缘柄。
　　A．220V　　　B．500V　　　C．1000V　　　D．10000V

2）以下仪器设备中，（　　）是新能源汽车维修特有的。
　　A．数字式万用表　　　　　　B．绝缘测试仪
　　C．示波器　　　　　　　　　D．故障诊断仪

3）进行绝缘测试时，如果电路电源超过（　　），测试就会被禁止，必须立即关闭电源。
　　A．12V　　　　B．24V　　　C．30V　　　　D．50V

4）新能源汽车使用的钳形电流表要求能测量（　　）电流。
　　A．交流　　　B．直流　　　C．A和B都是　　D．A和B都不是

5）使用钳形电流表检测电流时，应注意（　　）。
　　A．保持钳口闭合　　　　　　B．导线垂直于钳口中心
　　C．运行待测装置　　　　　　D．以上都正确

模块四 新能源汽车高压维修车间安全管理

内容描述

本模块介绍新能源汽车高压维修车间安全管理相关的知识和技能，分为两个学习任务，分别为：学习任务一，高压维修车间规划与安全管理制度制定；学习任务二，新能源汽车维修人员资质与岗位要求。通过对以上学习任务的学习，你能够学会新能源汽车维修车间场地规划、安全管理制度制定，以及明确新能源汽车专业维修人员资质要求与岗位职责。

学习任务一 高压维修车间规划与安全管理制度制定

任务目标

知识目标：

1）能够描述新能源汽车高压维修车间场地要求。
2）能够描述新能源汽车高压维修车间安全管理制度内容。

能力目标：

1）能够进行新能源汽车高压维修车间规划。
2）能够制定新能源汽车高压维修车间安全管理制度。

素质目标：

1）培养全局观念和管理能力。
2）培养安全意识。
3）培养团队协作精神。

情境导入

情境描述：

你所在的维修站需要组建新能源汽车专用的高压维修车间，你的主管要求你规划高压维修车间的场地，并制定相关的制度和标准，你能完成这个任务吗？

情境提示：

新能源汽车专用的高压维修车间除了与传统汽车维修车间一致的场地要求、管理制度外，还需要考虑高压安全相关的因素。

知识学习

一、新能源汽车高压维修车间的场地要求

新能源汽车高压维修车间有高压触电、高压电气火灾等安全事故风险，场地设施必须符合安全管理制度和相关标准。

作为带有高压电的车辆维护与检修场地，新能源汽车高压维修车间有特殊的场地要求和工位要求，工位除了宽敞、明亮外，还要求干燥、防水、防火，电源线路符合规格，安装专用设备，以及场地相对隔离等。

（1）**工位数量、工位面积、设备和绝缘** 图4-1-1所示为新能源汽车高压维修车间专用工位。

新能源汽车高压维修车间要求具备2~3个专用的标准工位（7m×4m），地面铺设绝缘垫，至少安装一台双柱龙门举升机。

有的汽车生产厂商要求其新能源汽车售后服务场地必须具有单独的维修工位，该工位应采用特殊的颜色与其他工位进行区别。

图4-1-1 新能源汽车高压维修车间专用工位

如图4-1-2所示，纯电动汽车的动力蓄电池安装在车辆的底部，体积庞大而且沉重，拆装需要采用动力蓄电池举升机，为了方便拆装和动力蓄电池举升机移动，高压维修车间要求采用双柱龙门举升机。

（2）**采光** 高压维修车间的采光应符合GB 50033—2013《建筑采光设计标准》的有关规定。明亮的车间可以让车辆维修人员更加清楚地观察到周围的部件和物体，避免因为视线不好意外触碰到高压而发生维修事故，同时也有利于其他人员及时发现可能存在的隐患。

图 4-1-2　动力蓄电池更换场景

采光设计应注意光的方向性，避免对工作产生遮挡和不利的阴影。对于需要识别颜色的场所，应采用不改变自然光光色的采光材料。

（3）**照明**　高压维修车间的照明应符合 GB 50034—2013《建筑照明设计标准》的有关规定。当自然光不足时，应配置人工照明，人工照明光源应选择接近自然光色温的光源。

（4）**干燥**　高压维修车间必须保持干燥，应避免积水或暴雨时漏雨的情况发生，工位不得靠近钣喷工位及洗手池。

保持干燥是为了降低维修人员的触电风险。因为当湿度增加时，人体和空气的绝缘电阻就会增加，在相同的电压下，人体触电的风险也就增加了。

（5）**通风**　高压维修车间的通风应符合 GB 50016—2014《建筑设计防火规范》和工业企业通风的有关要求。

车间保持通风有利于排出维修车辆期间产生的有害物，而且在发生触电事故的情况下，通风的环境更加有利于伤者呼吸到更多的氧气。

（6）**防火**　高压维修车间的防火应符合 GB 50016—2014《建筑设计防火规范》中有关厂房、仓库防火的规定和 GB 50067—2014《汽车库、修车库、停车场设计防火规范》的有关规定。

高压维修车间内必须配置消防栓，高压维修工位必须配置水基或其他符合扑灭电气火灾要求的灭火器。

（7）**卫生**　高压维修车间的卫生应符合 GBZ 1—2010《工业企业设计卫生标准》、GB/T 12801—2008《生产过程安全卫生要求总则》的有关要求。

高压维修车间应干净整洁，不得有垃圾和与生产无关的杂物。

（8）**安全标志**　高压维修车间的安全警告标志应符合 GB 2894—2008《安全标志及其使用导则》、GB 2893—2008《安全色》的有关要求。

当工位上有新能源汽车正在进行维修时，要求必须在工位周围布置有明显的警告标志，避免他人未经允许进入高压维修工位而发生危险。图4-1-3所示为新能源汽车维修企业的高压安全警告标志。

图 4-1-3　高压安全警告标志

（9）**电气线路**　高压维修车间需要安装充电桩（见图4-1-4），电气线路应符合生产用电的要求，确保相线、零线和地线接线良好，电线规格符合要求且没有破损老化等现象。

图 4-1-4　高压维修车间安装的充电桩

二、新能源汽车高压维修车间安全管理制度内容

除了传统汽车维修车间的安全要求外，高压维修车间必须制定高压电气相关的安全管理制度，加强安全管理，杜绝触电、火灾等安全事故的发生。

1. 新能源汽车维修安全管理制度

1）在车辆维修过程中，高压部件必须立即设置明显的警示标志，并禁止将带有高压电的部件放置在无人看管的环境中。图 4-1-5 所示为高压维修工位的安全警告标志布置要求。

图 4-1-5　高压维修工位的安全警告标志布置要求

2）在车辆充电过程中，不允许对高压部件进行拆装、维修等操作。

3）未经高压安全培训并取得应急管理部门颁发的特种作业操作证（低压电工作业）的维修人员，不允许对高压部件进行拆装、维修等操作。

4）在对高压部件进行拆装、维修前，维修人员必须检查和穿戴个人安全防护装备，并使用绝缘工具进行拆装操作。图 4-1-6 所示为采用绝缘工具拆卸高压部件的场景。

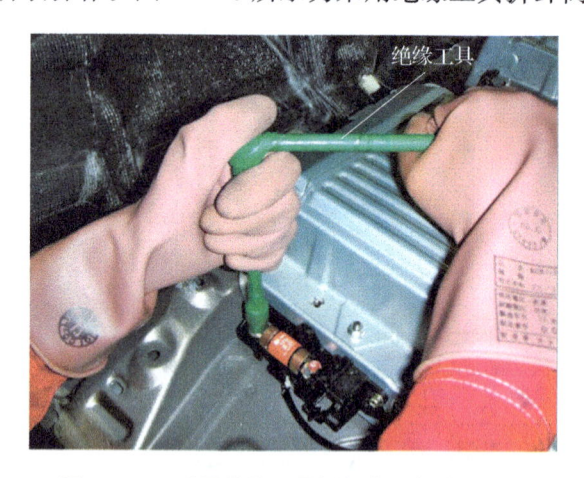

图 4-1-6　采用绝缘工具拆卸高压部件的场景

5）在对高压部件进行拆装、维修的过程中，维修人员禁止携带手表、金属笔等金属物品，因为金属物品可能造成高压部件短路，如图 4-1-7 所示。

6）在对高压部件进行拆卸、维修前，必须进行高压中止操作，即根据车型切断低压电源和高压维修开关，并检验确认相关部件没有高压电。

图 4-1-7　金属物品造成高压部件短路

7）在进行车身焊接前，应清理周围易燃物品，做好车身的保护，预防飞溅和着火，并严格按照焊接和钣金维修工艺进行操作。

8）维修完毕后，上电前应确认车辆无人操作。

9）更换高压部件后，高压导线接口必须按照标准力矩拧紧，并测量线路绝缘性能正常。

10）在车辆维修期间，必须有两名持有特种作业操作证（低压电工作业）的维修人员同时进行工作，其中一名维修人员作为工作的监护人员，监督维修的全过程。如果发生触电事故，监护人员应该立即采取有效措施执行急救。

11）如果发生火灾，不要惊慌，要及时采取正确的方法来灭火。首先要切断电源，所有人员立即离开车辆并站在远离车辆的上风位置，在采取救火措施的同时立刻拨打火警电话 119 报警。

12）每天检查车间的灭火器是否在固定的位置、是否在有效期内。要充分了解灭火器和消防栓等消防设备的性质和正确使用方法。

2．新能源汽车高压系统维修作业安全防护规定

涉及新能源汽车高压系统维修作业时必须遵守以下安全防护规定。

（1）高压系统维修作业时应使用个人安全防护装备

1）维修企业或门店应向新能源汽车维修人员提供合适的个人安全防护装备，以便在涉及高压系统的工作场所进行作业。

2）所提供的个人安全防护装备必须符合国家标准。

（2）高压系统维修作业时应遵循的五条安全规定

1）拆卸高压部件前，必须断开高压电路。

2）高压电路断开后，应防止高压电路重新接通。

3）应确定维修的高压部件处于无电压状态。

4）应检查高压电路是否发生接地和短路。

5）应遮盖或阻隔相邻的带电部件。

（3）高压系统维修作业时应遵循维修场地安全要求　为避免发生危险或造成损坏，新能源汽车的停放位置必须干净、干燥、无油脂，且不会接触到飞溅的火星，要避免与洗车、美容、钣金和涂装维修工位过近。

3. 新能源汽车高压维修车间安全管理制度公示

新能源汽车高压维修车间必须张贴管理制度和安全告知牌。图 4-1-8 所示为安全管理制度张贴样例，图 4-1-9 所示为高压安全告知牌样例。

4. 新能源汽车操作流程

新能源汽车的操作并不一定都涉及高压。图 4-1-10 所示为根据新能源汽车常规维护保养（不涉及高压电，由维护技师操作）、高压系统维修（运行时有高压电，由维修技师操作）、动力蓄电池及其控制电路维修（一直有高压电，由高级维修技师操作）三个级别制定的新能源汽车操作流程图，供实际作业参考。

图 4-1-8　安全管理制度张贴样例

图 4-1-9　高压安全告知牌样例

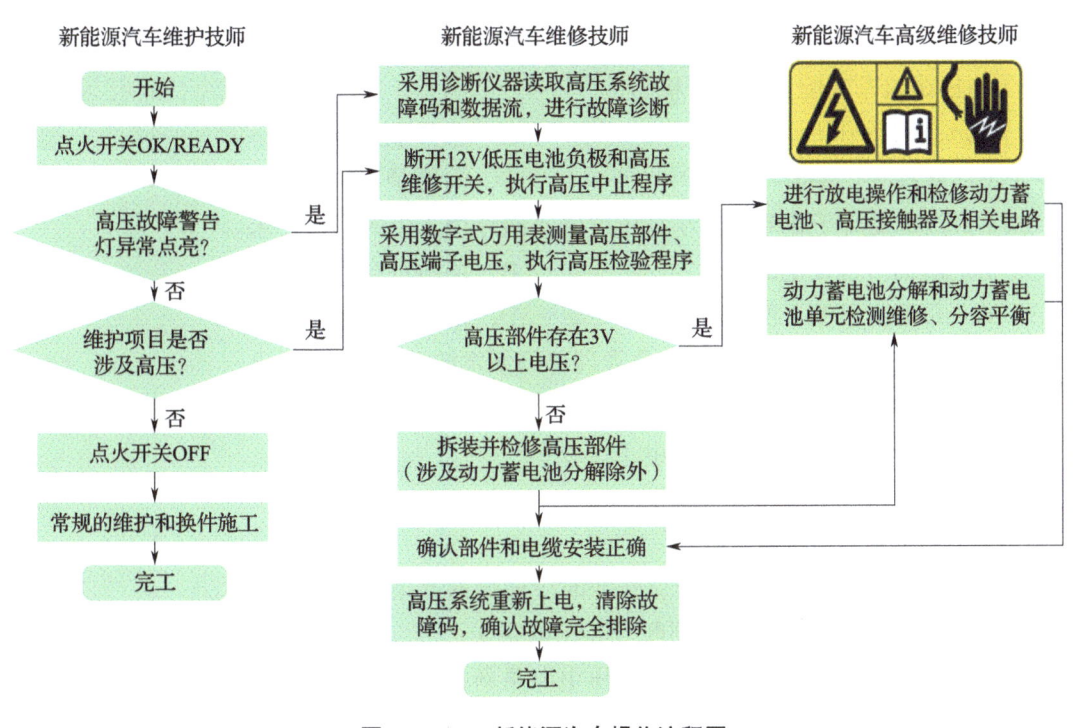

图 4-1-10　新能源汽车操作流程图

技能操作

参照"知识学习"的内容，必要时参考其他技术资料，完成本书配套任务工单所要求的操作项目。

课堂测试

1．判断题

1）新能源汽车高压维修车间的场地设施必须符合安全管理制度和相关标准。（　　）

2）高压维修车间标准工位的规格没有特殊要求。（　　）

3）新能源汽车的售后维修工位应采用特殊的颜色与其他工位进行区别。（　　）

4）高压维修车间要求在工位周围必须布置明显的警告标识。（　　）

5）为了充电安全，高压维修车间不允许安装充电桩。（　　）

6）在车辆充电过程中可以对高压部件进行拆装、维修等工作。（　　）

7）高压维修工位地面应铺设绝缘垫。（　　）

8）新能源汽车维修人员禁止携带手表、金属笔等金属物品。（　　）

9）在车辆维修期间，必须有两名持有特种作业操作证（低压电工作业）的维修人员同时进行工作。（　　）

10）新能源汽车高压维修车间必须张贴管理制度和安全告知牌。（　　）

2. 单选题

1）高压维修车间配置的举升机为（　　）。

  A. 小剪举升机　　　　　　　B. 大剪举升机

  C. 双柱龙门举升机　　　　　D. 只要是双柱举升机就可以

2）（　　）是对于新能源汽车高压维修车间专用工位的错误要求。

  A. 地面应铺设绝缘垫　　　　B. 场地符合国家标准

  C. 靠近洗手池，便于灭火用水　　D. 配置灭火器材

3）电动汽车维修人员应取的应急管理部门颁发的（　　）。

  A. 特种作业操作证（高压电工作业）

  B. 特种作业操作证（低压电工作业）

  C. 高级维修技师技能等级证

  D. 汽车维修上岗证

4）（　　）不属于高压系统维修作业时应遵循的五条安全规定。

  A. 拆卸高压部件前，必须断开高压电路

  B. 高压电路断开后，应防止高压电路重新接通

  C. 应确定维修的高压部件处于无电压状态

  D. 铺设车辆防护三件套

5）高压维修车间规划时需考虑（　　）。

  A. 工位数量、工位面积、设备和绝缘要求

  B. 采光、照明、干燥、通风、防火和卫生要求

  C. 安全标志和电气线路要求

  D. 以上都是

学习任务二　新能源汽车维修人员资质与岗位要求

任务目标

知识目标：

1）能够描述新能源汽车维修人员资质要求。

2）能够描述新能源汽车维修人员岗位要求。

能力目标：

1）能够遵守新能源汽车维修人员资质要求。

2）能够遵守新能源汽车维修人员岗位要求。

素质目标：
1）培养诚实守信的职业道德。
2）培养自我管理的能力。
3）培养自主学习能力。

情境导入

情境描述：

你所在的维修站需要招聘一批新能源汽车维修人员，需要你协助制定资质与岗位要求标准，你能完成这个任务吗？

情境提示：

新能源汽车具有高压电，根据相关国家法规和标准，维修人员必须持证上岗。

知识学习

一、新能源汽车维修人员资质要求

1. 新能源汽车维修资质的法律和标准依据

（1）国家法规和国家标准要求　　根据《中华人民共和国安全生产法》第三十条规定，生产经营单位的特种作业人员必须按照国家有关规定经专门的安全作业培训，取得相应资格，方可上岗作业。

电工作业属于特种作业，因此作业人员必须经专门的安全作业培训，取得电工操作证，方可上岗作业。

电工操作证有六个作业项目，分别是高压电工作业、低压电工作业、电力电缆作业、继电保护作业、电气试验作业和防爆电气作业。根据不同的工作需求，电工应选择相应的作业项目进行培训考试并取得相应的证书。其中高压电工作业和低压电工作业的具体内容如下。

1）高压电工作业是指对 1kV 及以上的高压电气设备进行运行、维护、安装、检修、改造、施工、调试、试验及绝缘工、器具进行试验的作业。高压电工的工作范围主要是针对发、输、变、配电的高压值班和运维，如线路设备巡检、倒闸操作等。

2）低压电工作业是指对 1kV 以下的低压电气设备进行安装、调试、运行操作、维护、检修、改造施工和试验的作业。低压电工的工作范围主要是对人们日常使用的各种电气进行安装、维护。

目前市场上新能源汽车动力蓄电池的额定电压，大部分属于国家标准 GB 18384—2020《电动汽车安全要求》规定的 B 级电压等级（直流 $60V < U \leq 1500V$，交流 $30V < U \leq 1000V$），因此相关的作业除了需要进行防电安全防护外，还必须持证上岗。

（2）**行业标准要求**　根据交通运输部发布的交通行业标准 JT/T 1344—2020《纯电动汽车维护、检测、诊断技术规范》规定，纯电动汽车高压系统维护作业人员应取得电工特种作业操作证，并经专业培训合格后上岗。该标准还规定，高压系统维护作业时，应由不少于 2 人协同操作。图 4-2-1 所示为标准相关内容。

4　维护作业安全

4.1　维护作业场地应干燥，并设置警示隔离区和警示牌。
4.2　维护作业区域应配备消防及高压防护应急设备，包括但不限于消防剪、消防沙、消防铲、灭火器、防毒面罩和绝缘棒等。
4.3　纯电动汽车高压系统（以下简称"高压系统"）维护作业人员应取得电工特种作业操作证，并经专业培训合格后上岗。
4.4　高压系统维护作业时，应由不少于 2 人协同操作，维护作业人员应遵守电工安全操作规范。

图 4-2-1　JT/T 1344—2020《纯电动汽车维护、检测、诊断技术规范》标准相关内容

2．新能源汽车维修职业资格和专业能力证书

新能源汽车维修人员必须持证上岗，并经过专业培训，才能进行操作。

（1）**职业资格证书**　根据国家相关法规和标准要求，新能源汽车维修必须由两名持证的维修人员同时进行，其中一名维修人员作为维修监护人员。

特种作业操作证（低压电工作业）由应急管理部（原安全生产监督管理总局）组织培训、考核并颁发。图 4-2-2 所示为特种作业操作证（低压电工作业）样例。

图 4-2-2　特种作业操作证（低压电工作业）样例

（2）**专业能力证书**　根据国家相关法规和标准要求，新能源汽车维修还经过新能源汽车结构原理与维修知识和技能培训，并通过考核，但对于培训、考核后应取得的专业能力证书，相关法规和标准并没有严格规定。图 4-2-3 所示为各省市人力资源和社会保障（人社）部门组织培训、考核并颁发的新能源汽车专项职业能力证书，图 4-2-4 所示为交通运输部组织培训、考核并颁发的新能源汽车专业能力评价合格证书。

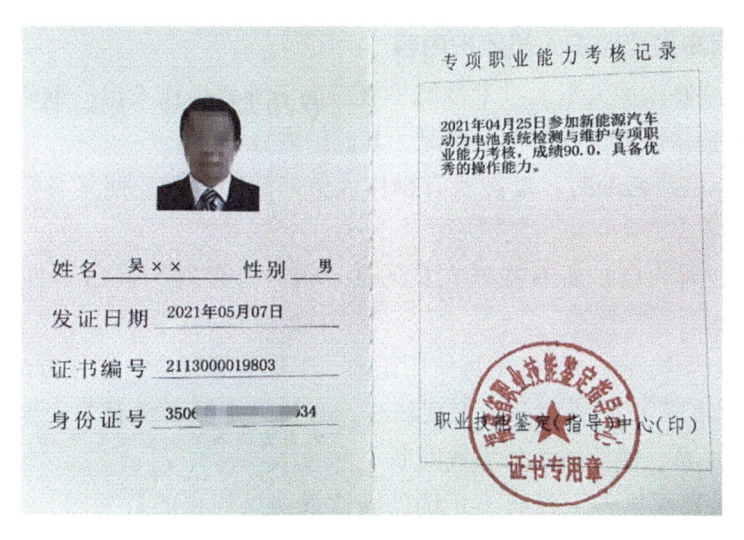

图 4-2-3　人社部门颁发的新能源汽车专项职业能力证书

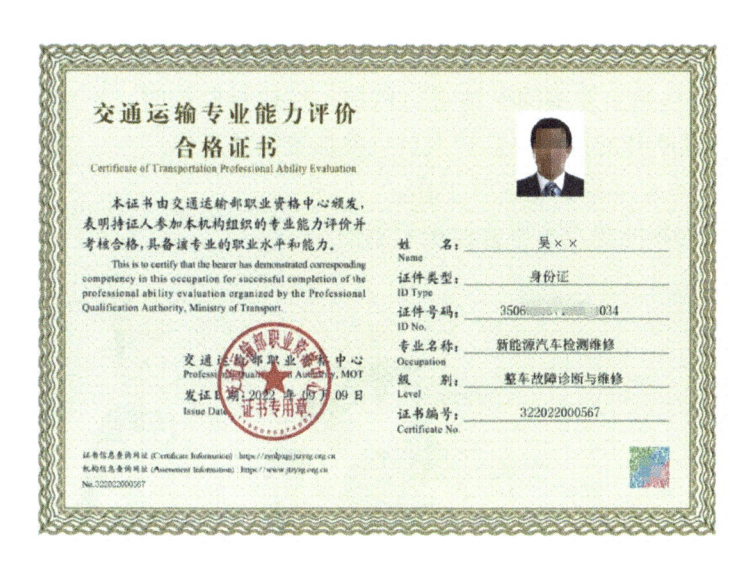

图 4-2-4　交通运输部颁发的新能源汽车专业能力评价合格证书

二、新能源汽车维修人员岗位要求

1. 新能源汽车维修监护人员和维修操作人员岗位职责

1）监护人员：引导车辆进入专用维修工位。
2）操作人员：在维修工位设置高压警告标志。
3）监护人员：监督并协调具有维修资质的人员维修车辆。
4）操作人员：检查个人安全防护装备，并按要求穿戴。
5）监护人员：监督操作人员规范操作流程。
6）操作人员：在维修高压系统前，必须先执行高压中止（安全断电）与检验。

2. 新能源汽车维修监护人员监护内容

新能源汽车维修监护人员的技术技能等级应高于维修操作人员，维修监护人员具有丰富的实际工作经验并熟悉现场和设备情况，其监护内容如下：

1）进行高压电路切断时，监护所有操作人员的活动范围，使其与带电设备保持规定的安全距离。

2）带电作业时，监护所有操作人员的活动范围，使其与高压部件保持规定的安全距离。

3）监护所有操作人员，使其工具使用正确、工作位置安全、操作方法正确等。

4）工作中监护人员因故离开工作现场时，必须另指派了解有关安全措施的人员接替监护并告知操作人员，使监护工作不致间断。

5）监护人员发现操作人员有不正确的动作或违反规程的行为时，应及时提出纠正，必要时可令其停止工作，并立即上报。

6）所有操作人员不准单独留在维修保养中的专用工位区域内，以免发生意外触电或电弧灼伤事故。

7）监护人员应自始至终不间断地进行监护，在执行监护时，不应兼做其他工作，但在动力蓄电池与车辆断开的情况下监护人员可参加班组的工作。

8）其他新能源汽车维修安全监督工作。

图4-2-5所示为新能源汽车维修监护示意图。

图4-2-5　新能源汽车维修监护示意图

技能操作

参照"知识学习"的内容，必要时参考其他技术资料，完成本书配套任务工单所要求的操作项目。

课堂测试

1. 判断题

1）根据《中华人民共和国安全生产法》规定，电工必须按照国家有关规定，经专门的安全作业培训，取得电工操作证，方可上岗作业。（   ）
2）高压电工的工作范围主要是针对人们日常使用的各种电气的安装、维护。（   ）
3）引导车辆进入专用维修工位的是维修操作人员。（   ）
4）监督并协调具有维修资质的人员维修车辆是维修监护人员的工作（   ）
5）在维修高压系统前，必须先执行高压中止与检验是维修操作人员的工作。（   ）

2. 单选题

1）低压电工作业是指对（   ）以下的低压电气设备进行安装、调试、运行操作、维护、检修、改造施工和试验的作业。
    A. 500V   B. 220V   C. 1kV   D. 10kV

2）以下属于维修监护人员工作的是（   ）。
    A. 在维修工位设置高压警告标志   B. 检查个人安全防护装备，并按要求穿戴
    C. 监督维修操作人员规范操作流程   D. 执行高压中止（安全断电）与检验

3）新能源汽车维修监护人员的技术技能等级应（   ）操作人员。
    A. 低于   B. 高于   C. 等于   D. 没有要求

4）新能源汽车维修人员应取得的职业资格证书是（   ）。
    A. 特种作业操作证（低压电工作业）
    B. 特种作业操作证（高压电工作业）
    C. 高级技师
    D. 机动车维修工程师

5）特种作业操作证（低压电工作业）的颁发部门是（   ）。
    A. 人社部门   B. 交通部门   C. 应急管理部门   D. 公安交警

模块五 新能源汽车安全操作与应急处理

内容描述

本模块介绍新能源汽车安全操作与应急处理相关的知识和技能，分为两个学习任务，分别为：学习任务一，新能源汽车高压中止与检验标准流程操作；学习任务二，新能源汽车交通事故救援与故障应急处理。通过对以上学习任务的学习，你能够学会新能源汽车高压中止与检验标准流程操作方法，和新能源汽车交通事故救援与故障应急处理方法。

学习任务一 新能源汽车高压中止与检验标准流程操作

任务目标

知识目标：

1）能够描述新能源汽车高压中止与检验的标准流程。
2）能够描述典型新能源汽车高压中止与检验的操作步骤。

能力目标：

1）能够进行装备维修开关车型的高压中止与检验。
2）能够进行没有装备维修开关车型的高压中止与检验。

素质目标：

1）培养安全意识。
2）培养良好的工匠精神。
3）培养严谨的工作作风。

情境导入

情境描述：

你的主管安排你更换一辆纯电动汽车的高压部件，按照标准操作流程需要进行高压中止（断电）与检验，确认高压电已经切断后再进行拆装，你能完成这个任务吗？

情境提示：

高压中止与检验是新能源汽车高压系统维修第一个也是最重要的一个步骤，是确保安全操作的关键。

知识学习

一、高压中止与检验的标准流程

1. 需要进行高压中止与检验的前提

在维修新能源汽车前，务必执行高压中止与检验操作，确认动力蓄电池不再对外输出高压电，避免因意外而触电！

对新能源汽车进行以下操作前，要求进行高压中止与检验：

1）保养或维修车辆高压系统。

2）进行救援或事故修复工作。

3）其他可能接触到高压电，但不需要运行高压系统的操作。

2. 高压中止与检验的操作步骤

高压中止与检验的操作步骤分为以下两个部分：高压中止，即切断高压电路；高压检验，即确认操作的部件已经没有高压电。

（1）**高压中止步骤** 高压中止主要是通过正确的操作步骤来切断车辆高压电路。正常情况下，执行高压中止后，车辆除了动力蓄电池外，其他部件应该都不具有高压电。

高压中止的步骤如下。

1）将变速杆（换档旋钮）置于 P 位。新能源汽车通常采用电子换档方式，图 5-1-1 所示为新能源汽车常用的电子变速杆和 P 位按钮。

2）确保驻车制动工作可靠。

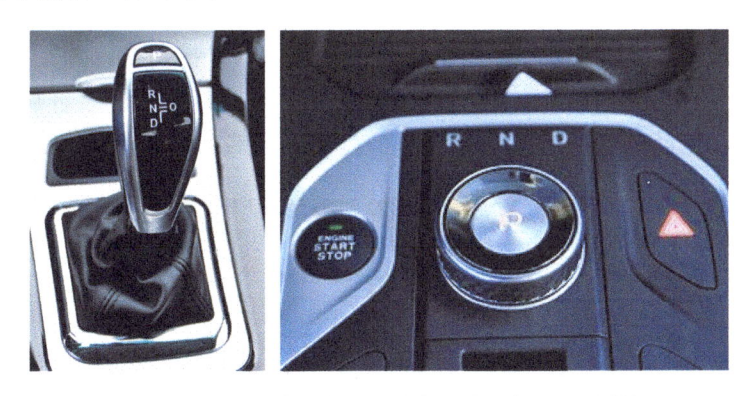

图 5-1-1　新能源汽车常用的电子变速杆和 P 位按钮

3）关闭点火（启动电源）开关。如果是使用一键式启动按钮的车型（见图 5-1-2），要把遥控钥匙拿到至少离车辆 5m 远的地方，再次启动车辆以确认车辆没有钥匙且无法启动，防止汽车被意外启动。图 5-1-2 所示为一键式启动按钮和遥控钥匙。

图 5-1-2　一键式启动按钮和遥控钥匙

4）断开辅助（低压）蓄电池负极端子。如图 5-1-3 所示，断开辅助蓄电池的负极端子接线（电缆），并用绝缘胶带固定接线，以防止接线移动回辅助蓄电池负极端子。

图 5-1-3　断开辅助蓄电池负极端子并固定接线

5）戴上绝缘手套，拆下维修开关。如图 5-1-4 所示，找到维修开关，戴上绝缘手套，拆下维修开关，将拆下的维修开关放在自己的口袋中或妥善存放，以防其他人将它安装回车上去，然后将裸露的维修开关槽用绝缘胶带封住。

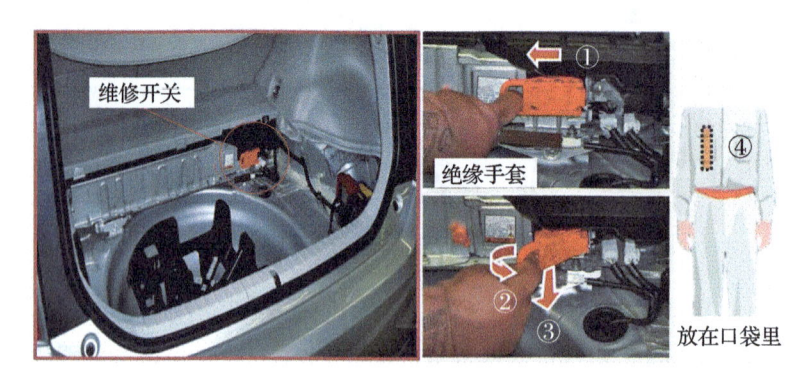

图 5-1-4　拆下维修开关

维修开关设计有特殊的锁止机构，可避免人为意外触发或者行驶中因为振动等因素断开，拆卸和安装时应按照规定的流程进行操作。维修开关拆卸和安装流程如图 5-1-5 所示。

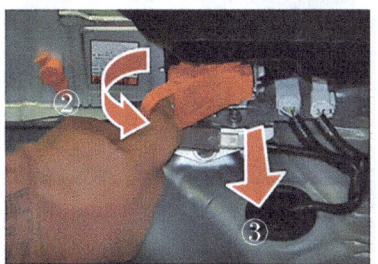

a）拆卸　　　　　　　　　　　　b）安装

图 5-1-5　维修开关拆卸和安装流程

提示：新能源汽车通常在动力蓄电池附近都会设计一个串联在输出电路上的维修开关，用于人工物理性切断整个动力蓄电池的回路。但并不是所有的车型都装备维修开关，如果相关车型没有装备维修开关（请参照维修手册确认），除了务必先拆卸辅助蓄电池负极端子的接线外，建议拆卸某一高压部件带高压互锁开关的插接器（务必戴上绝缘手套进行操作）。图 5-1-6 所示为带互锁开关的高压导线插接器。

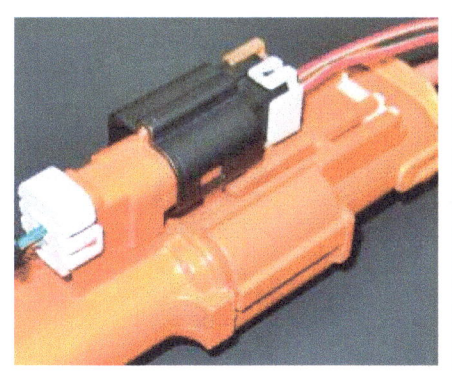

图 5-1-6　带互锁开关的高压导线插接器

6）等待 5~10min。高压部件通常装有电容器，能保持一段时间的高压电。如图 5-1-7 所示，拆除维修开关后，必需要等待 5~10min 或更长时间，待高压电容放电完成，才可以继续对车辆进行高压检验操作。

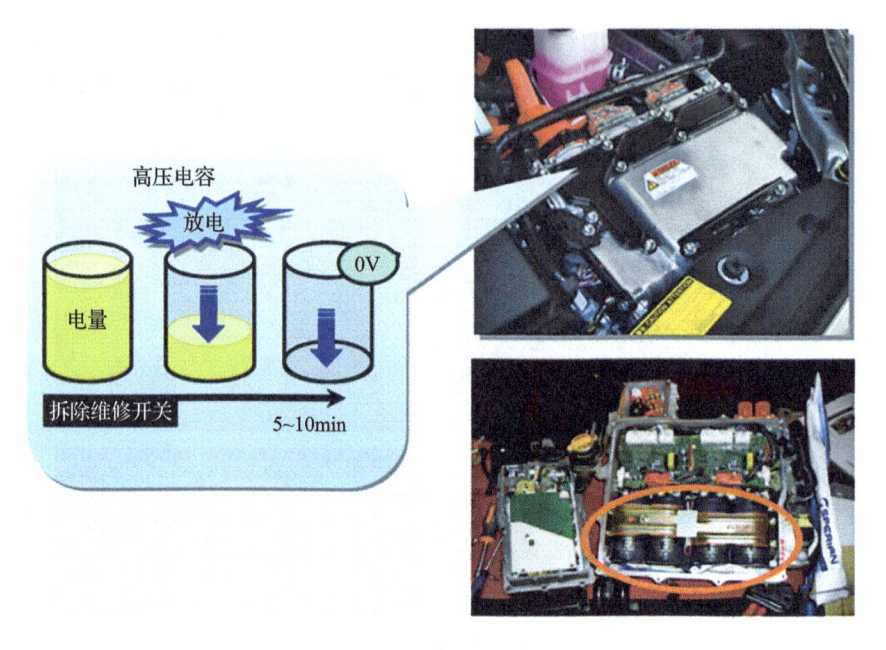

图 5-1-7 等待高压电容放电完成

（2）高压检验步骤　高压检验是利用万用表再次确认高压中止以后，需要拆卸的部件上确实已不再有高压电。

警告：在进行高压检验期间，必须佩戴好个人安全防护设备！

以拆卸逆变器（驱动电机控制器）为例，高压检验步骤如下。

1）如图 5-1-8 所示，断开逆变器与动力蓄电池之间的高压导线插接器，并使用数字式万用表（量程应超过动力蓄电池的额定电压）测量插接器各个高压连接端子的电压均小于 3V。

图 5-1-8　测量插接器端子电压

提示：使用万用表测量高电压部件插接器的各个高压连接端子，在执行高压中止以后，每个端子对车身的电压至少应该小于 3V，且端子正负极之间的电压也应该小于 3V。

若任一被测量的电压超过 3V，则说明系统内部存在高压粘连的情况，需要经过特殊培训的工程师来进行处理。

2）维修完成后，按照与拆卸相反的顺序装回维修开关，并测试车辆是否正常。

二、典型新能源汽车高压中止与检验的操作步骤

新能源汽车高压中止与检验的步骤基本一致。以下介绍几种典型车型高压中止与检验的步骤，详细步骤可以参照厂家维修手册及相关的技术资料。

1. 混合动力汽车高压中止与检验

以丰田混合动力汽车为例，介绍混合动力汽车高压中止与检验的步骤。

1）如图 5-1-9 所示，关闭点火开关，并将钥匙带离车辆内部检测区域（智能进入和启动系统的车型），确认车辆无法启动。

2）断开辅助蓄电池的负极端子。

3）如图 5-1-10 所示，检查并戴上绝缘手套，拆卸维修开关（丰田汽车公司称之为服务插销或维修塞）。

图 5-1-9　确认车辆无法启动　　　图 5-1-10　拆卸维修开关

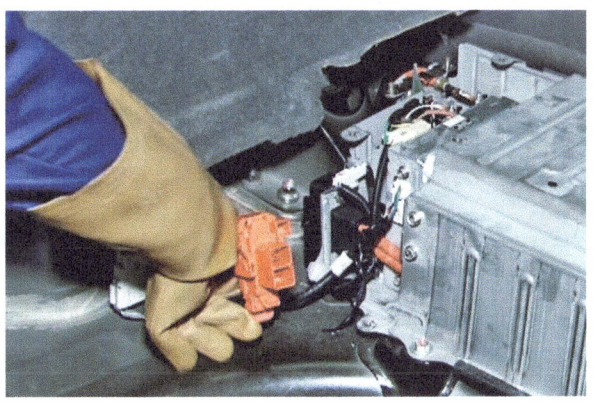

提示：混合动力汽车的维修开关通常安装在车辆后部的动力蓄电池上。若因为车身损坏或其他的原因无法拆下维修开关，则在前机舱内接线盒中取下 HV 高压熔丝，如图 5-1-11 所示。

4）在拆卸维修开关后等待 10min，待高压部件内的高压电容放电完成。

5）用万用表检测高压部件的端子电压（正常为 0V）。

图 5-1-11　HV 高压熔丝位置

2. 装备维修开关的纯电动汽车高压中止与检验

大部分纯电动汽车（比亚迪 e5 和 e6、荣威 e50 等）在动力蓄电池输出的高压电路上装备了维修开关。

（1）**维修开关的位置** 无论是纯电动汽车还是混合动力汽车，维修开关一般都安装在动力蓄电池上。由于纯电动汽车的动力蓄电池安装在底盘上，因此维修开关设计的位置各不相同，但大多数位于中央扶手箱下部，拆卸维修开关前，必须先拆下扶手箱上的饰板。图 5-1-12 所示为荣威 e50 纯电动汽车维修开关的位置；图 5-1-13 所示为比亚迪纯电动汽车维修开关的位置，也是位于中央扶手箱的下部；图 5-1-14 所示为宁德时代公司生产的动力蓄电池维修开关的位置，位于动力蓄电池侧面，与高压输出、输入接口并排。

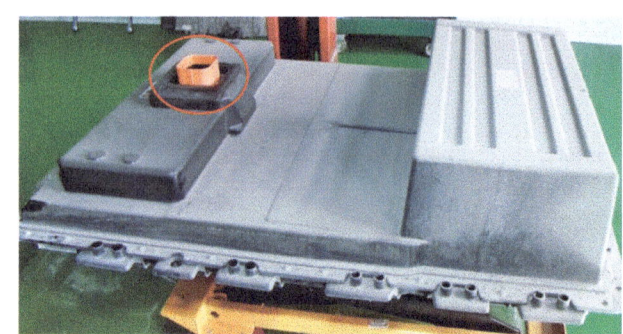

图 5-1-12 荣威 e50 纯电动汽车维修开关的位置

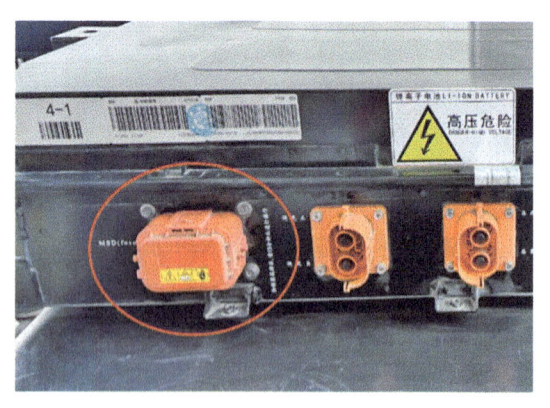

图 5-1-13 比亚迪纯电动汽车维修开关的位置　　图 5-1-14 宁德时代动力蓄电池维修开关的位置

（2）**维修开关的拆卸步骤** 如图 5-1-15 所示，以比亚迪纯电动汽车为例，维修开关的拆卸和安装步骤与混合动力汽车基本相同。

（3）**高压检验的步骤** 高压检验的步骤参照上文相关内容。

3. 没有装备维修开关的纯电动汽车高压中止与检验

部分纯电动汽车（如北汽新能源 EC180）没有装备维修开关。这类车型采用"软切断"的方法，一旦辅助蓄电池负极断开，或带互锁开关的高压导线插接器被拆开，动力蓄电池内部的高压接触器就会切断电源输出。如图 5-1-16 所示，在断开辅助蓄电池负极或 BMS 低压线束后，在北汽新能源 EC180 纯电动汽车动力蓄电池高压输出端口，并未测量到 111.6V 的额定电压（动力蓄电池正常并充满电时），但是为了操作安全，仍然需要进行高压中止与检验。

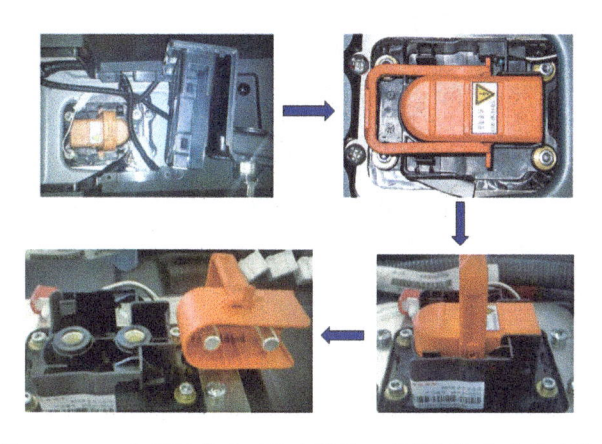

图 5-1-15 比亚迪纯电动汽车维修开关的拆卸和安装步骤

图 5-1-16 北汽新能源 EC180 纯电动汽车动力蓄电池高压输出端口测量

以下以北汽新能源纯电动汽车为例，介绍没有装备维修开关的车型，或者在维修过程中找不到、拆卸不了维修开关等特殊情况下的高压中止与检验实施步骤。

1）关闭点火开关，并拆卸辅助蓄电池负极端子接线，等待高压电容放电 5~10min。

2）如图 5-1-17 所示，针对采用 PDU（配电单元，即将车载充电机、DC/DC 变换器和高压控制盒集成一体）的车型，如北汽新能源 2016 年款以后的 EV160、EV200 等车型，应断开 PDU 左后方的低压插接器。

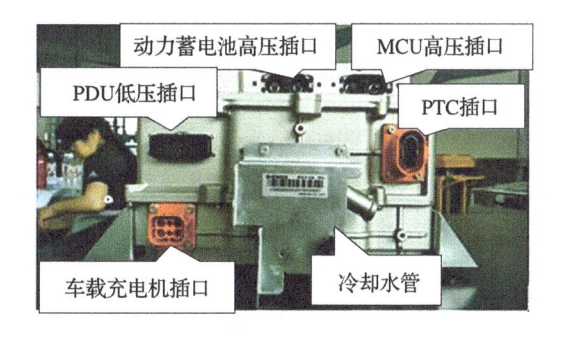

图 5-1-17 PDU 后方视图

3）检查绝缘手套是否漏气，确认正常后戴上绝缘手套。

4）如图5-1-18所示，断开动力蓄电池高压线束插接器，切断高压电源，并放置高压危险警告牌。

图 5-1-18　切断高压电源并放置高压危险警告牌

警告：高压断电必须由具备电气资质的人员操作并放置高压危险警告牌！

5）使用万用表对所维修部位进行电压测量，如果测量值大于0V，应使用专用放电工具对该部位进行放电，电压完全消失后方可进行下一步。

图5-1-19所示为使用放电工具放电；图5-1-20所示为使用万用表测量高压部件电压，确认高压部件没有高压电。

图 5-1-19　使用放电工具放电　　图 5-1-20　确认高压部件没有高压电

注意：

①一定要确认需要拆卸的高压部件处于无电状态，可通过测量12V蓄电池电压的方式核实数字式万用表是否正常。

②测试高压控制盒或PDU动力蓄电池输入端（采用PDU的车型）的端子电压、端子的搭铁电压时，每个高压电源插接器正负极电压和正负极对地电压，数值均不应大于3V。若测试结果大于3V，则说明动力蓄电池组总成内部可能出现了高压粘连或高压系统绝缘失效。

4．特殊车型高压中止与检验

部分纯电动汽车品牌厂家规定的高压中止与检验步骤与其他品牌厂家有所区别，例如，大众 ID.4 纯电动汽车装备了维修开关，称之为高压系统保养插头（TW），位于前机舱，高压中止与检验的步骤比较特殊。以下以大众 ID.4 纯电动汽车为例，介绍高压系统高压电断开（高压中止）、验电（高压检验）以及重新上电的步骤和注意事项。

（1）高压系统高压电断开的步骤

1）建立行驶准备就绪状态。

💬 提示：在启动断电前，必须建立行驶准备就绪状态，以将所有相关系统从总线休眠中唤醒。检查驾驶员信息系统控制和显示单元 J1254（组合仪表）中的符号（见图 5-1-21）。

图 5-1-21　驾驶员信息系统控制和显示单元 J1254 中的符号

①启动诊断仪，进入控制单元诊断界面。

②根据诊断仪的提示进行操作。

③确认并记录以下测量值。

a）电驱动装置控制单元 J841（即驱动电机控制器）的电压：374.4V。

b）蓄电池调节控制单元 J840（即 BMS）的电压：375.0V。

c）动力蓄电池充电器控制单元 J1050（即车载充电机）的电压：373.0V。

d）变压器 A19（即 DC/DC 变换器）的电压：374.9V。

2）放置必备辅助工具。

①将危险电压提示牌 VAS 6649（见图 5-1-22）和禁止开关提示牌 VAS 6650（见图 5-1-23）放在车上的显眼位置，VAS 表示大众汽车诊断系统。

②将禁止充电提示牌 VAS 6871（见图 5-1-24）放在充电插座的显眼位置。

3）断电操作。

①关闭点火开关。

②如图 5-1-25 和图 5-1-26 所示，断开高压系统保养插头（TW）。

图 5-1-22　危险电压提示牌　　图 5-1-23　禁止开关提示牌

图 5-1-24　禁止充电提示牌　　图 5-1-25　高压系统保养插头（TW）

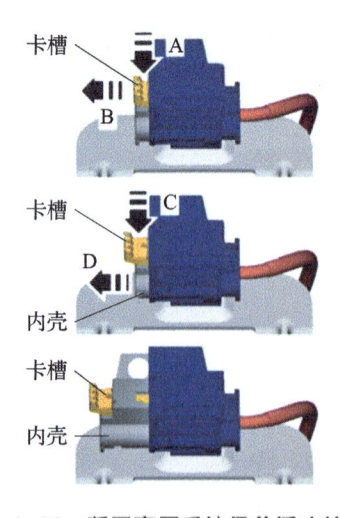

图 5-1-26　断开高压系统保养插头的程序

a）沿箭头 A 的方向按压卡槽，同时沿箭头 B 的方向拉动卡槽至限位。
b）沿箭头 C 的方向按压卡槽，同时沿箭头 D 的方向拉动内壳至限位。
4）防止重新接通。挂锁如图 5-1-27 所示。如图 5-1-28 所示，防止高压重新接通。
①将高压系统保养插头（TW）用挂锁（T40262/1）锁住，防止重新接通。
②妥善保管钥匙。

> 提示：与维修站主管确定钥匙应妥善保管在何处。

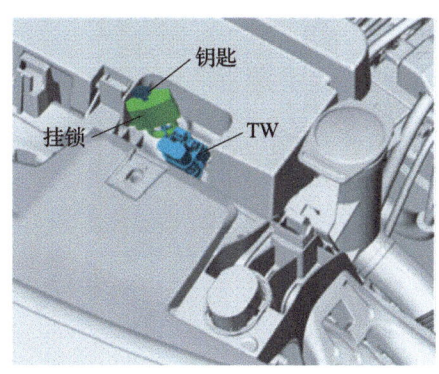

图 5-1-27　挂锁　　　　图 5-1-28　防止高压重新接通

5）读取断开高压系统保养插头（TW）后的电压测量值。

①打开点火开关。

> 警告：如果散热器风扇运行，可能造成手受伤，所以必要时拔下散热器风扇的熔丝。

②检查驾驶员信息系统控制和显示单元 J1254 中的符号（见图 5-1-21）。

③启动诊断仪，读取断开高压系统保养插头（TW）后的测量值，进入控制单元诊断界面。

④根据诊断仪的提示进行操作。

⑤确认并记录以下测量值。

a）电驱动装置控制单元 J841 的电压：0.0V。

b）蓄电池调节控制单元 J840 的电压：0.0V。

c）动力蓄电池充电器控制单元 J1050 的电压：0.0V。

d）变压器 A19 的电压：0.0V。

6）确认已断开车辆高压电。

> 警告：高压电会危及生命，触电可能造成重伤或死亡。

> 提示：高压系统断电后，如果打开点火开关，则大约 1min 后将产生 24V 左右的内部诊断测量电压，该电压没有危险。产生的原因是电驱动装置的功率和控制电子系统 JX1 内有一个与车载电网进行电流隔离的诊断电路。

（2）高压电断开后的验电步骤

1）脱开动力蓄电池插接器。

①如图 5-1-29 所示，先将升降台臂和定位件摆动到动力蓄电池的框架范围内，然后将升降台臂与定位件一起尽量向回摆动距离，以保证可在后续工作中降低动力蓄电池。

②如图 5-1-30 所示，通过动力蓄电池开口的车身加强件拆下底部饰板，拧出螺栓，拉出动力蓄电池开口的车身加强件。

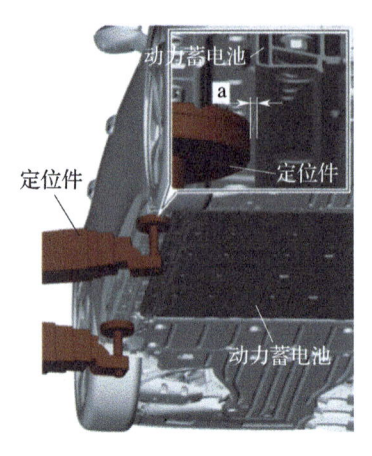

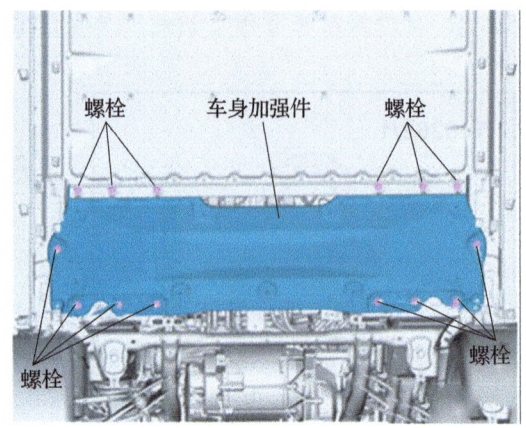

图 5-1-29　安装升降台臂　　图 5-1-30　拆卸动力蓄电池车身加强件

③如图 5-1-31 所示，操作时应先脱开高压电源插接器，然后脱开辅助用电器插接器，其他部件无须拆卸。

按如下方法脱开高压电源插接器（见图 5-1-32）：

a）将槽口沿箭头 A 的方向转动解锁。

b）沿箭头 B 的方向按压锁止卡箍，并脱开插接器。

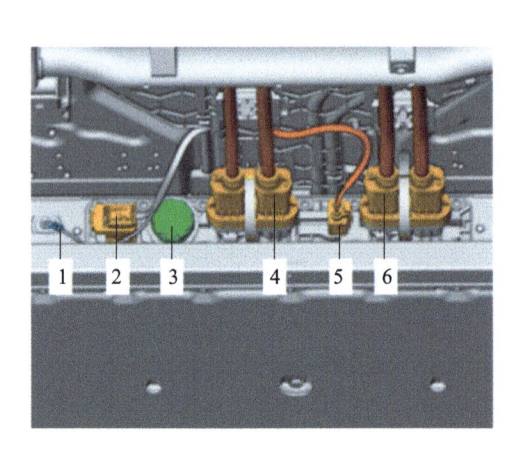

图 5-1-31　动力蓄电池上的高压电源插接器

1—动力蓄电池冷却液管路接口
2—低压插接器
3—动力蓄电池内部和外部的压力均衡元件
4—高压电源插接器　5—辅助用电器插接器
6—充电插座的插接器

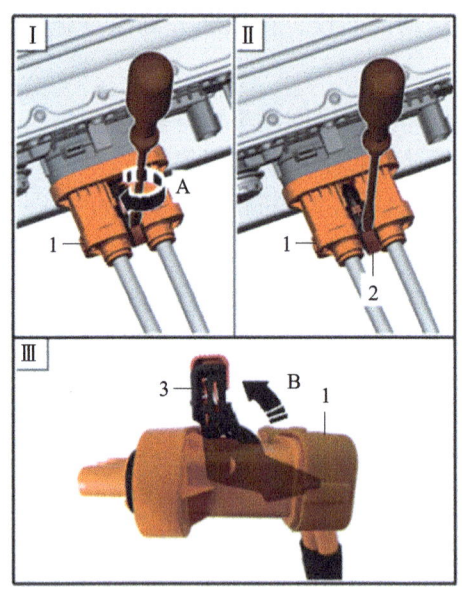

图 5-1-32　脱开高压电源插接器

1—高压电源插接器　2—槽口　3—锁止卡箍

按如下方法脱开辅助用电器插接器（见图 5-1-33）：

a）将槽口沿箭头 A 的方向解锁。

b）用合适的螺钉旋具在槽口和插接器之间沿箭头 B 的方向解锁，同时分开插接器。

操作过程中注意不要触碰已脱开的高压插接器内部的金属针脚，不要损伤高压导线。

④高压插接器检查。按如下方法检查插接器密封件和连接支架（见图 5-1-34）：

a）检查密封件是否安装在正确位置，若未安装在正确位置，则应校正。

b）用无纤维的抹布擦拭，检查连接支架是否受潮。

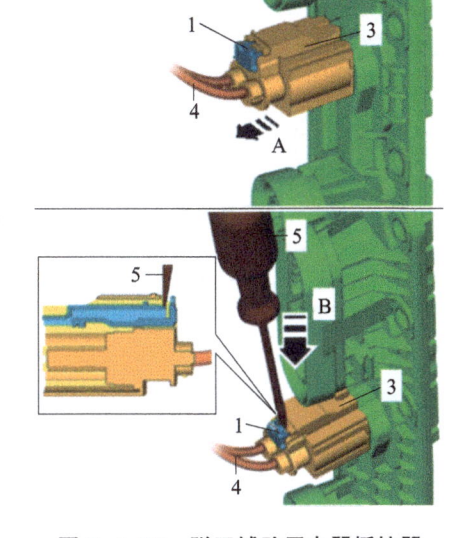

图 5-1-33　脱开辅助用电器插接器

1—槽口　2—高压插接器
3—辅助用电器插接器
4—高压导线　5—螺钉旋具

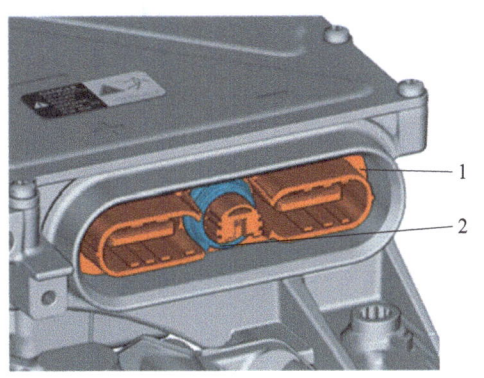

图 5-1-34　检查插接器密封件和连接支架

1—连接支架　2—密封件

2）电压测量。

警告：高压电会危及生命，触电可能造成重伤或死亡，所以务必由具备相应资质的人员检测高压系统的电源，且人员应戴上绝缘手套、穿上绝缘安全鞋。

①测量高压电源插接器（见图 5-1-35）的电压值。

②测量动力蓄电池端辅助用电器插接器（见图 5-1-36）的电压值。

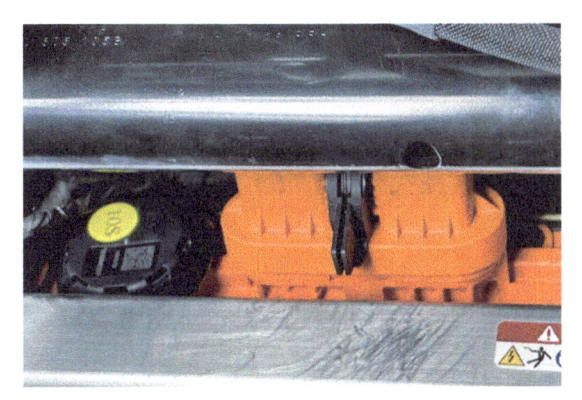

图 5-1-35　高压电源插接器

图 5-1-36　动力蓄电池端辅助用电器插接器

③测量高压线束端辅助用电器插接器（见图 5-1-37）的电压值。
④结束后在检测报告上证明断电状态处签名，然后保存在任务文件夹中。

图 5-1-37　高压线束端辅助用电器插接器

(3) 车辆高压系统重新启动前的安全检查

警告：高压电会危及生命，触电可能造成重伤或死亡，所以务必由具备相应资质的人员检测高压系统的电源，且人员应戴上绝缘手套、穿上绝缘安全鞋。

1) 电位均衡线检查。车辆高压系统重新启动（上电）之前，应对车辆的电位均衡线进行目检。
①检查电位均衡线的绝缘层是否损坏。
②检查电位均衡线的紧固力矩。
2) 安全防护工作。参照高压安全操作规范和安全管理制度，做好高压安全防护。

提示：为能重新启用高压系统，需要激活 SFD（车辆诊断保护）。

(4) 车辆高压系统供电步骤
1) 前提条件如下：
①将诊断接口连接到汽车上。
②将变速杆置于 P 位。
③打开点火开关。
2) 诊断仪操作步骤如下：
①启动诊断仪，进入控制单元诊断界面。
②根据诊断仪的提示进行操作。
③诊断仪会提示"资格查询""辅助工具（打印机）""高压组件连接""高电压系统保养插头（TW）连接"等信息，根据仪器提示选择"是""否"或"完成/继续"操作。
3) 启动车辆高压电。确认当前已启动车辆高压电，即车辆能正常上电和运行。

技能操作

参照"知识学习"的内容，必要时参考其他技术资料，完成本书配套任务工单所要求的操作项目。

手动维修开关安全操作规范

课堂测试

1．判断题

1）进行救援或事故修复工作时应执行高压中止与检验。　　　　　　（　　）
2）执行高压中止后，动力蓄电池内部不再有高压电。　　　　　　　（　　）
3）拆卸维修开关时应戴上绝缘手套。　　　　　　　　　　　　　　（　　）
4）维修开关设计有特殊锁止机构，拆卸需要一定的技巧。　　　　　（　　）
5）维修开关并联在动力蓄电池输出电路上。　　　　　　　　　　　（　　）
6）所有的新能源汽车都装备维修开关。　　　　　　　　　　　　　（　　）
7）拆下带互锁开关的高压导线插接器也能切断高压。　　　　　　　（　　）
8）高压检验时，若车辆不能上电，则表示高压已经切断。　　　　　（　　）
9）高压部件通常安装电容器，能保持一段时间的高压电。　　　　　（　　）
10）所有车型装备的维修开关都位于前机舱。　　　　　　　　　　　（　　）

2．单选题

1）对新能源汽车进行（　　　）操作前，要求进行高压中止与检验。
　　A．保养或维修车辆高压系统
　　B．救援或事故修复工作
　　C．其他可能接触到高压电，但不需要运行高压系统的操作
　　D．以上都是

2）没有装备维修开关的车型，切断高压应（　　　）。
　　A．拆卸辅助蓄电池负极端子的接线
　　B．拆卸某一高压部件的互锁开关
　　C．A 和 B 都是
　　D．A 和 B 都不是

3）以丰田混合动力汽车为例，若因为车身损坏或其他原因无法拆卸维修开关，则可以（　　　）。
　　A．拆卸动力蓄电池高压导线端子
　　B．在前机舱内接线盒中取下 HV 熔丝
　　C．在前机舱内接线盒中取下 HV 高压继电器
　　D．无须操作

4）大部分纯电动汽车维修开关所处的位置一般是（　　）。
　　A. 前机舱　　　　　　　　　　B. 行李舱
　　C. 中央扶手箱下部　　　　　　D. 仪表板下方
5）进行高压检验时，若测试结果大于3V，则可能原因是（　　）。
　　A. 高压粘连　　　　　　　　　B. 高压系统绝缘失效
　　C. A和B都可能　　　　　　　　D. A和B都不可能

学习任务二　新能源汽车交通事故救援与故障应急处理

任务目标

知识目标：
1）能够描述新能源汽车交通事故救援应急处理方法。
2）能够描述新能源汽车抛锚故障救援应急处理方法。

能力目标：
1）能够进行新能源汽车交通事故救援应急处理。
2）能够进行新能源汽车抛锚故障救援应急处理。

素质目标：
1）培养从业人员服务群众、奉献社会的职业道德。
2）培养从业人员应具备的责任感、荣誉感、使命感和自豪感。

情境导入

情境描述：
一辆纯电动汽车在车库中停放一周后无法启动，仪表没有任何显示，动力蓄电池也没法充电，你的主管安排你去救援。你能完成这个任务吗？

情境提示：
新能源汽车发生交通事故、抛锚故障等问题需要救援，除了与传统汽车相同的主要事项外，还必须具备高压系统相关的知识和技能。

知识学习

一、新能源汽车交通事故救援应急处理方法

新能源汽车发生交通事故，以及事故可能引发的动力蓄电池电解液泄漏、火灾、水淹等救援的应急处理，与传统汽车有所区别。

1. 新能源汽车交通事故救援注意事项

当新能源汽车发生交通事故需要救援时，千万不要因为车辆没有运行就误以为它处于停机状态。当组合仪表上的"READY"或"OK"指示灯（见图 5-2-1）点亮时，说明高压系统处于高压上电的工作状态，混合动力汽车的发动机也随时会自动运行，所以在检查或维修车辆时，务必先观察"READY"或"OK"指示灯是否已经熄灭。在处理事故车辆前，无论组合仪表上的"READY"或"OK"指示灯是否熄灭，都应该先执行高压中止的步骤切断高压电源。

图 5-2-1　组合仪表上的"READY"和"OK"指示灯

一般情况下，在新能源汽车发生碰撞以后，针对高压系统的安全保护措施会起作用。如果高压导线被撞断，车辆的控制系统通常会切断高压电源，因为车辆上的绝缘监测功能会持续地监测高压导线到底盘是否漏电。如果撞车时安全气囊已经引爆，高压电源也会自动切断，即使安全气囊不引爆，若车辆安装的减速传感器超过其设定的参数，也会切断高压电源。

图 5-2-2 所示为高压系统电源的切断方式，从图中可以看出，高压系统电源的切断方式除了通过拆卸维修开关手动切断外，当低压供电电源和线路断开、监控到车辆发生

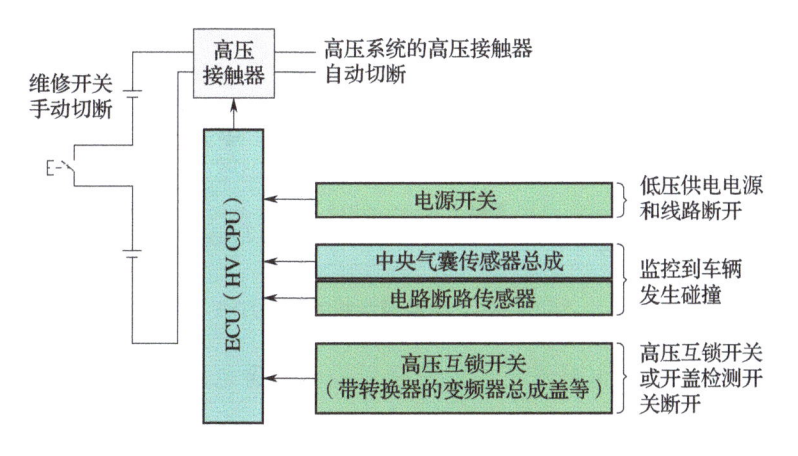

图 5-2-2　高压系统电源的切断方式

碰撞、高压互锁开关或开盖检测开关断开时，电源控制单元 ECU（即整车控制器 VCU 和动力电池管理系统 BMS）会指令高压接触器切断高压电源。因此，如果因车辆损伤严重而无法进入车内关闭点火开关，但是车辆一直处于"READY"或"OK"模式时，可以戴上绝缘手套，打开前机舱或行李舱（混合动力汽车等车型），找到并断开低压蓄电池负极端子的接线、维修开关或带互锁开关的高压导线插接器，这样也能达到切断高压电源的目的。

> **提示**：与传统车辆一样，新能源汽车发生交通事故时，应根据交通法规处理事故，进行人员施救，并联系交警部门、保险公司和 120 急救等。

2．交通事故引发的其他事故应急处理

（1）动力电池电解液泄漏　事故车辆泄漏的不明液体有可能是防冻液、变速器油或空调冷凝水等普通油液，也有可能是动力蓄电池破损溢出电解液。如图 5-2-3 所示，电解液属于碱性（镍氢电池）或酸性（锂电池）的腐蚀性液体，因此不要触摸，应尽快戴上绝缘手套，并采用红色石蕊试纸检查泄漏的液体，若试纸变为蓝色说明液体为碱性电解液，则液体需要使用硼酸溶液进行中和。中和完成后，使用试纸再去检查液体，确认试纸颜色不改变。中和完毕后，用充足的吸水毛巾或布，吸收事故中泄漏的电解液。如果没有测试条件，在发现不明液体时，可根据车辆碰撞部位和部件损坏情况，预先判断泄漏液体的种类。图 5-2-4 所示为动力蓄电池电解液泄漏的处理方法。

图 5-2-3　不要触摸任何泄漏的液体

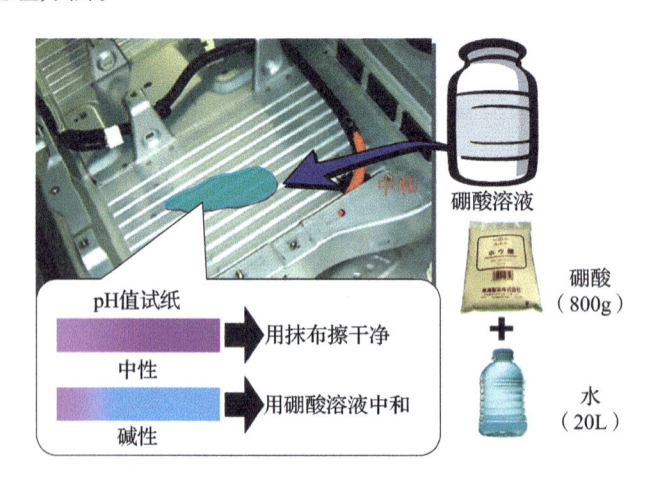

图 5-2-4　电解液泄漏的处理方法

> **警告**：动力蓄电池电解液泄漏，可能引发动力蓄电池燃烧甚至爆炸事故，请注意安全防护！
> 如果电解液与皮肤接触，应使用大量的水冲洗！
> 避免吸入有毒的气体！如果吸入，请尽快就医，或拨打 120 急救电话！

（2）火灾救援　新能源汽车涉及高压电路，发生电气火灾的概率和危害远大于传统汽车，因此必须预防车辆自燃等火灾的发生，及时处理机舱内的油污、插接器松动或线束老化等隐患。

新能源汽车发生交通事故引发火灾或自燃后，在立即拨打119火警电话的同时，如果条件允许，必须先切断高压电源，再进行灭火。如果不能迅速断电，可使用水基灭火器、ABC干粉灭火器及其他合适的灭火器材灭火。

1）小范围火灾的救援方法。新能源汽车发生火灾时，如果只是发生线束冒烟或小范围明火，推荐使用灭火器灭火。不同国家和地区对灭火器的分类略有不同，但基本上是按火灾的种类划分，以下是常见的火灾分类标准。

A类（Class A）：含碳可燃固体火灾，如木、草、纸张、塑胶和橡胶等含碳可燃固体的火灾。

B类（Class B）：可燃液体火灾，如汽油、柴油、油和机油等可燃液体的火灾。

C类（Class C）：可燃气体火灾，如石油气、天然气、乙炔和甲烷等可燃气体的火灾。

D类（Class D）：可燃固体金属火灾，如镁、铜、铁和铝等可燃固体金属的火灾。

E类（Class E）：电气火灾，指带电物体和精密仪器等设备的火灾。

新能源汽车的火灾属于E类火灾，需要使用满足电气绝缘要求的灭火器来扑救。在扑救未切断电源的电气火灾时，则推荐使用以下三种灭火器。

①二氧化碳灭火器（见图5-2-5）：适合扑救电气设备发生的火灾，由于二氧化碳没有腐蚀作用，不损坏电气设备。

二氧化碳灭火剂是一种具有一百多年历史的灭火剂，价格低廉，获取容易。二氧化碳具有较高的密度，约为空气密度的1.5倍，主要依靠窒息作用和部分冷却作用灭火。

②干粉灭火器（见图5-2-6）：一般被称为ABC干粉灭火器，适合扑救A、B和C类火灾，也适用于扑救电气火灾，灭火速度快。

图5-2-5　二氧化碳灭火器　　　　　　　图5-2-6　干粉灭火器

干粉灭火器内部装有磷酸铵盐等干粉灭火剂，这种干粉灭火剂具有易流动性和干燥性，由无机盐和粉碎的干燥添加剂组成，可有效扑救初起火灾。但干粉几乎没有冷却作用，要防止复燃。

③水基灭火器（见图 5-2-7）：水基灭火器适用于扑救固体或非水溶性液体的初起火灾。对于电气火灾，水基型灭火器的绝缘性能最高可达到 36kV，可扑救各种电气火灾，因此也适用于新能源汽车。

水基灭火器的灭火剂主要成分由表面活性剂等物质和处理过的纯净水搅拌而成，以液态形式存在，因此被称为水基灭火器。水基灭火器在喷射后，成水雾状，能瞬间蒸发从而带走火场中大量的热量，迅速降低火场温度，抑制热辐射。表面活性剂在可燃物表面迅速形成一层水膜，可以隔离氧气，起降温、隔离双重作用，从而达到快速灭火的目的。

有些专业人士认为，水基型灭火器更适合未经专业培训的普通人员使用，即使喷射不到准确位置，喷过去的水雾也能自动扩散，甚至在喷到着火点表面后，灭火剂还能继续扩散直到将火焰覆盖。

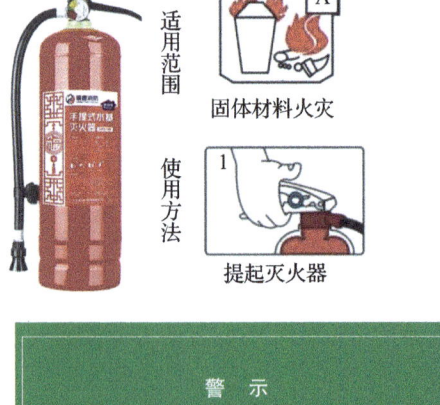

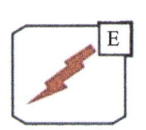

适用范围：固体材料火灾、可燃液体火灾、带电物质火灾

使用方法：
1. 提起灭火器
2. 拔下保险销
3. 用力压下手柄对准火焰根部喷射

警示

1. 本产品用于灭电器设备火时，灭火距离不小于1m，灭火后必须先切断电源，再清理现场。使用时不得倒置或平放。
2. 本产品防止日晒、雨淋、高温，应存放于干燥处。
3. 客户定期检查，发现压力指示器指针低于绿区，应再充气。
4. 灭火器一经开启，必须再充装。再充气、再充装，必须送专业维修部门。
5. 本灭火器的贮存期为四年，每两年需到专业部门进行检测和维护。

主要性能

灭火级别	2A、89B
灭火剂	S-3-AB-1水系灭火剂
使用温度	0~+55℃
驱动气体（20℃）	氮气1.2MPa
水压测试压力	2.1MPa

图 5-2-7 水基灭火器

以上三种灭火器应该根据实际的条件使用。

注意：绝对不能用酸碱或泡沫灭火器，因其灭火剂有导电性，而且酸碱药液会严重腐蚀电气设备，事后不易清除。

各种类型的灭火器使用方法大同小异，使用时应参照灭火器上标注的说明书，并严格按照消防部门的培训要求执行。

> 提示：灭火器材的使用方法和注意事项请参照说明书和消防演习的要求。

2）大范围火灾的救援方法。如果新能源汽车发生大范围、大面积火灾，特别是动力蓄电池部位的火灾，最有效的灭火方式是采用大量的水灭火。因为新能源汽车的火灾多为电路短路引起，在这种情况下，为了保证人员安全，使用大量的水（即采用消防栓及其他专业消防设备）会快速使短路电路降温，并使电能耗尽，达到有效灭火的目的。但是若水量过少，如只用一桶，则更加危险，将会加剧动力蓄电池火灾的程度。

如果火势很大，应立即疏散人员并尽快远离车辆！动力蓄电池火灾通常会引起剧烈爆炸，此时最重要的是保证人员安全和避免火灾范围扩大。动力蓄电池燃烧会产生有剧毒的烟雾，因此人员必须站在事故车辆上风处。

（3）水淹救援　当遇到暴雨或车辆掉入水中被淹没时，由于新能源汽车的高压控制系统（VCU和BMS）检测到绝缘性能低，会立即断开动力蓄电池的高压接触器，因此乘员舱不会有高压电，也就是驾乘人员没有触电的危险。

图5-2-8所示为新能源汽车被水淹没的情形示意图。如果车辆长时间浸泡在水中，动力蓄电池及其他高压部件进水后发生短路，电能会逐渐消耗尽，因此救援时基本不会有触电的危险。但是为了安全起见，救援时也应该做好绝缘安全防护，并且不要接触高压部件，避免发生意外！

图5-2-8　新能源汽车被水淹没的情形示意图

二、新能源汽车抛锚故障救援应急处理方法

新能源汽车发生由交通事故、高压系统不能上电等原因造成的抛锚故障时，救援会涉及牵引车辆和跨接启动等应急处理。

1. 牵引车辆

新能源汽车的电驱动系统连接三相交流驱动电机，在牵引车辆时，如果车辆驱动轮转动，将会产生电能。因此，对新能源汽车的牵引，必须严格遵守生产厂商的要求，否则可能损坏驱动电机或变速驱动单元。图 5-2-9 所示为牵引车辆时驱动轮（前轮）着地可能造成的危险。

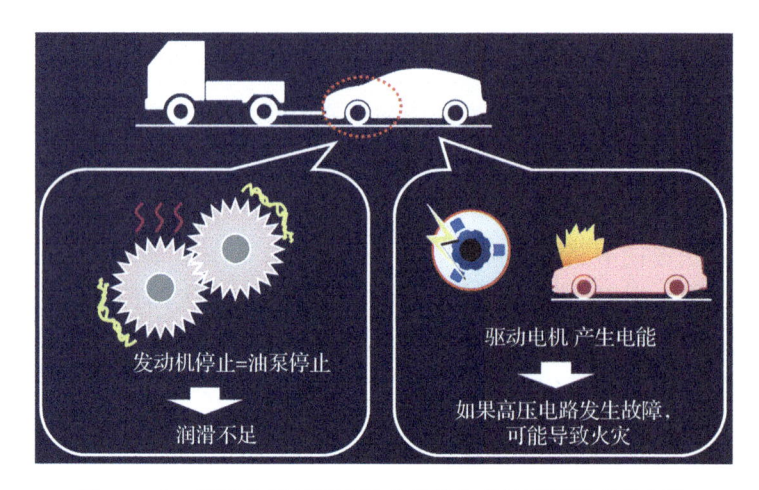

图 5-2-9　牵引车辆时驱动轮（前轮）着地可能造成的危险

无论是混合动力汽车还是纯电动汽车，正确的牵引方法是尽量将车辆整体平放在来救援的平板拖车上，然后运送车辆到指定的位置，或根据车辆的驱动方式进行牵引，如图 5-2-10 所示。不同车辆的牵引方式见表 5-2-1。

图 5-2-10　正确的牵引方式示意图

表 5-2-1　不同车辆的牵引方式

车辆驱动方式	前置前驱车辆	前置后驱车辆	四轮驱动车辆
拖车（车辆前轮着地）	×	○[①]	×
拖车（车辆后轮着地）	○	×	×
拖车（车辆四轮着地）	×	×	×
拖车（车辆四轮抬起）	○	○	○
平板拖车	○	○	○

注："○"表示可拖拽车辆，"×"表示不可拖拽车辆。
①在电源开关打开时牵引，并且解锁转向盘，速度不要超过 30km/h，且只限于短距离。

2．跨接启动

新能源汽车全车的控制模块和灯光等低压电气设备都是通过辅助蓄电池来供电的。如果辅助蓄电池电压不足，会出现以下故障现象：

1）将点火开关转到 ON 位置，组合仪表没有显示（黑屏）。

2）控制模块不能工作，车辆也没法行驶，即不能进入"READY"或"OK"状态。

3）前照灯灯光微弱或不能点亮。

4）喇叭声音微弱或不能发出声音。

如果新能源汽车因为辅助蓄电池电压不足的原因不能启动，可以利用外接低压电源（乘用车为 12V，商用车为 24V）跨接启动。下面以丰田混合动力汽车为例（其他车型的蓄电池位置可能不同或没有专用的跨接启动端子），介绍具体的操作方法。

（1）**用充电机对辅助蓄电池充电** 如图 5-2-11 所示，与传统汽车操作方法相同，用充电机向车上的辅助蓄电池以小电流缓慢充电。

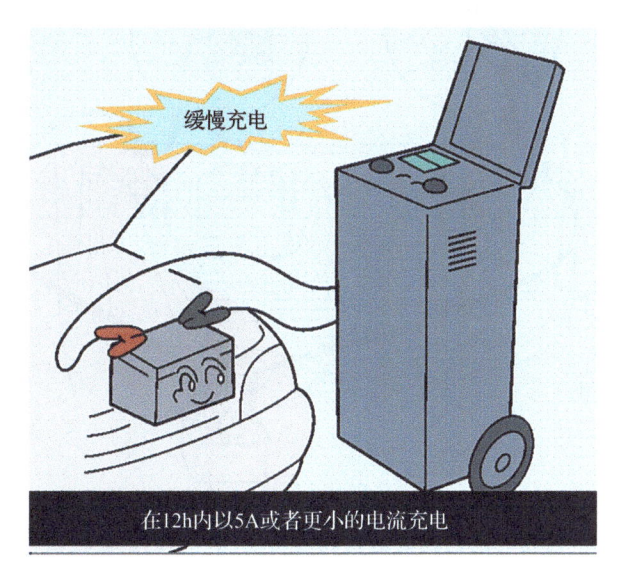

图 5-2-11 用充电机对辅助蓄电池充电

为了避免产生火花等危险发生，新能源汽车充电时除了与传统汽车充电相同的注意事项（拆卸蓄电池负极端子的接线等），应以低于 5A 的小电流缓慢充电。

提示：这里介绍的充电机是指普通低压铅酸蓄电池的充电机，并不是纯电动汽车的车载充电机或充电桩，因此这种方法一般仅适用于具备充电条件的维修车间使用。

（2）**直接跨接辅助蓄电池正负极启动车辆** 图 5-2-12 所示为丰田普锐斯混合动力汽车位于行李舱的 12V 辅助蓄电池，可以与传统车辆一样进行电源跨接启动车辆。

（3）**跨接启动端子启动车辆** 如图 5-2-13 所示，丰田混合动力汽车在前机舱下面有一个带有"+"标志的红色塑料盖，打开盖子可以找到用于 12V 电源跨接启动的端子。

图 5-2-12　丰田普锐斯混合动力汽车的 12V 辅助蓄电池

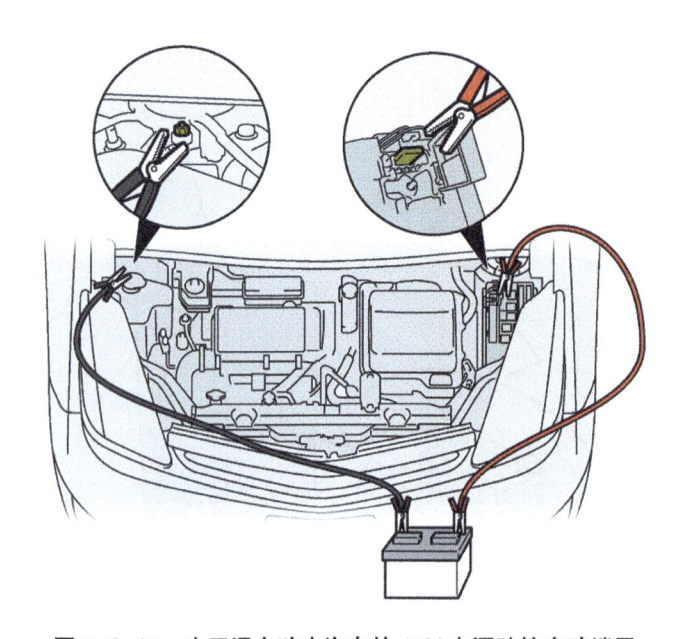

图 5-2-13　丰田混合动力汽车的 12V 电源跨接启动端子

需要特别说明的是，跨接启动端子不能用来启动另外一辆车，否则将产生 100~600A 的电流，可能造成 DC/DC 变换器的熔丝（额定电流为 125A）熔断，车辆出现行驶无力、不能向辅助蓄电池充电等故障。

警告：高压的动力蓄电池组无法用于跨接启动！如果尝试利用动力蓄电池组进行跨接启动会造成严重的触电和车辆损害事故！

技能操作

参照"知识学习"的内容，必要时参考其他技术资料，完成本书配套任务工单所要求的操作项目。

课堂测试

1. 判断题

1) 新能源汽车交通事故救援的应急处理方法与传统汽车一致。（　　）
2) 当车辆处于"READY"或"OK"模式时，车辆处于工作状态。（　　）
3) 如果撞车时安全气囊引爆，高压电源会自动切断。（　　）
4) 当新能源汽车发生交通事故时，应根据交通法规处理交通事故。（　　）
5) 新能源汽车事故车辆泄漏液体一定是动力蓄电池电解液。（　　）
6) 可根据车辆碰撞部位和部件损坏情况，预先判断泄漏液体的种类。（　　）
7) 当新能源汽车遇到暴雨或车辆掉入水中被淹没时，整车都会带高压电。（　　）
8) 如果新能源汽车拖车时驱动轮着地，可能引发故障。（　　）
9) 如果新能源汽车因为辅助蓄电池电压不足不能启动，可以利用外接电源跨接启动。（　　）
10) 当动力蓄电池电压不足时，在注意安全的前提下，可以用其他车辆的动力蓄电池跨接启动。（　　）

2. 单选题

1) 除了按交通法规处理，（　　）是处理新能源汽车事故车辆前应处理的事项。
   A. 避免发生车辆移动
   B. 关闭点火开关，并确认"READY"或"OK"指示灯熄灭
   C. 根据高压中止步骤切断高压电源
   D. A、B 和 C

2) 纯电动汽车事故车辆泄漏的不明液体不可能是（　　）。
   A. 防冻液　　　　　　　　　B. 齿轮油
   C. 发动机润滑油　　　　　　D. 电解液

3) 在牵引新能源汽车时，若车辆的驱动轮着地，则可能（　　）。
   A. 损坏驱动电机　　　　　　B. 损坏变速器
   C. A 和 B 都发生　　　　　　D. A 和 B 都不发生

4) 如果新能源汽车辅助蓄电池电压不足，会出现的故障现象可能是（　　）。
   A. 组合仪表黑屏　　　　　　B. 控制模块不能工作
   C. 灯光不亮，喇叭不响　　　D. 以上都可能

5) 丰田混合动力汽车发生辅助蓄电池电压不足时，不能采用的应急启动方法是（　　）。
   A. 用充电机缓慢充电
   B. 直接跨接 12V 辅助蓄电池
   C. 跨接机舱内专用的启动端子
   D. 跨接动力蓄电池，利用动力蓄电池向辅助蓄电池充电

附录 特种作业操作证（低压电工作业）考证资料

以下提供特种作业操作证（低压电工作业）部分考证相关资料供参考，具体内容请以当地主管部门发布的信息为准。

附录A 法律法规依据、主管部门、证书名称及证书样本

1. 法律法规依据

法律法规依据为国家有关部门制定和公布的《中华人民共和国安全生产法》《特种作业人员安全技术培训考核管理规定》《安全生产培训管理办法》，其中最主要的法律文件《特种作业人员安全技术培训考核管理规定》于2010年4月26日由国家安全生产监督管理总局局长办公会议审议通过，并于2010年5月24日发布，自2010年7月1日起施行。该文件于2015年5月29日进行修订并重新发布。

2. 主管部门

证书由应急管理部（原国家安全生产监督管理总局）主管。

3. 证书名称

证书名称为：特种作业操作证（低压电工作业）。

新能源汽车涉及高压电，但动力蓄电池的额定电压在1000V以下，根据国家标准文件对电工作业的定义，1000V以下属于低压电工作业的范畴。维修作业人员需要具备低压电工知识和技能，并取得相应的资质证书。

《特种作业人员安全技术培训考核管理规定》对电工作业的定义如下。

1 电工作业

指对电气设备进行运行、维护、安装、检修、改造、施工、调试等作业（不含电力系统进网作业）。

1.1 高压电工作业

指对1千伏（kV）及以上的高压电气设备进行运行、维护、安装、检修、改造、施工、调试、试验及绝缘工、器具进行试验的作业。

1.2 低压电工作业

指对1千伏（kV）以下的低压电气设备进行安装、调试、运行操作、维护、检修、改造施工和试验的作业。

4．证书样本

证书为 IC 卡形式，证书样本如图 1 所示。

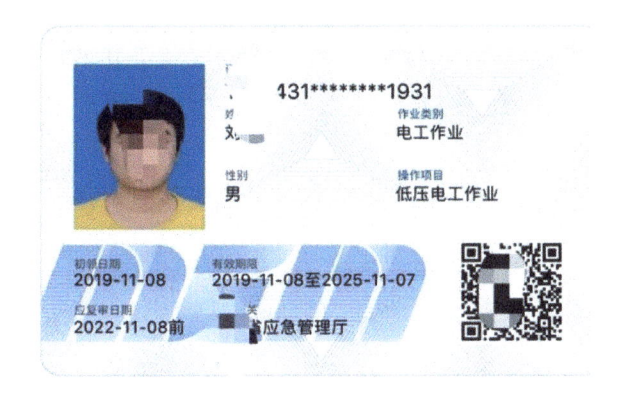

图 1　证书样本

附录B 《特种作业人员安全技术培训考核管理规定》相关条款摘录

以下摘录《特种作业人员安全技术培训考核管理规定》的相关条款。

第一条 为了规范特种作业人员的安全技术培训考核工作，提高特种作业人员的安全技术水平，防止和减少伤亡事故，根据《安全生产法》《行政许可法》等有关法律、行政法规，制定本规定。

第二条 生产经营单位特种作业人员的安全技术培训、考核、发证、复审及其监督管理工作，适用本规定。

有关法律、行政法规和国务院对有关特种作业人员管理另有规定的，从其规定。

第三条 本规定所称特种作业，是指容易发生事故，对操作者本人、他人的安全健康及设备、设施的安全可能造成重大危害的作业。特种作业的范围由特种作业目录规定。

本规定所称特种作业人员，是指直接从事特种作业的从业人员。

第四条 特种作业人员应当符合下列条件：

（一）年满18周岁，且不超过国家法定退休年龄；

（二）经社区或者县级以上医疗机构体检健康合格，并无妨碍从事相应特种作业的器质性心脏病、癫痫病、美尼尔氏症、眩晕症、癔病、震颤麻痹症、精神病、痴呆症以及其他疾病和生理缺陷；

（三）具有初中及以上文化程度；

（四）具备必要的安全技术知识与技能；

（五）相应特种作业规定的其他条件。

危险化学品特种作业人员除符合前款第（一）项、第（二）项、第（四）项和第（五）项规定的条件外，应当具备高中或者相当于高中及以上文化程度。

第五条 特种作业人员必须经专门的安全技术培训并考核合格，取得《中华人民共和国特种作业操作证》（以下简称特种作业操作证）后，方可上岗作业。

第六条 特种作业人员的安全技术培训、考核、发证、复审工作实行统一监管、分级实施、教考分离的原则。

第七条 国家安全生产监督管理总局（以下简称安全监管总局）指导、监督全国特种作业人员的安全技术培训、考核、发证、复审工作；省、自治区、直辖市人民政府安全生产监督管理部门指导、监督本行政区域特种作业人员的安全技术培训工作，负责本行政区域特种作业人员的考核、发证、复审工作；县级以上地方人民政府安全生产监督管理部门负责监督检查本行政区域特种作业人员的安全技术培训和持证上岗工作。

国家煤矿安全监察局（以下简称煤矿安监局）指导、监督全国煤矿特种作业人员（含煤矿矿井使用的特种设备作业人员）的安全技术培训、考核、发证、复审工作；省、自治区、直辖市人民政府负责煤矿特种作业人员考核发证工作的部门或者指定的机构指导、监督本行政区域煤矿特种作业人员的安全技术培训工作，负责本行政区域煤矿特种作业人员的考核、发证、复审工作。省、自治区、直辖市人民政府安全生产监督管理部门和负责煤矿特种作业人员考核发证工作的部门或者指定的机构（以下统称考核发证机关）可以委托设区的市人民政府安全生产监督管理部门和负责煤矿特种作业人员考核发证工作的部门或者指定的机构实施特种作业人员的考核、发证、复审工作。

第八条 对特种作业人员安全技术培训、考核、发证、复审工作中的违法行为，任何单位和个人均有权向安全监管总局、煤矿安监局和省、自治区、直辖市及设区的市人民政府安全生产监督管理部门、负责煤矿特种作业人员考核发证工作的部门或者指定的机构举报。

第九条 特种作业人员应当接受与其所从事的特种作业相应的安全技术理论培训和实际操作培训。

已经取得职业高中、技工学校及中专以上学历的毕业生从事与其所学专业相应的特种作业，持学历证明经考核发证机关同意，可以免予相关专业的培训。

跨省、自治区、直辖市从业的特种作业人员，可以在户籍所在地或者从业所在地参加培训。

第十条 对特种作业人员的安全技术培训，具备安全培训条件的生产经营单位应当以自主培训为主，也可以委托具备安全培训条件的机构进行培训。

不具备安全培训条件的生产经营单位，应当委托具备安全培训条件的机构进行培训。

生产经营单位委托其他机构进行特种作业人员安全技术培训的，保证安全技术培训的责任仍由本单位负责。

第十一条 从事特种作业人员安全技术培训的机构（以下统称培训机构），应当制定相应的培训计划、教学安排，并按照安全监管总局、煤矿安监局制定的特种作业人员培训大纲和煤矿特种作业人员培训大纲进行特种作业人员的安全技术培训。

第十二条 特种作业人员的考核包括考试和审核两部分。考试由考核发证机关或其委托的单位负责；审核由考核发证机关负责。

安全监管总局、煤矿安监局分别制定特种作业人员、煤矿特种作业人员的考核标准，并建立相应的考试题库。

考核发证机关或其委托的单位应当按照安全监管总局、煤矿安监局统一制定的考核标准进行考核。

第十三条 参加特种作业操作资格考试的人员，应当填写考试申请表，由申请人或者申请人的用人单位持学历证明或者培训机构出具的培训证明向申请人户籍所在地或者从业所在地的考核发证机关或其委托的单位提出申请。

考核发证机关或其委托的单位收到申请后，应当在60日内组织考试。

特种作业操作资格考试包括安全技术理论考试和实际操作考试两部分。考试不及格的，允许补考1次。经补考仍不及格的，重新参加相应的安全技术培训。

第十四条 考核发证机关委托承担特种作业操作资格考试的单位应当具备相应的场所、设施、设备等条件，建立相应的管理制度，并公布收费标准等信息。

第十五条 考核发证机关或其委托承担特种作业操作资格考试的单位，应当在考试结束后 10 个工作日内公布考试成绩。

第十六条　符合本规定第四条规定并经考试合格的特种作业人员，应当向其户籍所在地或者从业所在地的考核发证机关申请办理特种作业操作证，并提交身份证复印件、学历证书复印件、体检证明、考试合格证明等材料。

第十七条　收到申请的考核发证机关应当在 5 个工作日内完成对特种作业人员所提交申请材料的审查，作出受理或者不予受理的决定。能够当场作出受理决定的，应当当场作出受理决定；申请材料不齐全或者不符合要求的，应当当场或者在 5 个工作日内一次告知申请人需要补正的全部内容，逾期不告知的，视为自收到申请材料之日起即已被受理。

第十八条　对已经受理的申请，考核发证机关应当在 20 个工作日内完成审核工作。符合条件的，颁发特种作业操作证；不符合条件的，应当说明理由。

第十九条　特种作业操作证有效期为 6 年，在全国范围内有效。

特种作业操作证由安全监管总局统一式样、标准及编号。

第二十条　特种作业操作证遗失的，应当向原考核发证机关提出书面申请，经原考核发证机关审查同意后，予以补发。

特种作业操作证所记载的信息发生变化或者损毁的，应当向原考核发证机关提出书面申请，经原考核发证机关审查确认后，予以更换或者更新。

第二十一条　特种作业操作证每 3 年复审 1 次。

特种作业人员在特种作业操作证有效期内，连续从事本工种 10 年以上，严格遵守有关安全生产法律法规的，经原考核发证机关或者从业所在地考核发证机关同意，特种作业操作证的复审时间可以延长至每 6 年 1 次。

第二十二条　特种作业操作证需要复审的，应当在期满前 60 日内，由申请人或者申请人的用人单位向原考核发证机关或者从业所在地考核发证机关提出申请，并提交下列材料：

（一）社区或者县级以上医疗机构出具的健康证明；

（二）从事特种作业的情况；

（三）安全培训考试合格记录。

特种作业操作证有效期届满需要延期换证的，应当按照前款的规定申请延期复审。

第二十三条　特种作业操作证申请复审或者延期复审前，特种作业人员应当参加必要的安全培训并考试合格。

安全培训时间不少于 8 个学时，主要培训法律、法规、标准、事故案例和有关新工艺、新技术、新装备等知识。

第二十四条　申请复审的，考核发证机关应当在收到申请之日起 20 个工作日内完成复审工作。复审合格的，由考核发证机关签章、登记，予以确认；不合格的，说明理由。

申请延期复审的，经复审合格后，由考核发证机关重新颁发特种作业操作证。

第二十五条　特种作业人员有下列情形之一的，复审或者延期复审不予通过：

（一）健康体检不合格的；

（二）违章操作造成严重后果或者有 2 次以上违章行为，并经查证确实的；

（三）有安全生产违法行为，并给予行政处罚的；

（四）拒绝、阻碍安全生产监管监察部门监督检查的；

（五）未按规定参加安全培训，或者考试不合格的；

（六）具有本规定第三十条、第三十一条规定情形的。

第二十六条 特种作业操作证复审或者延期复审符合本规定第二十五条第（二）项、第（三）项、第（四）项、第（五）项情形的，按照本规定经重新安全培训考试合格后，再办理复审或者延期复审手续。

再复审、延期复审仍不合格，或者未按期复审的，特种作业操作证失效。

第二十七条 申请人对复审或者延期复审有异议的，可以依法申请行政复议或者提起行政诉讼。

第二十八条 考核发证机关或其委托的单位及其工作人员应当忠于职守、坚持原则、廉洁自律，按照法律、法规、规章的规定进行特种作业人员的考核、发证、复审工作，接受社会的监督。

第二十九条 考核发证机关应当加强对特种作业人员的监督检查，发现其具有本规定第三十条规定情形的，及时撤销特种作业操作证；对依法应当给予行政处罚的安全生产违法行为，按照有关规定依法对生产经营单位及其特种作业人员实施行政处罚。

考核发证机关应当建立特种作业人员管理信息系统，方便用人单位和社会公众查询；对于注销特种作业操作证的特种作业人员，应当及时向社会公告。

第三十条 有下列情形之一的，考核发证机关应当撤销特种作业操作证：

（一）超过特种作业操作证有效期未延期复审的；

（二）特种作业人员的身体条件已不适合继续从事特种作业的；

（三）对发生生产安全事故负有责任的；

（四）特种作业操作证记载虚假信息的；

（五）以欺骗、贿赂等不正当手段取得特种作业操作证的。

特种作业人员违反前款第（四）项、第（五）项规定的，3 年内不得再次申请特种作业操作证。

第三十一条 有下列情形之一的，考核发证机关应当注销特种作业操作证：

（一）特种作业人员死亡的；

（二）特种作业人员提出注销申请的；

（三）特种作业操作证被依法撤销的。

第三十二条 离开特种作业岗位 6 个月以上的特种作业人员，应当重新进行实际操作考试，经确认合格后方可上岗作业。

第三十三条 省、自治区、直辖市人民政府安全生产监督管理部门和负责煤矿特种作业人员考核发证工作的部门或者指定的机构应当每年分别向安全监管总局、煤矿安监局报告特种作业人员的考核发证情况。

第三十四条　生产经营单位应当加强对本单位特种作业人员的管理，建立健全特种作业人员培训、复审档案，做好申报、培训、考核、复审的组织工作和日常的检查工作。

第三十五条　特种作业人员在劳动合同期满后变动工作单位的，原工作单位不得以任何理由扣押其特种作业操作证。

跨省、自治区、直辖市从业的特种作业人员应当接受从业所在地考核发证机关的监督管理。

第三十六条　生产经营单位不得印制、伪造、倒卖特种作业操作证，或者使用非法印制、伪造、倒卖的特种作业操作证。

特种作业人员不得伪造、涂改、转借、转让、冒用特种作业操作证或者使用伪造的特种作业操作证。

第三十七条　考核发证机关或其委托的单位及其工作人员在特种作业人员考核、发证和复审工作中滥用职权、玩忽职守、徇私舞弊的，依法给予行政处分；构成犯罪的，依法追究刑事责任。

第三十八条　生产经营单位未建立健全特种作业人员档案的，给予警告，并处 1 万元以下的罚款。

第三十九条　生产经营单位使用未取得特种作业操作证的特种作业人员上岗作业的，责令限期改正，可以处 5 万元以下的罚款；逾期未改正的，责令停产停业整顿，并处 5 万元以上 10 万元以下的罚款，对直接负责的主管人员和其他直接责任人员处 1 万元以上 2 万元以下的罚款。

煤矿企业使用未取得特种作业操作证的特种作业人员上岗作业的，依照《国务院关于预防煤矿生产安全事故的特别规定》的规定处罚。

第四十条　生产经营单位非法印制、伪造、倒卖特种作业操作证，或者使用非法印制、伪造、倒卖的特种作业操作证的，给予警告，并处 1 万元以上 3 万元以下的罚款；构成犯罪的，依法追究刑事责任。

第四十一条　特种作业人员伪造、涂改特种作业操作证或者使用伪造的特种作业操作证的，给予警告，并处 1000 元以上 5000 元以下的罚款。

特种作业人员转借、转让、冒用特种作业操作证的，给予警告，并处 2000 元以上 1 万元以下的罚款。

附录 C 《低压电工作业人员安全技术培训大纲和考核标准》摘录

1. 范围

本标准规定了低压电工作业人员的基本条件、安全技术培训（以下简称培训）大纲和安全技术考核（以下简称考核）标准。

本标准适用于低压电工作业人员的培训和考核。

2. 规范引用文件

下列文件所包含的条文，通过在本标准中引用而构成为本标准的条文。本标准出版时，所示版本均为有效。所有标准都会被修订，使用本标准的各方应探讨使用下列标准最新版本的可能性。

特种作业人员安全技术培训考核管理规定（国家安全生产监督管理总局令 第30号）

GB/T 13869—2008 用电安全导则

DL 408—1991（2005）电业安全工作规程（发电厂和变电所电气部分）

DL 409—1991（2005）电业安全工作规程（电力线路部分）

GB/T 4776—2008 电气安全术语

AQ 3009—2007 危险场所电气防爆安全规范

3. 术语和定义

下列术语和定义适用于本标准或用于区分本标准。

3.1 电工作业

对电气设备进行运行、维护、安装、检修、改造、施工、调试等作业。

3.2 高压电工作业

对1千伏（kV）及以上的高压电气设备进行运行、维护、安装、检修、改造、施工、调试、试验及绝缘工、器具进行试验的作业。

3.3 低压电工作业

对1千伏（kV）以下的低压电气设备进行安装、调试、运行操作、维护、检修、改造施工和试验的作业。

3.4 防爆电气作业

对各种防爆电气设备进行安装、检修、维护的作业。适用于除煤矿以外的防爆电气作业。

3.5 危险场所

爆炸性气体环境或可燃性粉尘环境大量出现或预期出现的数量足以要求对电气设备的结构、安装和使用采取专门预防措施的区域。

4. 基本条件

4.1 年满18周岁，且不超过国家法定退休年龄。

4.2 经社区或者县级以上医疗机构体检健康合格，并无妨碍从事低压电工作业的器质性心脏病、癫痫病、美尼尔氏症、眩晕症、癔病、震颤麻痹症、精神病、痴呆症、色盲、色弱以及其他对从事电工作业有妨碍或有安全隐患的疾病和生理缺陷。

4.3 具有初中及以上文化程度。

5. 培训大纲

5.1 培训要求

5.1.1 应按照本标准的规定对低压电工作业人员进行培训与复审培训。复审培训周期为每3年复审1次。特种作业人员在特种作业操作证有效期内，连续从事本工种10年以上，严格遵守有关安全生产法律法规的，经原考核发证机关或者从业所在地考核发证机关同意，特种作业操作证的复审时间可以延长至每6年1次。

5.1.2 理论与实际相结合，突出安全操作技能的培训。

5.1.3 实际操作训练中，应采取相应的安全防范措施。

5.1.4 注重职业道德、安全意识、基本理论和实际操作能力的综合培养。

5.1.5 应由具备特种作业教员资格的教师任教，并应有足够的教学场地、设备和器材等条件。

5.2 培训内容

5.2.1 安全基本知识

5.2.1.1 安全生产管理

1）我国安全生产法律法规；

2）我国安全生产方针；

3）电工作业人员的安全职责；

4）电气安全工作制度及相关基本措施。

5.2.1.2 触电事故及现场救护

1）电流对人体的伤害；

2）触电事故种类；

3）触电事故分析；

4）触电急救方法及注意事项。

5.2.1.3 防触电技术

1）常用绝缘材料的种类、性能及检查；

2）常用屏护装置的用途和使用方法；

3）安全距离的意义和规定；

4）IT系统、TT系统、TN系统的基本原理及应用范围；

5）接地装置的连接及测量方法；

6）双重绝缘、安全电压和漏电保护装置等防止电击措施的介绍及应用范围。

5.2.1.4 电气防火与防爆

1）电气火灾和爆炸的原因；

2）电气防火与防爆措施；

3）防爆场所及防爆电气的识别；

4）电气火灾的扑救。

5.2.1.5　防雷和防静电

1）雷电危害及防护；

2）静电危害及防护。

5.2.2　安全技术基础知识

5.2.2.1　电工基础知识

1）电路基础知识；

2）电磁感应和磁路基本理论；

3）交流电路基础知识；

4）电子技术常识。

5.2.2.2　电工仪表及测量

1）电工仪表分类；

2）电压和电流的测量；

3）功率与电能的测量；

4）电压表、电流表、钳形电流表、兆欧表、接地电阻测量仪、直流单臂电桥、指针式万用表、数字万用表等电工仪表的基本结构及工作原理。

5.2.2.3　电工安全用具与安全标识

1）绝缘安全用具、验电器的使用方法；

2）登高安全用具种类、用途及使用方法；

3）临时接地线、遮栏、标识牌等检修安全用具的作用；

4）安全色及安全标识的使用规定。

5.2.2.4　电工工具及移动电气设备

1）常用电工工具的规格及使用范围；

2）常用手持式电动工具的种类与性能；

3）移动式电气设备种类与使用注意事项。

5.2.3　安全技术专业知识

5.2.3.1　低压电器设备

1）控制电器一般安全要求；

2）刀开关、低压断路器、交流接触器、主令电器等开关电器的结构与工作原理及用途；

3）低压熔断器、热继电器、电流继电器、漏电断路器等保护电器的结构与工作原理及用途；

4）低压配电屏的结构特点、运行及检查；

5）低压电气设备安全基本要求；

6）低压带电作业的安全要求。

5.2.3.2　异步电动机

1）异步电动机的结构与工作原理；

2）异步电动机的运行特性；

3）异步电动机的启动、制动和调速方法；

4）异步电动机的维护及常见故障处理。

5.2.3.3 电气线路

1）导线的选择；

2）架空线路、电缆线路、室内配线等配电线路的使用场所及特点；

3）电气线路保护与故障分析；

4）导线连接方式；

5）接线端头、热缩管、连接器、扎带、缠绕管、绝缘子等电工辅料的用途。

5.2.3.4 照明设备

1）电气照明的方式及种类；

2）照明设备的安装要求；

3）照明电路维护及常见故障处理。

5.2.3.5 电力电容器

1）电力电容器的结构与补偿原理；

2）电力电容器的安装要求及接线方式；

3）电力电容器的安全运行。

5.2.4 实际操作技能

5.2.4.1 低压配电及电气照明安装操作

1）灯具、插座安装及接线；

2）导线识别与选用；

3）导线连接、电力电缆安装、架空线路安装；

4）补偿电容器的接线与安装；

5）低压配电箱的安装。

5.2.4.2 低压电器设备安装与调试操作

1）各种电工钳、电工刀、各种螺丝旋具、典型手持电动工具及移动电器的使用；

2）常用低压断路器、热继电器、低压熔断器、漏电保护装置安装和接线；

3）异步电动机检查、异步电动机点动和单方向运行、可逆运行等接触器控制系统安装与调试；

4）异步电动机Y-△减压启动、自耦减压启动控制系统安装与调试。

5.2.4.3 电气设备维护及常见故障处理

1）低压电气设备维护与常见故障处理；

2）电气线路维护与常见故障处理；

3）低压配电维护与常见故障处理；

4）照明电路维护与常见故障处理。

5.2.4.4 电工测量操作

1）互感器的安装与接线；

2）电能表的安装与接线；

3）钳形电流表、万用表、兆欧表、接地电阻测试仪、单臂电桥等测量仪表的使用。

5.2.4.5 防火防雷设备使用操作

1）灭火器的选择与使用；

2）避雷器和避雷针的安装；

3）接地装置的安装。

5.2.4.6 电工安全用具使用操作

1）基本绝缘安全用具及辅助绝缘安全用具的保管检验及使用；

2）登高用具的正确使用和登高作业；

3）临时接地线、遮栏、标示牌等检修安全用具的使用；

4）利用安全用具进行低压带电作业。

5.2.4.7 触电急救操作

1）使触电者正确脱离电源的方法；

2）触电者脱离电源后的抢救方法；

3）心肺复苏急救方法。

5.3 复审培训内容

5.3.1 典型事故案例分析。

5.3.2 相关法律、法规、标准、规范。

5.3.3 电气方面的新技术、新工艺、新材料。

5.4 培训安排

5.4.1 初次培训时间应不少于148学时，具体培训学时宜符合附表1的规定。

5.4.2 复审培训时间应不少于8学时，具体培训学时宜符合附表2的规定。

6. 考核标准

6.1 考核办法

6.1.1 考核的分类和范围

6.1.1.1 低压电工作业人员的考核分为理论知识考核（包括安全基本知识、安全技术基础知识、安全技术专业知识）和实际操作技能考核两部分。

6.1.1.2 低压电工作业人员的考核范围应符合本标准6.2的规定。

6.1.2 考核方式

6.1.2.1 考核分安全技术理论和实际操作两部分。

6.1.2.2 安全技术理论考核方式为笔试或计算机考试，考试时间为90分钟；实际操作考核方式包括操作和口试等方式。

6.1.2.3 安全技术理论考核和实际操作考核均采用百分制，考核成绩60分及以上者为考核合格。两部分考核均合格者为考核合格。考核不合格者，允许补考1次。

6.1.3 考核内容的层次和比重

6.1.3.1 安全技术知识考核内容分为了解、掌握和熟练掌握三个层次，按20%、30%、50%的比重进行考核。

6.1.3.2 实际操作技能考核内容分为掌握和熟练掌握两个层次，按30%、70%的比重进行考核。

6.2 考核要点

6.2.1 安全基础知识

6.2.1.1 安全生产常识

1）了解我国安全生产方针、法律、法规；
2）了解特种作业人员安全技术培训考核管理规定；
3）掌握电工作业岗位职责和有关电气安全法规、标准。

6.2.1.2 触电事故及现场救护

1）了解电气事故的种类、危险性和电气安全的特点；
2）掌握电伤害的原因和触电事故发生的规律；
3）熟练掌握人身触电的急救方法。

6.2.1.3 防触电技术

1）掌握绝缘、屏护、间距等防止直接电击的措施；
2）掌握保护接地、保护接零、加强绝缘等防止间接电击的措施；
3）掌握双层绝缘、安全电压等防止电击的措施；
4）熟悉漏电保护装置的类型、原理和特性参数。

6.2.1.4 电气防火与防爆

1）了解电气火灾发生的原因；
2）掌握电气防火防爆预防措施；
3）熟练掌握电气火灾的灭火原理及扑救方法。

6.2.1.5 防雷与防静电

1）了解雷电与静电的危害；
2）了解静电产生原因和防治；
3）掌握防雷装置与防雷措施。

6.2.2 安全技术基础知识

6.2.2.1 电工基础知识

1）了解电路基础知识；
2）了解电磁感应和磁路的基本知识；
3）了解交流电的基本物理量、三相交流电路的基本知识；
4）了解电子技术基本常识；
5）掌握常用电路图形符号。

6.2.2.2 电工仪表及测量

1）了解电工仪表分类、工作原理及使用要求；

2）了解电压表、电流表、钳形电流表、兆欧表、接地电阻测试仪、电能表、直流单臂电桥、指针式万用表、数字万用表等电工仪表的结构与工作原理；

3）掌握常用电路物理量的测量方法。

6.2.2.3 安全用具与安全标识

1）掌握电气安全用具的种类、性能及用途；

2）掌握安全技术措施和组织措施的具体内容；

3）掌握杆上作业的安全要求；

4）熟练掌握各种安全标志的使用规定。

6.2.2.4 电工工具及移动电气设备

1）掌握电工钳、电工刀、各种螺丝刀、电烙铁等常用电工工具的规格及应用范围；

2）掌握常用的手持式电动工具的使用要求；

3）掌握常用的移动电气设备的使用要求。

6.2.3 安全技术专业知识

6.2.3.1 低压电器设备

1）掌握常用的低压控制电器的一般要求和种类，了解其工作原理；

2）掌握低压配电装置的控制电器、保护电器、二次回路的安全运行技术；

3）掌握常用低压电器及低压配电装置的电气图形符号；

4）熟练掌握低压带电作业要求；

5）熟练掌握低压电器的选用和接线要求。

6.2.3.2 异步电动机

1）了解异步电动机的结构与工作原理；

2）了解异步电动机的运行特性；

3）熟练掌握异步电动机的启动、制动和调速方法；

4）熟练掌握异步电动机的检查、安装及维修的安全技术。

6.2.3.3 电气线路

1）了解电气线路的种类、敷设方式；

2）了解电气线路中常用的电工辅料；

3）掌握导线的种类和选择要求；

4）掌握电气线路的运行维护要求以及过载、短路、失压、欠压、断相等保护基本原理；

5）掌握各类导线连接方法。

6.2.3.4 照明设备

1）了解照明设备的种类；

2）掌握照明装置的安装方法；

3）熟练掌握照明电路故障的检修及维护方法。

6.2.3.5 电力电容器

1）了解并联电力电容器的作用；

2）掌握并联电力电容器的安装要求及安全运行；

3）掌握电力电容器的检查与维修。

6.2.4 实操技能

6.2.4.1 低压电器设备安装与调试操作

1）掌握各种电工钳、电工刀、各种螺丝旋具、典型手持电动工具及移动电器的使用操作；

2）掌握常用电气图的绘制；

3）熟练掌握异步电动机的点动运行、单方向运行、可逆运行等控制电路接线及运行调试；

4）熟练掌握异步电动机自耦减压启动、Y-△启动等控制电路启动方法及接线运行与调试。

6.2.4.2 低压配电及电气照明安装操作

1）掌握各种类型的导线连接操作，并能够正确选择导线类型、颜色及截面；

2）掌握常用灯具的接线、安装和拆卸；

3）掌握三相补偿电容器的安装接线；

4）熟练掌握漏电保护装置的安装与参数调整；

5）熟练掌握电能表的安装接线；

6）熟练掌握低压配电箱的安装。

6.2.4.3 电气设备维护及常见故障处理

1）掌握工厂低压电气设备维护与检修技能；

2）掌握施工现场临时用电系统故障及电气设备故障的排除技能；

3）掌握电气线路系统及照明电路系统故障的检测与排除技能。

6.2.4.4 电工测量操作

1）掌握接地装置的接地电阻的测量方法；

2）熟练掌握绝缘电阻的测量方法；

3）熟练掌握电压、电流、电阻等参数的测试方法。

6.2.4.5 防火防雷设备使用操作

1）掌握防爆器材实物的识别；

2）掌握防雷设备的安装；

3）掌握接地装置的安装；

4）熟练掌握灭火器材的选择和使用。

6.2.4.6 安全用具使用操作

1）掌握各类安全用具的检查并正确使用；

2）熟练掌握使用合理的安全用具进行低压带电作业操作。

6.2.4.7 触电急救操作

1）掌握使低压触电者正确脱离电源的方法；
2）掌握触电者脱离电源后的抢救方法；
3）熟练掌握心肺复苏触电急救操作方法。

6.3 复审培训考核要点

1）了解典型电气事故发生的原因，掌握避免同类事故发生的安全措施和方法；
2）了解有关电工作业方面的新标准、规范、法律和法规；
3）了解有关的新产品、新技术、新工艺；
4）对上次取证后个人安全生产情况和经验教训进行回顾总结。

附表1 低压电工作业人员安全技术培训学时安排

项目		培训内容	学时
安全技术知识（88学时）	安全基本知识（20学时）	安全生产常识	4
		触电事故及现场救护	4
		防触电技术	4
		电气防火与防爆	4
		防雷和防静电	4
	安全技术基础知识（24学时）	电工基础知识	8
		电工仪表及测量	8
		电工安全用具与安全标识	4
		电工工具及移动电气设备	4
	安全技术专业知识（40学时）	低压电气设备	12
		异步电动机	8
		电气线路	8
		照明设备	8
		电力电容器	4
	复习		2
	考试		2
实际操作技能（60学时）		低压电气设备安装与调试操作	14
		低压配电及电气照明安装操作	10
		电气设备维护与检修操作	12
		电工测量操作	8
		防火防雷设备使用操作	4
		安全用具使用操作	4
		触电急救操作	4

（续）

项目	培训内容	学时
实际操作技能 （60学时）	复习	2
	考试	2
合计		148

附表2　低压电工作业人员安全技术复审培训学时安排

项目	培训内容	学时
复审培训	典型事故案例分析 相关法律、法规、标准、规范 电气方面的新技术、新工艺、新材料	不少于8学时
	复习	
	考试	
合计		

附录 D 理论计算机参考试题（部分）

题目类型仅供参考！请参照考核部门发布的题库。

1. 判断题

1）特种作业人员必须年满 20 周岁，且不超过国家法定退休年龄。　　（　　）
　　提示：18 周岁。
2）特种作业操作证每 1 年由考核发证部门复审一次。　　　　　　　（　　）
　　提示：3 年。
3）电工特种作业人员应当具备高中或相当于高中以上文化程度。　　（　　）
　　提示：初中以上。
4）电工作业分为高压电工作业和低压电工作业。　　　　　　　　　（　　）
　　提示：分类为高压电工作业、低压电工作业和防爆电气作业。
5）特种作业人员未经专门的安全作业培训，未取得相应资格，上岗作业导致事故的，应追究生产经营单位有关人员的责任。　　　　　　　　（　　）
6）有梅尼埃病的人不得从事电工作业。　　　　　　　　　　　　　（　　）
7）《中华人民共和国安全生产法》第二十七条，生产经营单位的特种作业人员，必须按照国家有关法律法规接受专门的安全培训，经考核合格，取得特种作业操作证后，方可上岗作业。　　　　　　　　　　　　（　　）
8）《中华人民共和国安全生产法》所说的"负有安全生产监督管理职责的部门"就是指各级安全生产监督管理部门。　　　　　　　　　　　（　　）
　　提示："负有安全生产监督管理职责的部门"是指各级安全生产监督管理部门以及对有关行业、领域的安全生产工作实施监督管理的部门。
9）日常电气设备的维护和保养应由设备管理人员负责。　　　　　　（　　）
　　提示：操作人员应该做好日常维护和保养工作。
10）企业、事业单位的职工无特种作业操作证从事特种作业，属违章作业。（　　）
11）电工应做好用电人员在特殊场所作业的监护作业。　　　　　　　（　　）
12）停电作业安全措施按保安作用依据安全措施分为预见性措施和防护措施。（　　）
13）验电是保证电气作业安全的技术措施之一。　　　　　　　　　　（　　）
14）电工应严格按照操作规程进行作业。　　　　　　　　　　　　　（　　）
15）拉下总开关后，线路即视为无电。　　　　　　　　　　　　　　（　　）
　　提示：总开关所属隔离开关处于断开位置，并且在检修线路两侧经过验电确认，且临时接地线已接好的情况下可以视为无电。
16）串联电路中，电流处处相等。　　　　　　　　　　　　　　　　（　　）
17）串联电路中，电路总电压等于各电阻的分电压之和。　　　　　　（　　）

18）几个电阻并联后的总电阻等于各并联电阻的倒数和。　　　　　　（　　）

　　　提示：并联电路总电阻的倒数等于各并联电阻的倒数和。

19）并联电路的总电压等于各支路电压之和。　　　　　　　　　　　（　　）

　　　提示：并联电路中，电路各处电压相等。

20）并联电路各支路电流不一定相等。　　　　　　　　　　　　　　（　　）

21）欧姆定律指出，在一个闭合电路中，当导体温度不变时，通过导体的电流与加在导体两端的电压成反比，与其电阻成正比。　　　　　　（　　）

　　　提示：导体中的电流与导体两端的电压成正比，与导体的电阻成反比。

22）交流发电机是应用电磁感应的原理发电的。　　　　　　　　　　（　　）

23）规定小磁针的北极所指的方向是磁力线的方向。　　　　　　　　（　　）

24）磁力线是一种闭合曲线。　　　　　　　　　　　　　　　　　　（　　）

25）右手定则是判定直导体做切割磁力线运动时所产生的感生电流方向。（　　）

26）装了漏电开关后，设备的金属外壳就不需要再进行保护接地或保护接零了。　　　　　　　　　　　　　　　　　　　　　　　　　　　（　　）

　　　提示：必须接双重保护，确保安全。

27）触电者神志不清，有心跳，但呼吸停止，应立即进行口对口人工呼吸。（　　）

2．单项选择题

1）《中华人民共和国安全生产法》规定，任何单位或者（　　）对事故隐患或者安全生产违法行为，均有权向负有安全生产监督管理职责的部门报告或者举报。

　　　A．职工　　　　　　　B．个人　　　　　　　C．管理人员

2）《中华人民共和国安全生产法》的立法目的是为了加强安全生产工作，防止和减少（　　），保障人民群众生命和财产安全，促进经济发展。

　　　A．生产安全事故　　　B．火灾、交通事故　　C．重大、特大事故

3）生产经营单位的主要负责人在本单位发生重大生产安全事故后逃匿的，由（　　）处15日以下拘留。

　　　A．检察机关　　　　　B．公安机关　　　　　C．安全生产监督管理部门

4）特种作业人员必须年满（　　）岁。

　　　A．18　　　　　　　　B．19　　　　　　　　C．20

5）特种作业人员在操作证有效期内，连续从事本工种10年以上，且无违法行为的，经考核发证机关同意，操作证复审时间可延长（　　）年。

　　　A．6　　　　　　　　 B．4　　　　　　　　 C．10

6）特种作业操作证每（　　）年复审一次。

　　　A．4　　　　　　　　 B．5　　　　　　　　 C．3

7）国家规定了（　　）作业类别为特种作业。

　　　A．11　　　　　　　　B．15　　　　　　　　C．20

8）（　　）是保证电气作业安全的组织措施之一。
　　A．停电　　　　　　B．工作许可制度　　　C．悬挂接地线
9）（　　）是保证电气作业安全的技术措施之一。
　　A．工作票制度　　　B．验电　　　　　　　C．工作许可制度
10）用于电工作业书面依据的工作票一式（　　）份。
　　A．两　　　　　　　B．三　　　　　　　　C．四
11）在影响夜间飞机、车辆通行的在建机械设备上安装红色信号灯，其电源设置在总开关（　　）。
　　A．左侧　　　　　　B．前侧　　　　　　　C．后侧
12）装设接地线，当检验明确无电压后，应立即将检修设备接地并（　　）短路。
　　A．两相　　　　　　B．单相　　　　　　　C．三相
13）更换和检修用电设备时，最好的安全措施是（　　）。
　　A．切断电源　　　　B．站在凳子上操作　　C．戴橡皮手套操作
14）根据《供电质量电压允许偏差规定》，10kV 及以下的三相供电电压允许偏差为额定电压的（　　）%。
　　A．±5　　　　　　 B．±7　　　　　　　 C．±10
15）（　　）属于顺磁材料。
　　A．水　　　　　　　B．铜　　　　　　　　C．空气
16）串联电路中各电阻两端电压的关系是（　　）。
　　A．阻值越小两端电压越高
　　B．各电阻两端电压相等
　　C．阻值越大两端电压越高
17）碳在自然界中有金钢石和石墨两种存在形式，其中石墨是（　　）。
　　A．绝缘体　　　　　B．导体　　　　　　　C．半导体
18）交流电路中电流比电压滞后 90°，该电路属于（　　）电路。
　　A．纯电阻　　　　　B．纯电感　　　　　　C．纯电容
19）电动势的方向（　　）。
　　A．从负极指向正　　B．从正极指向负　　　C．与电压方向相同
20）三相对称交流电源星形连接中，线电压超前于所对应的相电压（　　）。
　　A．30°　　　　　　 B．90°　　　　　　　 C．120°
21）交流 10kV 母线电压是指交流三相三线制的（　　）。
　　A．线电压　　　　　B．相电压　　　　　　C．线路电压
22）在一个闭合的回路中，电流与电源的电动势成正比，与电路中的内电阻和外电阻之和成反比，这一定律称为（　　）。
　　A．全电路欧姆定律　B．全电路电流定律　　C．部分电路欧姆定律

23）载流导体在磁场中将会受到（　　）的作用。
    A．磁通　　　　　B．电磁力　　　　C．电动势

24）三相对称负载接成星形时，三相总电流（　　）。
    A．等于零　　　　B．等于其中一相电流　　C．等于其中一相电流的三倍

25）载流导体在磁场中将受到（　　）的作用。
    A．电磁力　　　　B．磁通　　　　　C．电动势

26）磁场力的大小与导体的有效长度（　　）。
    A．成正比　　　　B．成反比　　　　C．无关

27）在均匀磁场中，通过某一平面的磁通为最大时，这个平面就和磁力线（　　）。
    A．平行　　　　　B．垂直　　　　　C．斜交

28）按照计数方法，电工仪表主要分为指针式仪表和（　　）仪表。
    A．电动　　　　　B．数字式　　　　C．比较

29）一般电器所标和仪表上所指示交流电压、电流的数值都是（　　）。
    A．最大值　　　　B．有效值　　　　C．平均值

30）（　　）仪表可直接用于交、直流测量，且精确度高。
    A．电磁系　　　　B．磁电系　　　　C．电动式

31）测量电压时，电压表应与被测电路（　　）。
    A．串联　　　　　B．并联　　　　　C．正接

32）钳形电流表利用（　　）组成。
    A．电流互感器　　B．电压互感器　　C．变阻器

33）使用钳形电流表时，应先用比较大的量程，然后再视被测电流的大小变换量程。切换量程应（　　）。
    A．直接转换量程开关
    B．一边进线一边换挡
    C．先将钳口打开再转动量程开关

34）使用钳形电流表测量电流时，可以在（　　）电路的情况下进行。
    A．断开　　　　　B．短接　　　　　C．不断开

35）万用表实质是一个带整流器的（　　）仪表。
    A．电动式　　　　B．电磁系　　　　C．磁电系

36）万用表由表头、（　　）和转换开关三个主要部分组成。
    A．线圈　　　　　B．测量电路　　　C．指针

37）绝缘电阻表两个主要组成部分为手摇（　　）和磁电系流比计。
    A．交流发电机　　B．直流发电机　　C．电流互感器

38）接地电阻测量仪主要由手摇发电机、（　　）、电位器和检流计组成。
    A．电压互感器　　B．电流互感器　　C．变压器

39）电能表是测量（　　）的仪器。
   A．电压　　　　　　B．电流　　　　　　C．电度数

40）绝缘安全用具分为（　　）的和辅助的两种。
   A．直接　　　　　　B．间接　　　　　　C．基本

41）保险绳使用时应（　　）。
   A．低挂高用　　　　B．高挂低用　　　　C．保证安全

42）登杆前，应对脚扣进行（　　）。
   A．人体载荷冲击试验
   B．人体静载荷试验
   C．人体载荷拉伸试验

43）尖嘴钳150mm是指（　　）。
   A．其绝缘手柄长150mm
   B．其总长度为150mm
   C．其开口为150mm

44）电烙铁用于（　　）导线的接头等。
   A．风焊　　　　　　B．铜焊　　　　　　C．锡焊

45）应选用刀口比导线直径（　　）的剥线钳。
   A．相同　　　　　　B．稍大　　　　　　C．较大

46）电流对人体产生热效应而造成的伤害是（　　）。
   A．电烧伤　　　　　B．电烙印　　　　　C．皮肤金属化

47）如果触电者心跳停止，有呼吸，应立即对触电者施行（　　）急救。
   A．仰卧压胸法　　　B．胸外心脏按压法　C．俯卧压背法

48）当人体直接碰触带电设备其中的一相时，电流通过人体流入大地，这种触电现象被称为（　　）。
   A．单相触电　　　　B．两相触电　　　　C．三相触电

49）带电体的电压越高，要求其空间距离（　　）。
   A．不变　　　　　　B．越小　　　　　　C．越大

50）特低电压限值是指在任何情况下，任意两导体之间不能出现的（　　）电压值。
   A．最小　　　　　　B．最大　　　　　　C．中间

附录 E 实操考试参考试题（部分）

题目类型仅供参考。请参照考核部门发布的题库。

科目一：安全用具使用

1. 电工仪表的安全使用
2. 电工安全用具的使用
3. 电工安全标识的辨别

题目三选一，10 个图片题，分值 20 分，考试时间 10min。

科目二：安全操作技术：接线、排故题

两个考板（A、B）二选一，分值 40 分，考试时间 30min。

科目三：作业现场安全隐患排查

图片视频题，共 5 题，分值 20 分，考试时间 5min。

科目四：作业现场应急处置

1. 触电事故现场的应急处理
2. 单人徒手心肺复苏
3. 灭火器模拟考试

题目三选一，分值 20 分。

参考文献

[1] 吴荣辉，金朝昆．新能源汽车高压安全与防护［M］．北京：机械工业出版社，2021．
[2] 吴荣辉．彩色图解新能源汽车结构原理与检修［M］．北京：机械工业出版社，2021．
[3] 赵金国，李治国．新能源汽车高压安全与防护［M］．北京：人民交通出版社，2017．
[4] 于歆杰，朱桂萍，陆文娟．电路原理［M］．北京：清华大学出版社，2007．
[5] 魏春源．汽车电气与电子［M］．北京：北京理工大学出版社，2004．

高等职业教育新能源汽车类专业创新教材

新能源汽车电学基础与高压安全
任务工单

广东合赢教育科技股份有限公司　组编

金朝昆　葛红剑　吴荣辉　主编

机械工业出版社

目录
Contents

模块一 电学基础知识与电子元器件检测 ………………………… 001
　　学习任务一　基础电路认知 ………………………………… 001
　　学习任务二　常用电子元器件的工作原理与检测 ………… 008
　　学习任务三　功率变换电路的特点与应用 ………………… 017

模块二 新能源汽车高压电路与高压部件识别 ………………… 022
　　学习任务一　高压电路认知与触电急救 …………………… 022
　　学习任务二　新能源汽车高压部件识别与安全隐患检查 … 028

模块三 新能源汽车高压安全防护装备与工具设备的使用 …… 034
　　学习任务一　新能源汽车高压安全防护装备的使用 ……… 034
　　学习任务二　新能源汽车维修工具与高压检测设备的
　　　　　　　　使用 …………………………………………… 038

模块四 新能源汽车高压维修车间安全管理 …………………… 043
　　学习任务一　高压维修车间规划与安全管理制度制定 …… 043
　　学习任务二　新能源汽车维修人员资质与岗位要求 ……… 047

模块五 新能源汽车安全操作与应急处理 ……………………… 051
　　学习任务一　新能源汽车高压中止与检验标准流程操作 … 051
　　学习任务二　新能源汽车交通事故救援与故障应急处理 … 055

模块一
电学基础知识与电子元器件检测

学习任务一　基础电路认知

学生姓名：　　　　团队（小组）：　　　　时间：　　年　　月　　日

任务分析

本学习任务共有三个操作项目。

项目1：基础电路电压、电流检测。

项目2：欧姆定律特性验证。

项目3：功率相关参数测量与功率计算。

请根据任务要求，对小组成员进行合理分工，小组进行讨论，制订工作计划（流程/工序），并记录。

全班_____人，每_____人一组，分为_____组，组长_____，组员_____。

讨论记录：_____

_____

_____

任务准备

阅读安全须知，检查并记录完成任务需要的场地、设备、工具及材料，准备工作检查记录表见表1-1-1。

表1-1-1　准备工作检查记录表

序号	检查/操作内容	检查/操作要求或数据	结果或实际值	备注
1	安全须知阅读	遵守实训室规章制度，并阅读安全须知： 1）实训车辆按要求停在指定工位上，未经老师批准不准启动；经批准启动后，应先检查车轮的安全顶块是否放好，驻车制动是否启用，变速杆是否放在P位（A/T），车前有没有人在操作 2）禁止触碰任何带安全警示标识部件 3）实训期间禁止嬉戏打闹		

（续）

序号	检查/操作内容	检查/操作要求或数据		结果或实际值	备注
2	场地清洁检查	场地清洁，无杂物			
3	安全检查	无安全隐患			
4	个人防护装备检查	型号正确，数量正确，技术参数符合要求，功能正常，外观无损坏	□常规实训工装		
5	车辆防护装备检查		本次实训无须使用		
6	整车检查		本次实训无须使用		
7	台架检查		本次实训无须使用		
8	总成/部件/器材检查		□电子实训板（积木）		
9	充电桩、充电器检查		本次实训无须使用		
10	车间设备检查		本次实训无须使用		
11	检测设备/仪表检查		□数字万用表		
12	绝缘/专用工具检查		本次实训无须使用		
13	常规工/量具检查		本次实训无须使用		
14	辅助材料检查		本次实训无须使用		
15	技术资料检查		□设备说明书		
16	其他检查	根据实际要求			

任务实施

提示：以积木式电子实训板检测操作为例，可以采用其他功能相似的电路板代替。

参考设备：广东合赢教育科技股份有限公司的电子实训板（积木）

实训设备：_____

项目1：基础电路电压、电流检测

操作要求：

（1）操作时间：15min

（2）操作方式：实操+分析及记录

操作步骤：

（1）电压、电流相关的基础电路图识读分析图1-1-1所示的检测电路图，说明每个元器件的作用。

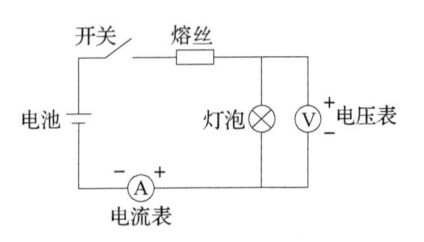

图1-1-1 电压、电流检测电路图

电池：_____　　熔丝：_____　　开关：_____

灯泡：_____　　电压表：_____　　电流表：_____

（2）电压、电流检测

1）用连接导线按照图 1-1-2 所示的电子实训板连接示意图连接成完整电路，注意连接前先关闭电源开关。此时电压表在灯泡两端，电流表在电路中。连接时注意电压表和电流表都是有正负极区分的。

2）参照图 1-1-3，检查导线连接无误后，打开电源、电压表和电流表的开关。

3）闭合电路控制开关，当电源电压为_____V 时，电压表的读数是_____V，电流表的读数是_____A。

4）如果连接可调电压输出端，调节电源电压为 10V 时，电压表的读数是_____V，电流表的读数是_____A。

思考：

若对调电压表、电流表极性，显示会出现什么变化？为什么？

记录：_____

_____

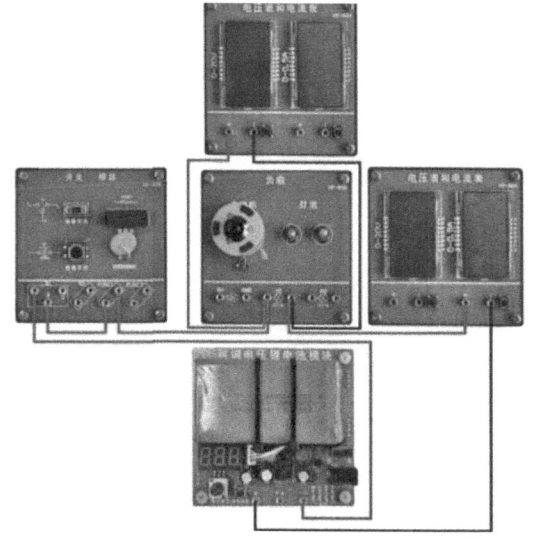

图 1-1-2　电子实训板连接示意图 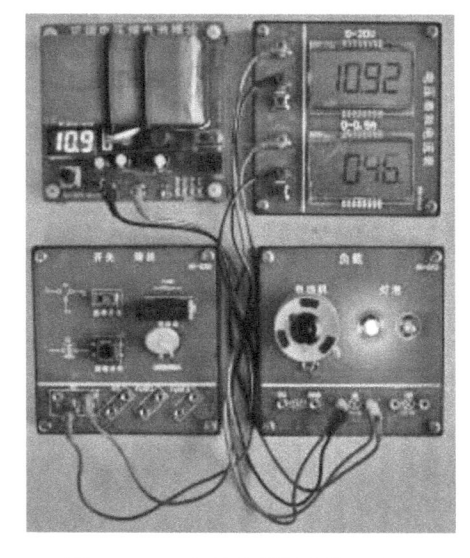　　　图 1-1-3　电子实训板连接实物图

项目2：欧姆定律特性验证

操作要求：

（1）操作时间：15min

（2）操作方式：实操+分析及记录

操作步骤：

（1）欧姆定律特性参数相关的基础电路图识读 分析图1-1-4所示的电路图，说明每个元器件的作用。

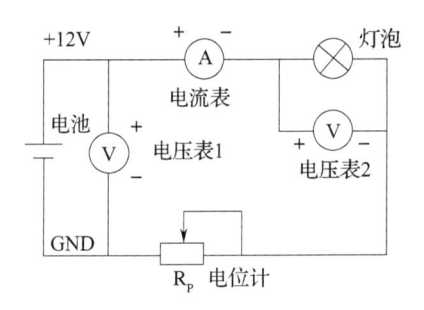

图1-1-4 欧姆定律特性参数电路图

电池：_____ 灯泡：_____ 电位计：_____

电压表1：_____ 电压表2：_____ 电流表：_____

（2）电阻、电压、电流检测

1）用万用表的欧姆档测量电子实训板上灯泡（见图1-1-5）的阻值为 _____ Ω。

提示：灯泡的阻值随温度变化波动较大，记录当前测量的数据。

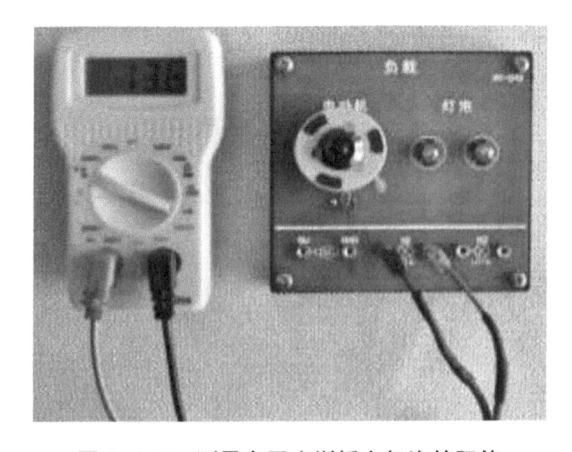

图1-1-5 测量电子实训板上灯泡的阻值

2）用连接导线按照图 1-1-6 所示的电子实训板连接示意图连接成完整电路，注意连接前先关闭电源开关。电流表测量电流，电压表测量电压。连接时注意电压表和电流表都是有正负极区分的。

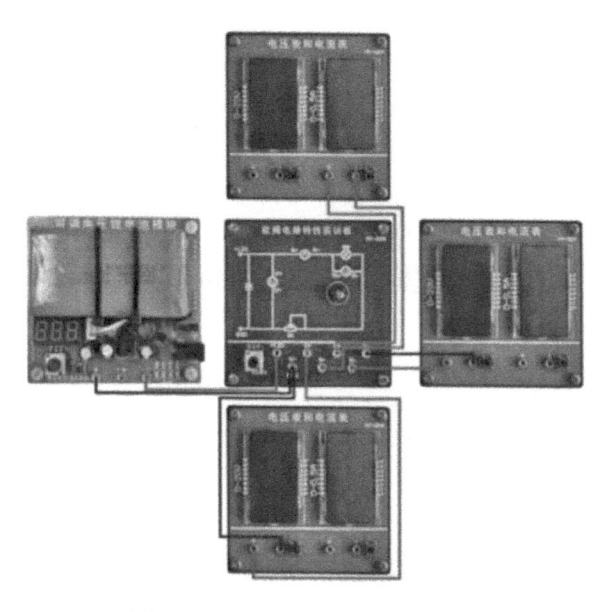

图 1-1-6　电子实训板连接示意图

3）参照图 1-1-7，检查导线连接无误后，打开电源、电压表和电流表的开关。从左至右调节电子实训板上的电位计，观察各电表的数值变化，选取稳定测量数值，填写表 1-1-2。

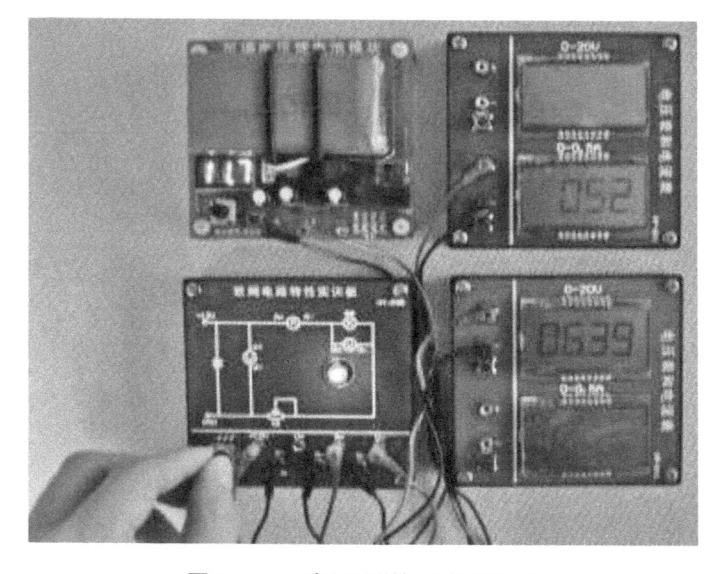

图 1-1-7　电子实训板连接实物图

表 1-1-2　欧姆定律特性参数记录表

实测灯泡电阻 R=	Ω		
实测电压 U	V	V	V
实测电流 I	A	A	A
计算电流 U/R	A	A	A

从以上测量数据可知，I=U/R 是否成立：_____（是 / 否）。

当灯泡阻值不变时，电路中电流与电压成_____（正比 / 反比）。

项目 3：功率相关参数测量与功率计算

操作要求：

（1）操作时间：15min

（2）操作方式：实操 + 分析及记录

操作步骤：

（1）电功率相关参数测量的电路连接　用连接导线按照图 1-1-2 和图 1-1-3 将电子实训板连接成完整电路，打开电源、电流表和电压表的开关。电流表测量电流，电压表测量电压。连接时注意电压表和电流表都是有正负极区分的。

（2）功率相关参数测量与功率计算

1）闭合控制开关，电压表读数为_____V，电流表读数为_____A。除了可以直接用万用表测量出灯泡的阻值外，还可用伏安法计算灯泡的阻值，使用公式 R=U/I 计算出灯泡的阻值为_____Ω。

2）功率 P 计算：灯泡底座标识"1W_____12V"，表明灯泡的额定功率为_____W；根据公式 P=UI 计算出灯泡实际消耗的功率为_____W。

3）如果用电动机代替灯泡，用同样的方法计算电动机实际消耗功率为_____W。

任务评价

小组成员、教师分别对基本职业能力（社会能力、方法能力）及任务完成结果（专业能力）进行综合考评，并填写职业能力考评表（根据要求评分，扣分扣完为止），见表 1-1-3。

表 1-1-3　职业能力考评表

项目	分值	标准描述	要求或数据	结果或实际值	自评/互评得分	教师评价得分
1	5	考勤	是否缺勤/迟到早退	缺勤扣1分/人次,迟到早退扣0.5分/人次		
2	5	团队合作	是否和谐	与讨论无关的争吵扣1分/次,斗殴扣5分		
3	5	沟通讨论	是否积极	积极不扣分,一般扣2~3分,不积极扣4~5分,无故不参与讨论扣5分		
4	5	现场6S[①]	是否遵循	工具配件杂物落地,扣1分/次		
5	10	生产纪律	是否守纪	普通违纪扣1分/次,严重违纪扣8~10分		
6	10	设备安全	有无损坏	人为损坏得0分		
7	10	人身安全	有无损伤	人身损伤得0分		
8	10	填写工单	是否完整、规范	完整、规范不扣分,完整、基本规范扣3~5分,完整、不规范扣6~8分,不完整、不规范扣9~10分		
9	10	回答问题	是否正确	完全正确不扣分,基本正确扣1~5分,不正确扣6~10分		
10	10	操作过程	是否完整、规范	完整、规范不扣分,完整、基本规范扣3~5分,完整、不规范扣6~8分,不完整、不规范扣9~10分		
11	10	操作结果	是否正确	完全正确不扣分,基本正确扣1~5分,不正确扣6~10分		
12	10	结果分析	是否完整、正确	完全正确不扣分,基本正确扣1~5分,不正确扣6~10分		
得分(自评/互评得分供教师考评参考,最终以教师评分为准)					分	分

学生个人总结:

　　　　　　　　　　　　　　　　　　　　　　　　　学生签名:
　　　　　　　　　　　　　　　　　　　　　　　　　　年　　月　　日

小组评语及建议:

　　　　　　　　　　　　　　　　　　　　　　　　　组长签名:
　　　　　　　　　　　　　　　　　　　　　　　　　　年　　月　　日

教师评语及建议:

　　　　　　　　　　　　　　　　　　　　　　　　　教师签名:
　　　　　　　　　　　　　　　　　　　　　　　　　　年　　月　　日

① 6S 指整理(Seiri)、整顿(Seiton)、清扫(Seiso)、清洁(Seiketsu)、素养(Shitsuke)和安全(Security)六个项目。

学习任务二　　常用电子元器件的工作原理与检测

学生姓名：　　　　　团队（小组）：　　　　　时间：　　年　　月　　日

任务分析

本学习任务共有两个操作项目。

项目 1：常用的电子元器件外观及符号识别。

项目 2：常用的电子元器件检测。

请根据任务要求，对小组成员进行合理分工，小组进行讨论，制订工作计划（流程/工序），并记录。

全班_____人，每_____人一组，分为_____组，组长_____，组员_____。

讨论记录：_____

_____

_____

任务准备

阅读安全须知，检查并记录完成任务需要的场地、设备、工具及材料，准备工作检查记录表见表 1-2-1。

表 1-2-1　准备工作检查记录表

序号	检查/操作内容	检查/操作要求或数据	结果或实际值	备注
1	安全须知阅读	遵守实训室规章制度，并阅读安全须知： 1）实训车辆按要求停在指定工位上，未经老师批准不准启动；经批准启动后，应先检查车轮的安全顶块是否放好，驻车制动是否启用，变速杆是否放在 P 位（A/T），车前有没有人在操作 2）禁止触碰任何带安全警示标识部件 3）实训期间禁止嬉戏打闹		
2	场地清洁检查	场地清洁，无杂物		
3	安全检查	无安全隐患		

（续）

序号	检查/操作内容	检查/操作要求或数据		结果或实际值	备注
4	个人防护装备检查	型号正确，数量正确，技术参数符合要求，功能正常，外观无损坏	□常规实训工装		
5	车辆防护装备检查		本次实训无须使用		
6	整车检查		本次实训无须使用		
7	台架检查		本次实训无须使用		
8	总成/部件/器材检查		□电子实训板（积木）		
			□电子元器件单体（电阻器、电容器、电感器、二极管、晶体管等）		
9	充电桩、充电器检查		本次实训无须使用		
10	车间设备检查		本次实训无须使用		
11	检测设备/仪表检查		□数字万用表		
12	绝缘/专用工具检查		本次实训无须使用		
13	常规工/量具检查		本次实训无须使用		
14	辅助材料检查		本次实训无须使用		
15	技术资料检查		□设备说明书		
16	其他检查	根据实际要求			

任务实施

提示：以积木式电子实训板检测操作为例，可以采用其他功能相似的电路板代替。

参考设备：广东合赢教育科技股份有限公司的电子实训板（积木）

实训设备：＿＿＿＿＿＿＿＿＿＿＿＿＿＿＿＿＿＿＿＿＿＿＿＿＿＿＿＿

项目1：常用的电子元器件外观及符号识别

操作要求：

（1）操作时间：15min

（2）操作方式：实操＋分析及记录

操作步骤：

对照电子元器件实物，识别表1-2-2中电子元器件的外观，在表1-2-2中画出符号并写出其作用简述。

表 1-2-2　常用的电子元器件

元器件	外观	符号	作用简述
电池			
导线接地（搭铁）			
熔断器			
继电器			
开关			
二极管			
稳压二极管			
发光二极管			

（续）

元器件	外观	符号	作用简述
光电二极管			
晶体管			
固定电阻			
可变电阻（电位计）			
热敏电阻			
电容器			
电感器			
灯泡			
电压表			
电流表			

项目 2：常用的电子元器件检测

操作要求：

（1）操作时间：60min

（2）操作方法：实操 + 分析及记录

操作步骤：

（1）电阻器检测

1）使用万用表欧姆档测量单体电阻器或组合电阻板（见图 1-2-1）上单个电阻器的阻值，并与标识的额定阻值比较，填写表 1-2-3。

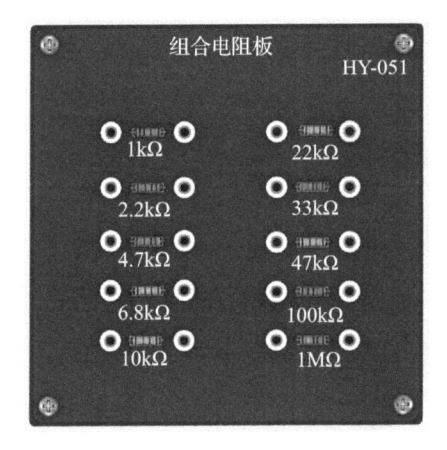

图 1-2-1　组合电阻板

表 1-2-3　组合电阻板测量数据比较表

额定值	测量值	结论	额定值	测量值	结论
1kΩ			22kΩ		
2.2kΩ			33kΩ		
4.7kΩ			47kΩ		
6.8kΩ			100kΩ		
10kΩ			1MΩ		

2）根据图 1-2-2，使用万用表欧姆档测量两个电阻器的串联阻值，$R_{串}$ = _____。从测量数据可知，串联电路电阻的特点是：串联后总电阻等于各串联电阻_____。

3）根据图 1-2-3，使用万用表欧姆档测量两个电阻器的并联阻值，$R_{并}$ = _____。从测量数据可知，并联电路电阻的特点是：并联后总电阻的倒数等于各并联电阻_____。

图 1-2-2　串联电阻测量　　　　　图 1-2-3　并联电阻测量

（2）电容器检测

1）使用万用表电容档测量单体电容器或组合电容器（见图 1-2-4）上电容器的容值，并与标识的额定容值比较。

2）使用万用表欧姆档测量单体电容器或组合电容器上电容器的阻值变化，判断电容器是否正常。

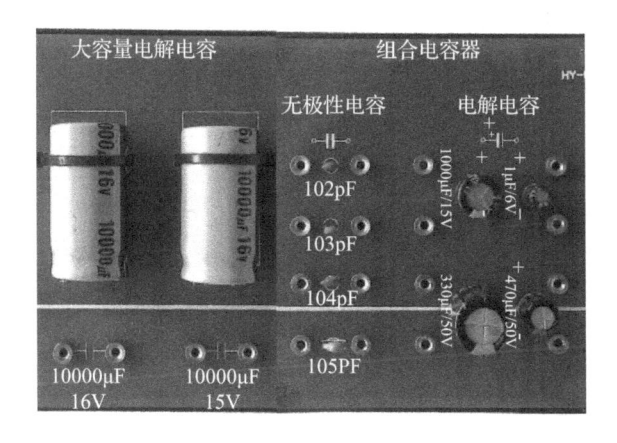

图 1-2-4　组合电容器

（3）电感器检测

1）电感器阻碍电流特性检测。

①根据图 1-2-5 连接电路，将电源、开关、电感器与灯泡串联。

电源正极连接元器件，电源负极连接元器件_____，电感器两端分别连接元器件_____和元器件_____。

②连接好电路后，电感器开关拨向右端，当电感器与灯泡串联时，在开关闭合的一瞬间，灯泡会_____，说明电感器对电流有阻碍作用。

2）电感器储能特性检测。

①根据图 1-2-6 连接电路，将电源、开关、电感器与灯泡并联。

电源正极连接元器件_____，电源负极连接元器件_____，电感器两端并联元器件_____。

②连接好电路后，电感器开关拨向右端，当电感器与灯泡并联时，在开关闭合的一瞬间，灯泡会_____，同样说明电感器对电流的变化有阻碍作用，同时也说明电感器是一种储能元件。

图 1-2-5　电感器阻碍电流特性检测

图 1-2-6　电感器储能特性检测

（4）二极管检测

1）识别二极管极性。在二极管整流器（见图 1-2-7）中找到二极管，有银色圆环的一端是二极管的_____极。

2）二极管正向（正偏）检测。如图 1-2-8 所示，万用表的红表笔连接二极管的_____极，黑表笔连接二极管的_____极，此时蜂鸣器_____（响/不响），万用表显示_____，说明电阻_____（大/小）。

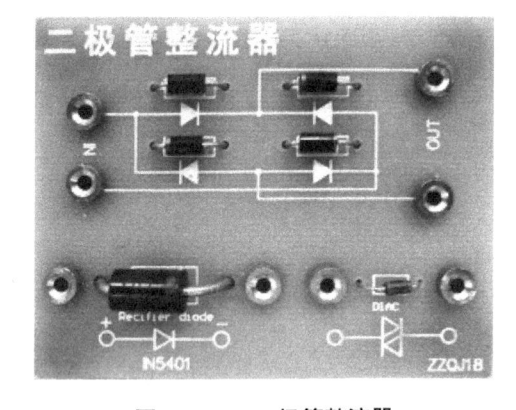

图 1-2-7　二极管整流器

3）二极管反向（反偏）检测。如图 1-2-9 所示，万用表的红表笔连接二极管的_____极，黑表笔连接二极管的_____极，此时蜂鸣器_____（响/不响），万用表显示_____，说明电阻_____（大/小）。

结论：若正偏时蜂鸣器_____（响/不响）且反偏时蜂鸣器_____（响/不响），则可以判断所检测的二极管_____（好/坏），从这个项目中我们可以得出二极管有_____特性。

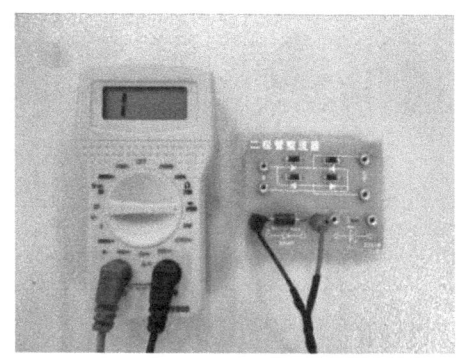

图 1-2-8　二极管正向检测　　　　　图 1-2-9　二极管反向检测

（5）晶体管检测

1）识别晶体管电极。图 1-2-10 所示的晶体管电子实训板（驱动板）和图 1-2-11 所示的晶体管单体是_____型管，晶体管的 B、E、C 极分别是_____。

图 1-2-10　晶体管电子实训板　　　　　图 1-2-11　晶体管单体

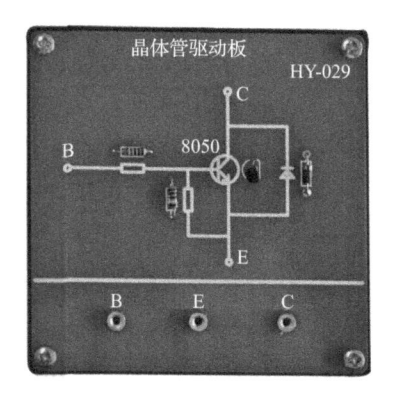

2）用万用表检测晶体管电子实训板的 B、E、C 极之间的阻值。

①万用表调到电阻档，红表笔接晶体管电子实训板的 B 极，黑表笔接 C 极，此时测量的 B、C 极之间的阻值为：_____Ω。

②万用表调到电阻档，红表笔接晶体管电子实训板的 B 极，黑表笔接 E 极，此时测量的 B、E 极之间的阻值为：_____Ω。

结论（是否正常）：_____

任务评价

小组成员、教师分别对基本职业能力（社会能力、方法能力）及任务完成结果（专业能力）进行综合考评，并填写职业能力考评表（根据要求评分，扣分扣完为止），见表 1-2-4。

表 1-2-4　职业能力考评表

项目	分值	标准描述	要求或数据	结果或实际值	自评/互评得分	教师评价得分
1	5	考勤	是否缺勤/迟到早退	缺勤扣1分/人次，迟到早退扣0.5分/人次		
2	5	团队合作	是否和谐	与讨论无关的争吵扣1分/次，斗殴扣5分		
3	5	沟通讨论	是否积极	积极不扣分，一般扣2~3分，不积极扣4~5分，无故不参与讨论扣5分		
4	5	现场6S	是否遵循	工具配件杂物落地，扣1分/次		
5	10	生产纪律	是否守纪	普通违纪扣1分/次，严重违纪扣8~10分		
6	10	设备安全	有无损坏	人为损坏得0分		
7	10	人身安全	有无损伤	人身损伤得0分		
8	10	填写工单	是否完整、规范	完整、规范不扣分，完整、基本规范扣3~5分，不规范扣6~8分，不完整、不规范扣9~10分		
9	10	回答问题	是否正确	完全正确不扣分，基本正确扣1~5分，不正确扣6~10分		
10	10	操作过程	是否完整、规范	完整、规范不扣分，完整、基本规范扣3~5分，不规范扣6~8分，不完整、不规范扣9~10分		
11	10	操作结果	是否正确	完全正确不扣分，基本正确扣1~5分，不正确扣6~10分		
12	10	结果分析	是否完整、正确	完全正确不扣分，基本正确扣1~5分，不正确扣6~10分		
得分（自评/互评得分供教师考评参考，最终以教师评分为准）					分	分

学生个人总结：

学生签名：
年　月　日

小组评语及建议：

组长签名：
年　月　日

教师评语及建议：

教师签名：
年　月　日

学习任务三　功率变换电路的特点与应用

学生姓名：　　　　　团队（小组）：　　　　　时间：　　年　　月　　日

任务分析

本学习任务共有两个操作项目：

项目 1：半波整流电路的搭建和波形检测。

项目 2：新能源汽车高压部件功率变换电路的结构认识。

请根据任务要求，对小组成员进行合理分工，小组进行讨论，制订工作计划（流程/工序），并记录。

全班_____人，每_____人一组，分为_____组，组长_____，组员_____。

讨论记录：_____

_____

_____

任务准备

阅读安全须知、检查并记录完成任务需要的场地、设备、工具及材料，准备工作检查记录表见表 1-3-1。

表 1-3-1　准备工作检查记录表

序号	检查/操作内容	检查/操作要求或数据	结果或实际值	备注
1	安全须知阅读	遵守实训室规章制度，并阅读安全须知： 1）实训车辆按要求停在指定工位上，未经老师批准不准启动；经批准启动后，应先检查车轮的安全顶块是否放好，驻车制动是否启用，变速杆是否放在 P 位（A/T），车前有没有人在操作 2）禁止触碰任何带安全警示标识部件 3）实训期间禁止嬉戏打闹		
2	场地清洁检查	场地清洁，无杂物		
3	安全检查	无安全隐患		

（续）

序号	检查/操作内容	检查/操作要求或数据		结果或实际值	备注
4	个人防护装备检查	型号正确，数量正确，技术参数符合要求，功能正常，外观无损坏	□常规实训工装		
5	车辆防护装备检查		本次实训无须使用		
6	整车检查		本次实训无须使用		
7	台架检查		本次实训无须使用		
8	总成/部件/器材检查		□电子实训板（积木）		
			□高压电控总成（四合一或三合一）		
			□车载充电机、DC/DC变换器、电机控制器、高压配电箱		
9	充电桩、充电器检查		本次实训无须使用		
10	车间设备检查		本次实训无须使用		
11	检测设备/仪表检查		□数字万用表 □示波器		
12	绝缘/专用工具检查		本次实训无须使用		
13	常规工/量具检查		本次实训无须使用		
14	辅助材料检查		本次实训无须使用		
15	技术资料检查		□设备说明书		
16	其他检查	根据实际要求			

任务实施

提示：以积木式电子实训板检测操作为例，可以采用其他功能相似的电路板代替。

参考设备：广东合赢教育科技股份有限公司的电子实训板（积木）

实训设备：＿＿＿＿＿＿＿＿＿＿＿＿＿＿＿＿＿＿＿＿＿＿＿＿＿＿＿＿＿＿

项目1：半波整流电路的搭建和波形检测

操作要求：

（1）操作时间：30min
（2）操作方式：实操＋分析及记录

操作步骤：

（1）半波整流电路的搭建　参照图1-3-1和图1-3-2，利用电子实训板搭建半波整流电路。

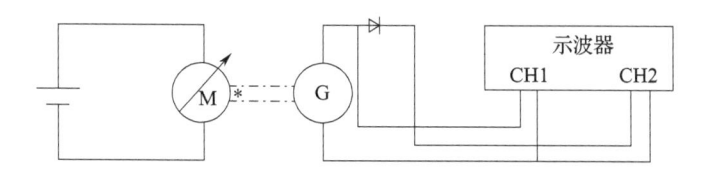

图 1-3-1　半波整流电路示意图

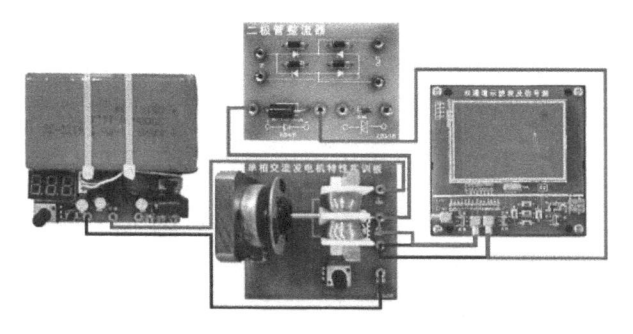

图 1-3-2　半波整流电路电子实训板连接示意图

锂电池正极连接发电机_____端子，锂电池负极连接发电机_____端子；二极管正极连接发电机_____端子；示波器通道1的红色探头连接发电机_____端子，示波器通道1的黑色探头连接发电机_____端子，示波器通道2的红色探头连接二极管的_____极，示波器通道2的黑色探头连接发电机_____端子。

（2）半波整流电路的波形检测

1）检查确认电路连接无误后，接通电源并打开示波器电源。

2）检测半波整流电路的输入波形。

3）检测半波整流电路的输出波形。

4）根据示波器显示的实际波形图 1-3-3，在图 1-3-4 中画出输入、输出波形并做简要比较。

图 1-3-3　半波整流电路的实际波形

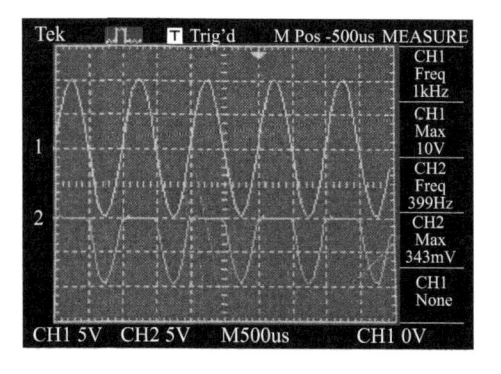

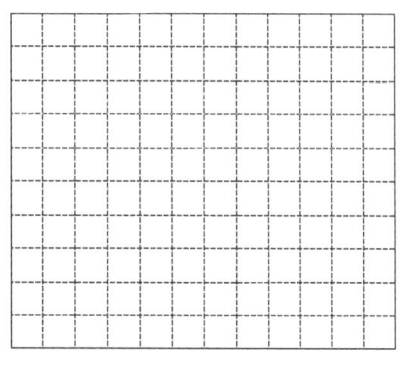

图 1-3-4　画出半波整流电路的波形

①示波器通道 1 连接的是_____（输入 / 输出）波形。
②示波器通道 2 连接的是_____（输入 / 输出）波形。
输出的负半周波形为什么没有显示？

项目 2：新能源汽车高压部件功率变换电路的结构认识

操作要求：

（1）操作时间：30min
（2）操作方式：实操 + 分析及记录

操作步骤：

参照新能源汽车四合一或三合一高压电控总成或车载充电机、DC/DC 变换器、电机控制器、高压配电箱的内部电路原理图，与实物（拆卸外盖）对比，识别并记录以下内容（根据车型不同有所区别，以实际车型为准）。

1）直流充电口到动力蓄电池（电池包）：DC/DC。
功能及特点记录：_____

2）交流充电口到车载充电机（OBC）：AC/DC。
功能及特点记录：_____

3）双向交流逆变式电机控制器（VTOG）到驱动电机（MG）：DC/AC。
功能及特点记录：_____

4）驱动电机到双向交流逆变式电机控制器：AC/DC。
功能及特点记录：_____

5）双向交流逆变式电机控制器到交流充电口：DC/AC。
功能及特点记录：_____

6）车载充电机到车内插座：DC/AC。
功能及特点记录：_____

7）动力蓄电池到压缩机和暖风加热器（PTC）：DC/DC。
功能及特点记录：_____

8）动力蓄电池到 DC/DC 变换器：DC/DC。
功能及特点记录：_____

任务评价

小组成员、教师分别对基本职业能力（社会能力、方法能力）及任务完成结果（专业能力）进行综合考评，并填写职业能力考评表（根据要求评分，扣分扣完为止），见表 1-3-2。

表 1-3-2 职业能力考评表

项目	分值	标准描述	要求或数据	结果或实际值	自评/互评得分	教师评价得分
1	5	考勤	是否缺勤/迟到早退	缺勤扣1分/人次,迟到早退扣0.5分/人次		
2	5	团队合作	是否和谐	与讨论无关的争吵扣1分/次,斗殴扣5分		
3	5	沟通讨论	是否积极	积极不扣分,一般扣2~3分,不积极扣4~5分,无故不参与讨论扣5分		
4	5	现场6S	是否遵循	工具配件杂物落地,扣1分/次		
5	10	生产纪律	是否守纪	普通违纪扣1分/次,严重违纪扣8~10分		
6	10	设备安全	有无损坏	人为损坏得0分		
7	10	人身安全	有无损伤	人身损伤得0分		
8	10	填写工单	是否完整、规范	完整、规范不扣分,完整、基本规范扣3~5分,完整、不规范扣6~8分,不完整、不规范扣9~10分		
9	10	回答问题	是否正确	完全正确不扣分,基本正确扣1~5分,不正确扣6~10分		
10	10	操作过程	是否完整、规范	完整、规范不扣分,完整、基本规范扣3~5分,完整、不规范扣6~10分,不完整、不规范扣9~10分		
11	10	操作结果	是否正确	完全正确不扣分,基本正确扣1~5分,不正确扣6~10分		
12	10	结果分析	是否完整、正确	完全正确不扣分,基本正确扣1~5分,不正确扣6~10分		
得分(自评/互评得分供教师考评参考,最终以教师评分为准)					分	分

学生个人总结:

学生签名:
年　月　日

小组评语及建议:

组长签名:
年　月　日

教师评语及建议:

教师签名:
年　月　日

模块二
新能源汽车高压电路与高压部件识别

学习任务一　高压电路认知与触电急救

学生姓名：　　　　团队（小组）：　　　　时间：　　年　　月　　日

任务分析

本学习任务共有两个操作项目。

项目1：验证人体对不同电流大小的反应。

项目2：执行触电事故的急救。

请根据任务要求，对小组成员进行合理分工，小组进行讨论，制订工作计划（流程/工序），并记录。

全班_____人，每_____人一组，分为_____组，组长_____，组员_____。

讨论记录：_____

_____

_____

任务准备

阅读安全须知，检查并记录完成任务需要的场地、设备、工具及材料，准备工作检查记录表见表2-1-1。

表2-1-1　准备工作检查记录表

序号	检查/操作内容	检查/操作要求或数据	结果或实际值	备注
1	安全须知阅读	遵守实训室规章制度，并阅读安全须知： 1）实训车辆按要求停在指定工位上，未经老师批准不准启动；经批准启动后，应先检查车轮的安全顶块是否放好，驻车制动是否启用，变速杆是否放在P位（A/T），车前有没有人在操作 2）禁止触碰任何带安全警示标识部件 3）实训期间禁止嬉戏打闹		

（续）

序号	检查/操作内容	检查/操作要求或数据	结果或实际值	备注
2	场地清洁检查	场地清洁，无杂物		
3	安全检查	无安全隐患		
4	个人防护装备检查	□常规实训工装 □绝缘手套		
5	车辆防护装备检查	本次实训无须使用		
6	整车检查	本次实训无须使用		
7	台架检查	本次实训无须使用		
8	总成/部件/器材检查	型号正确，数量正确，技术参数符合要求，功能正常，外观无损坏	□电子实训板（积木） □电脑心肺复苏模拟人	
9	充电桩、充电器检查		本次实训无须使用	
10	车间设备检查		本次实训无须使用	
11	检测设备/仪表检查		□数字万用表	
12	绝缘/专用工具检查		本次实训无须使用	
13	常规工/量具检查		本次实训无须使用	
14	辅助材料检查		本次实训无须使用	
15	技术资料检查		□设备说明书	
16	其他检查	根据实际要求		

任务实施

提示：以积木式电子实训板检测操作为例，可以采用其他功能相似的电路板代替。

参考设备：广东合赢教育科技股份有限公司的电子实训板（积木）、电脑心肺复苏模拟人

实训设备：_____

项目1：验证人体对不同电流大小的反应

操作要求：

（1）操作时间：30min

（2）操作方式：实操 + 分析及记录

操作步骤:

⚠ **警告:**

1)对于有心脏病、安装心脏起搏器、使用助听器的人员,禁止操作。

2)本实训板采用低压直流电,生产设计符合安全标准,不建议另外做交流实验,否则后果自负。

(1)人体模拟触电电路的搭建 根据电路原理图(见图 2-1-1)和图 2-1-2,搭建人体模拟触电电路。

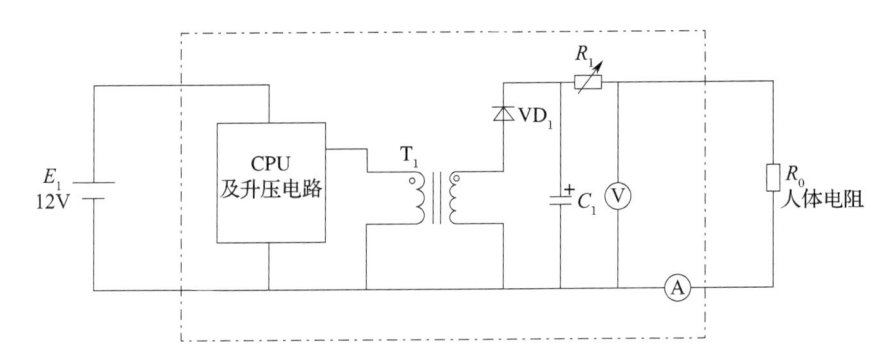

图 2-1-1 人体模拟触电电路原理图

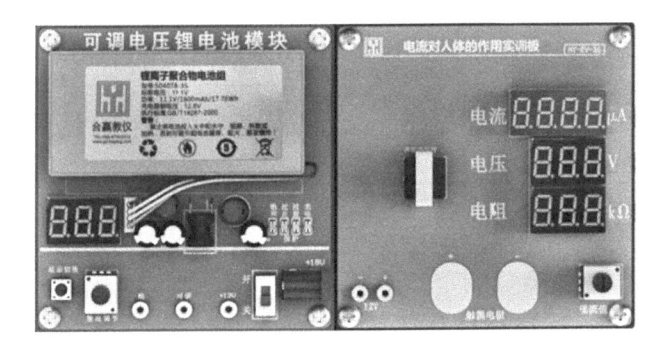

图 2-1-2 电流对人体的作用实训板

电流表与人体电阻是串联关系,电流表示数显示通过人体电流的大小。通过改变可调电阻接入电路的阻值,从而改变电路的电流,可验证不同电流大小对人体的作用。

(2)人体模拟触电验证

⚠ **注意:**电路连接前,确认电源开关处于断开状态。接线无误后,检查导线安装牢靠。

手指触摸实训板的电极,模拟人体触电情况:电流经电源可调电阻后,通过人体接触电极的两端,从而使人产生触电反应。

1)探究触电时不同的接触面积下人体电阻的变化情况。

接通电源后，确认可调电阻调到最左侧，左手的食指和中指分别触碰电极两端。建议将电流调到 300μA 左右，在保持手指触碰电极的情况下，适当改变手指与电极的接触面积。当接触面积大时，流过人体的电流是_____μA=_____mA=_____A，人体电阻是_____Ω=_____kΩ=_____MΩ；当接触面积较小时，流过人体的电流是_____μA，人体电阻是_____Ω。

由此实验可知，_____。

2）探究电流通过不同路径通过人体时，人体电阻的变化情况。

接通电源后，确认可调电阻调到最左侧，左手食指和右手食指分别触碰电极两端。建议将电流调到 300μA 左右，此时流过人体的电流是_____μA，人体电阻是_____Ω。

接通电源后，确认可调电阻调到最左侧，两人牵手后将各人左手食指分别触碰电极两端。建议将电流调到 300μA 左右，此时流过人体的电流是_____μA，两人的人体电阻是_____kΩ。

由此实验可知，_____。

3）探究在电压大小不同时，人体对电流的感受。

接通电源后，用一只手食指与小指之间触摸电极，缓慢转动旋钮控制电压，记录通过人体的电流并描述人体的感受。

当电压为 12V 时，记录通过人体的电流为_____μA，人体电阻为_____kΩ，人体的感受是_____；

当电压为 24V 时，记录通过人体的电流为_____μA，人体电阻为_____kΩ，人体的感受是_____；

当电压为 36V 时，记录通过人体的电流为_____μA，人体电阻为_____kΩ，人体的感受是_____；

当电压为 48V 时，记录通过人体的电流为_____μA，人体电阻为_____kΩ，人体的感受是_____；

当电压为 60V 时，记录通过人体的电流为_____μA，人体电阻为_____kΩ，人体的感受是_____；

当电压为 72V 时，记录通过人体的电流为_____μA，人体电阻为_____kΩ，人体的感受是_____。

由此实验可知，当电压在_____V 以下时，人体无明显的感觉；当电压在_____V 时，人体有明显的发麻，但可以忍受；当电压在_____V 以上时，人体有强烈刺痛，难以忍受。

综上实验数据可以得出，由于每个人人体电阻大小的影响因素很多，所以能承受的安全电压也不固定，本次实验你所能承受的电压在_____V 以下，这个电压与国标安全电压基本相符合。

4）验证开路时，电流对人体的作用。

单手食指触摸正电极，缓慢转动旋钮控制电压，观察电压、电流和电阻的变化。由此实验可知，在没有构成_____的前提下，没有电流通过人体，人体没有感觉。所以对新能源汽车进行检修时，禁止人体与高压正负极构成回路，检修高压作业前要拆下高压维修开关，进行断电处理。

5）验证穿戴防护用品时，电流对人体的作用。

单手穿戴绝缘手套，食指与中指触摸电极，缓慢转动旋钮控制电压，观察电压、电流和电阻的变化，由此实验可知，在没有构成_____的前提下，没有电流通过人体，人体没有感觉，所以对新能源汽车高压系统进行检修时，维护人员要穿戴绝缘防护用品。

项目2：执行触电事故的急救

操作要求：

（1）操作时间：15min

（2）操作方式：实操＋分析及记录

操作步骤：

本任务主要学习在发生触电突发事故的情况下，如何正确执行急救。教师演示心肺复苏的基本操作方法与注意事项，学生利用电脑心肺复苏模拟人或同学之间相互练习心肺复苏的操作方法。

（1）心肺复苏触电急救——胸外按压　使用电脑心肺复苏模拟人，根据设备说明书中的步骤，实施胸外按压操作。

记录：_____

_____

_____

（2）心肺复苏触电急救——开放气道与人工呼吸　使用电脑心肺复苏模拟人，根据设备说明书中的步骤，实施开放气道与人工呼吸操作。

记录：_____

_____

_____

任务评价

小组成员、教师分别对基本职业能力（社会能力、方法能力）及任务完成结果（专业能力）进行综合考评，并填写职业能力考评表（根据要求评分，扣分扣完为止），见表2-1-2。

表 2-1-2　职业能力考评表

项目	分值	标准描述	要求或数据	结果或实际值	自评/互评得分	教师评价得分
1	5	考勤	是否缺勤/迟到早退	缺勤扣1分/人次，迟到早退扣0.5分/人次		
2	5	团队合作	是否和谐	与讨论无关的争吵扣1分/次，斗殴扣5分		
3	5	沟通讨论	是否积极	积极不扣分，一般扣2~3分，不积极扣4~5分，无故不参与讨论扣5分		
4	5	现场6S	是否遵循	工具配件杂物落地，扣1分/次		
5	10	生产纪律	是否守纪	普通违纪扣1分/次，严重违纪扣8~10分		
6	10	设备安全	有无损坏	人为损坏得0分		
7	10	人身安全	有无损伤	人身损伤得0分		
8	10	填写工单	是否完整、规范	完整、规范不扣分，完整、基本规范扣3~5分，完整、不规范扣6~8分，不完整、不规范扣9~10分		
9	10	回答问题	是否正确	完全正确不扣分，基本正确扣1~5分，不正确扣6~10分		
10	10	操作过程	是否完整、规范	完整、规范不扣分，完整、基本规范扣3~5分，完整、不规范扣6~8分，不完整、不规范扣9~10分		
11	10	操作结果	是否正确	完全正确不扣分，基本正确扣1~5分，不正确扣6~10分		
12	10	结果分析	是否完整、正确	完全正确不扣分，基本正确扣1~5分，不正确扣6~10分		
得分（自评/互评得分供教师考评参考，最终以教师评分为准）					分	分

学生个人总结：

学生签名：
年　　月　　日

小组评语及建议：

组长签名：
年　　月　　日

教师评语及建议：

教师签名：
年　　月　　日

学习任务二　新能源汽车高压部件识别与安全隐患检查

学生姓名：　　　　　　团队（小组）：　　　　　时间：　　年　　月　　日

任务分析

本学习任务共有三个操作项目。

项目 1：新能源汽车高压部件位置和高压电类型识别。

项目 2：新能源汽车安全隐患检查与排除。

项目 3：新能源汽车安全事故原因分析。

请根据任务要求，对小组成员进行合理分工，小组进行讨论，制订工作计划（流程/工序），并记录。

全班_____人，每_____人一组，分为_____组，组长_____，组员_____。

讨论记录：_____

_____

_____

任务准备

阅读安全须知，检查并记录完成任务需要的场地、设备、工具及材料，准备工作检查记录表见表 2-2-1。

表 2-2-1　准备工作检查记录表

序号	检查/操作内容	检查/操作要求或数据	结果或实际值	备注
1	安全须知阅读	遵守实训室规章制度，并阅读安全须知： 1）实训车辆按要求停在指定工位上，未经老师批准不准启动；经批准启动后，应先检查车轮的安全顶块是否放好，驻车制动是否启用，变速杆是否放在 P 位（A/T），车前有没有人在操作 2）禁止触碰任何带安全警示标识部件 3）实训期间禁止嬉戏打闹		
2	场地清洁检查	场地清洁，无杂物		
3	安全检查	无安全隐患		

（续）

序号	检查/操作内容	检查/操作要求或数据	结果或实际值	备注
4	个人防护装备检查	☐常规实训工装 ☐绝缘手套		
5	车辆防护装备检查	☐车外防护三件套 ☐车内防护三或五件套		
6	整车检查	☐纯电动汽车整车 ☐混合动力汽车整车		
7	台架检查	型号正确，数量正确，技术参数符合要求，功能正常，外观无损坏	本次实训无须使用	
8	总成/部件/器材检查		本次实训无须使用	
9	充电桩、充电器检查		本次实训无须使用	
10	车间设备检查		本次实训无须使用	
11	检测设备/仪表检查		本次实训无须使用	
12	绝缘/专用工具检查		本次实训无须使用	
13	常规工/量具检查		本次实训无须使用	
14	辅助材料检查		本次实训无须使用	
15	技术资料检查		本次实训无须使用	
16	其他检查	根据实际要求		

任务实施

项目1：新能源汽车高压部件位置和高压电类型识别

操作要求：

（1）操作时间：30min

（2）操作方式：实操+分析及记录

操作步骤：

⚠ 警告：请勿触摸有高压警告标记及橙色导线的任何部位！未经教师允许，不得随意触动车辆！举升车辆期间，车辆周围禁止站立人员！

💬 提示：提前准备高压警告标记（见图2-2-1，可用其他类似物品替代），用于标记高压部件。

（1）纯电动汽车高压部件位置和高压电类型识别

1）观察实训车辆，记录下车辆的型号和参数。

图 2-2-1　高压警告标记

纯电动汽车品牌/车型：_____，动力蓄电池直流标称（额定）电压：_____V，动力系统功率：_____kW。

2）找到充电接口（交流/直流），观察用于接入高压电的端口。

记录：_____

3）打开前机舱，观察前机舱的部件，标记出高压部件，并判断其输入和输出是高压直流电还是高压交流电。

记录：_____

4）打开行李舱，观察行李舱的部件，若有高压部件，则标记出高压部件，并判断其输入和输出是高压直流电还是高压交流电。

记录：_____

5）举升车辆，必要时拆卸车辆下护板，观察车辆底部，标记出高压部件，并判断其输入和输出是高压直流电还是高压交流电。

记录：_____

6）总结纯电动汽车高压部件的安装位置特点。

记录：_____

（2）混合动力汽车高压部件位置和高压电类型识别

1）观察实训车辆，记录下车辆的型号和参数。

混合动力汽车品牌/车型：_____，动力蓄电池直流标称（额定）电压：_____V，动力系统功率：_____kW，发动机型号：_____，发动机排量：_____mL，是否为插电式混合动力汽车：_____。

2）找到充电接口（交流/直流，根据实际车型的装备），观察用于接入高压电的端口。

记录：_____

3）打开前机舱，观察前机舱的部件，标记出高压部件，并判断其输入和输出是高压直流电还是高压交流电。

记录：_____

4）打开行李舱，观察行李舱的部件，若有高压部件，则标记出高压部件，并判断其输入和输出是高压直流电还是高压交流电。

记录：_____

5）举升车辆，必要时拆卸车辆下护板，观察车辆底部，标记出高压部件，并判断其输入和输出是高压直流电还是交流高压电。

记录：_____

6）总结混合动力汽车高压部件的安装位置特点。

记录：_____

项目2：新能源汽车安全隐患检查与排除

操作要求：

（1）操作时间：30min

（2）操作方式：实操+分析及记录

操作步骤：

通过查询资料，并结合学习的内容或车辆维修手册等资料，检查新能源汽车整车，分析什么情况会造成安全隐患。如果有可能造成安全隐患，讨论如何排除。

> 提示：教师提前设置安全隐患内容。

（1）高压触电安全隐患检查与排除

检查与排除记录：_____

_____

_____

（2）动力蓄电池安全隐患原因分析

1）过充电：_____

2）过放电：_____

3）过电流：_____

4）过温：_____

5）其他记录：_____

项目3：新能源汽车安全事故原因分析

操作要求：

（1）操作时间：60min

（2）操作方式：实操+分析及记录

操作步骤：

通过查询资料，并结合学习的内容或车辆维修手册等资料，讨论分析以下事故可能的原因。

1）一辆纯电动汽车发生碰撞后，前机舱冒烟，并起火燃烧。

原因分析：_____

2）一辆纯电动汽车路过积水的下穿隧道后，车辆无法行驶。

原因分析：_____

3）一辆纯电动汽车，在不平路面行驶时底盘受到石块撞击，但仍然可以正常行驶。车辆开回车库几小时以后，监控发现底盘后部冒烟，随后发生剧烈爆炸。

原因分析：_____

4）一辆纯电动汽车，充电（慢充）的时候发生充电桩电源空气开关跳闸，驾驶人重新合上开关后车辆能够正常充电，于是离开。30min后车辆前机舱冒烟，车载充电机烧毁。

原因分析：_____

5）一辆纯电动汽车，在车库充电（慢充）的时候，车库墙壁电源插座和线路起火。

原因分析：_____

任务评价

小组成员、教师分别对基本职业能力（社会能力、方法能力）及任务完成结果（专业能力）进行综合考评，并填写职业能力考评表（根据要求评分，扣分扣完为止），见表2-2-2。

表 2-2-2 职业能力考评表

项目	分值	标准描述	要求或数据	结果或实际值	自评/互评得分	教师评价得分
1	5	考勤	是否缺勤/迟到早退	缺勤扣1分/人次,迟到或早退扣0.5分/人次		
2	5	团队合作	是否和谐	与讨论无关的争吵扣1分/次,斗殴扣5分		
3	5	沟通讨论	是否积极	积极不扣分,一般扣2~3分,不积极扣4~5分,无故不参与讨论扣5分		
4	5	现场6S	是否遵循	工具配件杂物落地,扣1分/次		
5	10	生产纪律	是否守纪	普通违纪扣1分/次,严重违纪扣8~10分		
6	10	设备安全	有无损坏	人为损坏得0分		
7	10	人身安全	有无损伤	人身损伤得0分		
8	10	填写工单	是否完整、规范	完整、规范不扣分,完整、基本规范扣3~5分,完整、不规范扣6~8分,不完整、不规范扣9~10分		
9	10	回答问题	是否正确	完全正确不扣分,基本正确扣1~5分,不正确扣6~10分		
10	10	操作过程	是否完整、规范	完整、规范不扣分,基本规范扣3~5分,不完整、不规范扣6~8分,不完整、不规范扣9~10分		
11	10	操作结果	是否正确	完全正确不扣分,基本正确扣1~5分,不正确扣6~10分		
12	10	结果分析	是否完整、正确	完全正确不扣分,基本正确扣1~5分,不正确扣6~10分		
得分(自评/互评得分供教师考评参考,最终以教师评分为准)					分	分

学生个人总结:

学生签名:
年　月　日

小组评语及建议:

组长签名:
年　月　日

教师评语及建议:

教师签名:
年　月　日

模块三
新能源汽车高压安全防护装备与工具设备的使用

学习任务一　新能源汽车高压安全防护装备的使用

学生姓名：　　　　　团队（小组）：　　　　　时间：　　年　　月　　日

任务分析

本学习任务共有两个操作项目。

项目1：新能源汽车高压危险警示牌和隔离带的布置。

项目2：新能源汽车高压安全防护装备的检查与使用。

请根据任务要求，对小组成员进行合理分工，小组进行讨论，制订工作计划（流程/工序），并记录。

全班_____人，每_____人一组，分为_____组，组长_____，组员_____。

讨论记录：_____

_____

_____

任务准备

阅读安全须知，检查并记录完成任务需要的场地、设备、工具及材料，准备工作检查记录表见表3-1-1。

表3-1-1　准备工作检查记录表

序号	检查/操作内容	检查/操作要求或数据	结果或实际值	备注
1	安全须知阅读	遵守实训室规章制度，并阅读安全须知： 1）实训车辆按要求停在指定工位上，未经老师批准不准启动；经批准启动后，应先检查车轮的安全顶块是否放好，驻车制动是否启用，变速杆是否放在P位（A/T），车前有没有人在操作 2）禁止触碰任何带安全警示标识部件 3）实训期间禁止嬉戏打闹		

（续）

序号	检查/操作内容	检查/操作要求或数据		结果或实际值	备注
2	场地清洁检查	场地清洁，无杂物			
3	安全检查	无安全隐患			
4	个人防护装备检查		□绝缘手套 □绝缘安全鞋 □绝缘安全帽 □护目镜 □非化纤工作服		
5	车辆防护装备检查	型号正确，数量正确，技术参数符合要求，功能正常，外观无损坏	本次实训无须使用		
6	整车检查		本次实训无须使用		
7	台架检查		本次实训无须使用		
8	总成/部件/器材检查		本次实训无须使用		
9	充电桩、充电器检查		本次实训无须使用		
10	车间设备检查		□高压危险警示牌和隔离带		
11	检测设备/仪表检查		本次实训无须使用		
12	绝缘/专用工具检查		本次实训无须使用		
13	常规工/量具检查		本次实训无须使用		
14	辅助材料检查		本次实训无须使用		
15	技术资料检查		□设备说明书		
16	其他检查	根据实际要求			

任务实施

项目1：新能源汽车高压危险警示牌和隔离带的布置

操作要求：

（1）操作时间：15min

（2）操作方式：实操+分析及记录

操作步骤：

在高压维修专用工位上布置高压危险警示牌和隔离带。

记录：_____

项目2：新能源汽车高压安全防护装备的检查与使用

操作要求：

（1）操作时间：30min

（2）操作方式：实操＋分析及记录

操作步骤：

本任务主要完成新能源汽车高压安全防护装备的检查与使用。

（1）**绝缘手套** 检查绝缘手套的规格，是否漏气以及有无其他损坏，并佩戴。

检查记录：_____

（2）**绝缘安全鞋** 检查绝缘安全鞋的规格，是否破损以及有无其他损坏，并穿戴。

检查记录：_____

（3）**绝缘安全帽** 检查绝缘安全帽的规格，是否破损以及有无其他损坏，并穿戴。

检查记录：_____

（4）**护目镜** 检查护目镜是否破损以及有无其他损坏，并佩戴。

检查记录：_____

（5）**非化纤工作服** 检查工作服是否属于非化纤工作服。

检查记录：_____

任务评价

小组成员、教师分别对基本职业能力（社会能力、方法能力）及任务完成结果（专业能力）进行综合考评，并填写职业能力考评表（根据要求评分，扣分扣完为止），见表3-1-2。

表 3-1-2 职业能力考评表

项目	分值	标准描述	要求或数据	结果或实际值	自评/互评得分	教师评价得分
1	5	考勤	是否缺勤/迟到早退	缺勤扣1分/人次,迟到早退扣0.5分/人次		
2	5	团队合作	是否和谐	与讨论无关的争吵扣1分/次,斗殴扣5分		
3	5	沟通讨论	是否积极	积极不扣分,一般扣2~3分,不积极扣4~5分,无故不参与讨论扣5分		
4	5	现场6S	是否遵循	工具配件杂物落地,扣1分/次		
5	10	生产纪律	是否守纪	普通违纪扣1分/次,严重违纪扣8~10分		
6	10	设备安全	有无损坏	人为损坏得0分		
7	10	人身安全	有无损伤	人身损伤得0分		
8	10	填写工单	是否完整、规范	完整、规范不扣分,完整、基本规范扣3~5分,完整、不规范扣6~8分,不完整、不规范扣9~10分		
9	10	回答问题	是否正确	完全正确扣0~2分,基本正确扣1~5分,不正确扣6~10分		
10	10	操作过程	是否完整、规范	完整、规范不扣分,完整、基本规范扣3~5分,完整、不规范扣6~8分,不完整、不规范扣9~10分		
11	10	操作结果	是否正确	完全正确扣0~2分,基本正确扣1~5分,不正确扣6~10分		
12	10	结果分析	是否完整、正确	完全正确扣0~2分,基本正确扣1~5分,不正确扣6~10分		
得分(自评/互评得分供教师考评参考,最终以教师评分为准)					分	分

学生个人总结:

学生签名:
年　月　日

小组评语及建议:

组长签名:
年　月　日

教师评语及建议:

教师签名:
年　月　日

学习任务二　新能源汽车维修工具与高压检测设备的使用

学生姓名：　　　　　　团队（小组）：　　　　　　时间：　　年　　月　　日

任务分析

本学习任务共有三个操作项目。

项目 1：新能源汽车维修工具与检测设备的认识。

项目 2：使用绝缘测试仪测量高压部件的绝缘电阻。

项目 3：使用钳形电流表测量高压交流、直流电流。

请根据任务要求，对小组成员进行合理分工，小组进行讨论，制订工作计划（流程/工序），并记录。

全班_____人，每_____人一组，分为_____组，组长_____，组员_____。

讨论记录：_____

_____

_____

任务准备

阅读安全须知，检查并记录完成任务需要的场地、设备、工具及材料，准备工作检查记录表见表 3-2-1。

表 3-2-1　准备工作检查记录表

序号	检查/操作内容	检查/操作要求或数据	结果或实际值	备注
1	安全须知阅读	遵守实训室规章制度，并阅读安全须知： 1）实训车辆按要求停在指定工位上，未经老师批准不准启动；经批准启动后，应先检查车轮的安全顶块是否放好，驻车制动是否启用，变速杆是否放在 P 位（A/T），车前有没有人在操作 2）禁止触碰任何带安全警示标识部件 3）实训期间禁止嬉戏打闹		
2	场地清洁检查	场地清洁，无杂物		
3	安全检查	无安全隐患		

（续）

序号	检查/操作内容	检查/操作要求或数据	结果或实际值	备注
4	个人防护装备检查	□绝缘手套 □绝缘安全鞋 □绝缘安全帽 □护目镜 □非化纤工作服		
5	车辆防护装备检查	□车外防护三件套 □车内防护三或五件套		
6	整车检查	□纯电动汽车整车 □混合动力汽车整车		
7	台架检查	□纯电动汽车台架 □混合动力汽车台架		
8	总成/部件/器材检查	型号正确，数量正确，技术参数符合要求，功能正常，外观无损坏	□高压控制器 □高压导线		
9	充电桩、充电器检查		本次实训无须使用		
10	车间设备检查		□高压危险警示牌和隔离带 □双柱龙门举升机 □动力蓄电池举升机		
11	检测设备/仪表检查		□绝缘测试仪 □绝缘电阻表 □钳形电流表 □数字式万用表 □电池内阻表 □红外线测温仪 □示波器 □故障诊断仪		
12	绝缘/专用工具检查		□绝缘拆装工具套装（含工具车、零件车等）		
13	常规工/量具检查		本次实训无须使用		
14	辅助材料检查		本次实训无须使用		
15	技术资料检查		□设备说明书		
16	其他检查	根据实际要求		

任务实施

项目1：新能源汽车维修工具与检测设备的认识

操作要求：

（1）操作时间：30min

（2）操作方式：实操 + 分析及记录

操作步骤：

（1）**拆装工具和设备的认识**　认识绝缘拆装工具、绝缘工具车、绝缘零件车、双柱龙门举升机和动力蓄电池举升机等新能源汽车拆装工具和设备，并讨论与传统汽车的工具和设备有什么不同，为什么要有特殊要求。

记录：＿＿＿＿＿＿＿＿＿＿＿＿＿＿＿＿＿＿＿＿＿＿＿＿＿＿＿＿＿＿＿

（2）**检测仪表的认识**　认识钳形电流表、绝缘测试仪、数字式万用表、电池内阻表、红外线测温仪、示波器等新能源汽车检测仪表，并讨论与传统汽车的检测仪表有什么不同，为什么要有特殊要求。

记录：＿＿＿＿＿＿＿＿＿＿＿＿＿＿＿＿＿＿＿＿＿＿＿＿＿＿＿＿＿＿＿

（3）**故障诊断和维护设备的认识**　认识故障诊断仪、动力蓄电池组均衡维护仪、动力蓄电池组充放电维护仪和动力蓄电池组气密性检测仪等新能源汽车故障诊断和维护设备，并讨论与传统汽车的故障诊断和维护设备有什么不同，为什么要有特殊要求。

记录：＿＿＿＿＿＿＿＿＿＿＿＿＿＿＿＿＿＿＿＿＿＿＿＿＿＿＿＿＿＿＿

项目2：使用绝缘测试仪测量高压部件的绝缘电阻

操作要求：

（1）操作时间：30min

（2）操作方式：实操＋分析及记录

操作步骤：

阅读并参照绝缘测试仪的说明书，进行以下操作。

（1）**绝缘测试仪的认识**　认知绝缘测试仪的接线、端子、档位和测量范围等。

记录：＿＿＿＿＿＿＿＿＿＿＿＿＿＿＿＿＿＿＿＿＿＿＿＿＿＿＿＿＿＿＿

（2）**绝缘测试仪内部电池和熔丝的检查**

1）电池状况：＿＿＿＿＿＿＿＿＿＿＿＿＿＿＿＿＿＿＿＿＿＿＿＿＿＿＿。

2）熔丝状况：＿＿＿＿＿＿＿＿＿＿＿＿＿＿＿＿＿＿＿＿＿＿＿＿＿＿＿。

（3）**绝缘电阻的测量**　测量高压部件、高压导线绝缘体的绝缘电阻，包括正极对地、负极对地和正极对负极（仅限导线）的绝缘电阻。

部件／位置额定电压：＿＿＿＿＿，绝缘测试仪的输出电压：＿＿＿＿＿，绝缘电阻最小值：＿＿＿＿＿。

1）部件／位置：＿＿＿＿，绝缘电阻实测值：＿＿＿＿，结论：＿＿＿＿。

2）部件／位置：＿＿＿＿，绝缘电阻实测值：＿＿＿＿，结论：＿＿＿＿。

3）部件／位置：＿＿＿＿，绝缘电阻实测值：＿＿＿＿，结论：＿＿＿＿。

4）部件/位置：_____，绝缘电阻实测值：_____，结论：_____。

其他记录：_____

_____

_____

项目3：使用钳形电流表测量高压交流、直流电流

操作要求：

（1）操作时间：30min

（2）操作方式：实操+分析及记录

操作步骤：

阅读并参照钳形电流表的说明书，进行以下操作。

⚙ **警告：** 测量前请佩戴绝缘手套！高压电流测量为动态测量！如果使用整车，请举升车辆使其离地10cm，并做好安全检查！

（1）**测试前安全防护** 根据安全要求，检查并佩戴绝缘手套，检查并准备车辆

记录：_____

（2）**测量高压交流电流** 使用钳形电流表测量驱动电机W线束、V线束和U线束的交流电流。

记录交流电流值（A），W线束为_____，V线束为_____，U线束为_____。

分析测量结果：_____

（3）**测量高压直流电流** 使用钳形电流表测量驱动电机控制器高压输入线束的直流电流。

记录直流电流值（A）：_____。

分析测量结果：_____

其他记录：_____

_____

_____

任务评价

小组成员、教师分别对基本职业能力（社会能力、方法能力）及任务完成结果（专业能力）进行综合考评，并填写职业能力考评表（根据要求评分，扣分扣完为止），见表3-2-2。

表 3-2-2 职业能力考评表

项目	分值	标准描述	要求或数据	结果或实际值	自评/互评得分	教师评价得分
1	5	考勤	是否缺勤/迟到早退	缺勤扣1分/人次,迟到早退扣0.5分/人次		
2	5	团队合作	是否和谐	与讨论无关的争吵扣1分/次,斗殴扣5分		
3	5	沟通讨论	是否积极	积极不扣分,一般扣2~3分,不积极扣4~5分,无故不参与讨论扣5分		
4	5	现场6S	是否遵循	工具配件杂物落地,扣1分/次		
5	10	生产纪律	是否守纪	普通违纪扣1分/次,严重违纪扣8~10分		
6	10	设备安全	有无损坏	人为损坏得0分		
7	10	人身安全	有无损伤	人身损伤得0分		
8	10	填写工单	是否完整、规范	完整、规范不扣分,完整、基本规范扣3~5分,完整、不规范扣6~8分,不完整、不规范扣9~10分		
9	10	回答问题	是否正确	完全正确不扣分,基本正确扣1~5分,不正确扣6~10分		
10	10	操作过程	是否完整、规范	完整、规范不扣分,完整、基本规范扣3~5分,完整、不规范扣6~8分,不完整、不规范扣9~10分		
11	10	操作结果	是否正确	完全正确不扣分,基本正确扣1~5分,不正确扣6~10分		
12	10	结果分析	是否完整、正确	完全正确不扣分,基本正确扣1~5分,不正确扣6~10分		
得分（自评/互评得分供教师考评参考,最终以教师评分为准）					分	分

学生个人总结：

学生签名：
年　　月　　日

小组评语及建议：

组长签名：
年　　月　　日

教师评语及建议：

教师签名：
年　　月　　日

模块四
新能源汽车高压维修车间安全管理

学习任务一　高压维修车间规划与安全管理制度制定

学生姓名：　　　　团队（小组）：　　　　时间：　　年　　月　　日

任务分析

本学习任务共有两个操作项目。

项目1：新能源汽车高压维修车间规划。

项目2：新能源汽车高压维修车间安全管理制度制定。

请根据任务要求，对小组成员进行合理分工，小组进行讨论，制订工作计划（流程/工序），并记录。

全班_____人，每_____人一组，分为_____组，组长_____，组员_____。

讨论记录：_____
_____
_____

任务准备

阅读安全须知，检查并记录完成任务需要的场地、设备、工具及材料，准备工作检查记录表见表4-1-1。

表 4-1-1　准备工作检查记录表

序号	检查/操作内容	检查/操作要求或数据	结果或实际值	备注
1	安全须知阅读	遵守实训室规章制度，并阅读安全须知： 1）实训车辆按要求停在指定工位上，未经老师批准不准启动；经批准启动后，应先检查车轮的安全顶块是否放好，驻车制动是否启用，变速杆是否放在 P 位（A/T），车前有没有人在操作 2）禁止触碰任何带安全警示标识部件 3）实训期间禁止嬉戏打闹		

（续）

序号	检查/操作内容	检查/操作要求或数据		结果或实际值	备注
2	场地清洁检查	场地清洁，无杂物			
3	安全检查	无安全隐患			
4	个人防护装备检查	型号正确，数量正确，技术参数符合要求，功能正常，外观无损坏	本次实训无须使用		
5	车辆防护装备检查		本次实训无须使用		
6	整车检查		本次实训无须使用		
7	台架检查		本次实训无须使用		
8	总成/部件/器材检查		本次实训无须使用		
9	充电桩、充电器检查		本次实训无须使用		
10	车间设备检查		□高压维修警示牌和隔离带		
11	检测设备/仪表检查		本次实训无须使用		
12	绝缘/专用工具检查		本次实训无须使用		
13	常规工/量具检查		本次实训无须使用		
14	辅助材料检查		本次实训无须使用		
15	技术资料检查		本次实训无须使用		
16	其他检查	根据实际要求			

任务实施

项目1：新能源汽车高压维修车间规划

操作要求：

（1）操作时间：60min

（2）操作方式：实操+分析及记录

操作步骤：

参观新能源汽车高压维修车间或实训室，结合所学习的内容进行以下检查，并组织讨论。

（1）工位数量、工位面积、设备和绝缘检查

1）检查工位数量和面积是否符合要求：_____

2）检查举升机类型是否符合要求：_____

3）检查地面是否铺设绝缘垫：_____

4）其他检查：_____

（2）采光、照明、干燥、通风、防火和卫生检查

1）检查车间的采光状况是否符合要求：＿＿＿＿＿＿＿＿＿＿＿＿＿＿＿＿＿

2）检查车间的照明状况是否符合要求：＿＿＿＿＿＿＿＿＿＿＿＿＿＿＿＿＿

3）检查车间的干燥状况是否符合要求：＿＿＿＿＿＿＿＿＿＿＿＿＿＿＿＿＿

4）检查车间的通风状况是否符合要求：＿＿＿＿＿＿＿＿＿＿＿＿＿＿＿＿＿

5）检查车间的防火状况是否符合要求：＿＿＿＿＿＿＿＿＿＿＿＿＿＿＿＿＿

6）检查车间的卫生状况是否符合要求：＿＿＿＿＿＿＿＿＿＿＿＿＿＿＿＿＿

（3）安全标志

1）检查车间的安全警告标志是否符合要求：＿＿＿＿＿＿＿＿＿＿＿＿＿＿＿

2）检查车间的安全隔离设施是否符合要求：＿＿＿＿＿＿＿＿＿＿＿＿＿＿＿

（4）电气线路检查

1）检查车间的供电电源和电气线路是否符合要求：＿＿＿＿＿＿＿＿＿＿＿＿

2）检查车间的充电桩安装是否符合要求：＿＿＿＿＿＿＿＿＿＿＿＿＿＿＿＿

（5）**高压维修车间规划研讨总结** 如果你负责规划一个新的新能源汽车高压维修车间，你需要准备哪些资料？需要注意哪些事项？请组织讨论并记录。

记录：＿＿＿＿＿＿＿＿＿＿＿＿＿＿＿＿＿＿＿＿＿＿＿＿＿＿＿＿＿＿＿＿＿

项目2：新能源汽车高压维修车间安全管理制度制定

操作要求：

（1）操作时间：30 min

（2）操作方式：实操＋分析及记录

操作步骤：

本任务主要完成新能源汽车高压维修车间管理制度学习和制定。

（1）**高压维修车间安全管理制度学习** 学习车间或实训室悬挂张贴的安全管理制度。

记录：＿＿＿＿＿＿＿＿＿＿＿＿＿＿＿＿＿＿＿＿＿＿＿＿＿＿＿＿＿＿＿＿＿

（2）**高压维修车间安全管理制度学习** 如果你负责制定新能源汽车高压维修车间管理制度，你需要准备哪些资料？需要注意哪些事项？请组织讨论并记录。

记录：＿＿＿＿＿＿＿＿＿＿＿＿＿＿＿＿＿＿＿＿＿＿＿＿＿＿＿＿＿＿＿＿＿

任务评价

小组成员、教师分别对基本职业能力（社会能力、方法能力）及任务完成结果（专业能力）进行综合考评，并填写职业能力考评表（根据要求评分，扣分扣完为止），见表4-1-2。

表 4-1-2 职业能力考评表

项目	分值	标准描述	要求或数据	结果或实际值	自评/互评得分	教师评价得分
1	5	考勤	是否缺勤/迟到早退	缺勤扣1分/人次，迟到早退扣0.5分/人次		
2	5	团队合作	是否和谐	与讨论无关的争吵扣1分/次，斗殴扣5分		
3	5	沟通讨论	是否积极	积极不扣分，一般扣2~3分，不积极扣4~5分，无故不参与讨论扣5分		
4	5	现场6S	是否遵循	工具配件杂物落地，扣1分/次		
5	10	生产纪律	是否守纪	普通违纪扣1分/次，严重违纪扣8~10分		
6	10	设备安全	有无损坏	人为损坏得0分		
7	10	人身安全	有无损伤	人身损伤得0分		
8	10	填写工单	是否完整、规范	完整、规范不扣分，完整、基本规范扣3~5分，完整、不规范扣6~8分，不完整、不规范扣9~10分		
9	10	回答问题	是否正确	完全正确不扣分，基本正确扣1~5分，不正确扣6~10分		
10	10	操作过程	是否完整、规范	完整、规范不扣分，完整、基本规范扣3~5分，完整、不规范扣6~8分，不完整、不规范扣9~10分		
11	10	操作结果	是否正确	完全正确不扣分，基本正确扣1~5分，不正确扣6~10分		
12	10	结果分析	是否完整、正确	完全正确不扣分，基本正确扣1~5分，不正确扣6~10分		
得分（自评/互评得分供教师考评参考，最终以教师评分为准）					分	分

学生个人总结：

学生签名：
年　　月　　日

小组评语及建议：

组长签名：
年　　月　　日

教师评语及建议：

教师签名：
年　　月　　日

学习任务二　新能源汽车维修人员资质与岗位要求

学生姓名：　　　　　团队（小组）：　　　　时间：　　年　　月　　日

任务分析

本学习任务共有两个操作项目：

项目 1：新能源汽车维修人员资质要求学习。

项目 2：新能源汽车维修人员岗位要求学习。

请根据任务要求，对小组成员进行合理分工，小组进行讨论，制订工作计划（流程／工序），并记录。

全班_____人，每_____人一组，分为_____组，组长_____，组员_____。

讨论记录：_____

_____

_____

任务准备

阅读安全须知，检查并记录完成任务需要的场地、设备、工具及材料准备工作检查记录表见表 4-2-1。

表 4-2-1　准备工作检查记录表

序号	检查／操作内容	检查／操作要求或数据	结果或实际值	备注
1	安全须知阅读	遵守实训室规章制度，并阅读安全须知： 1）实训车辆按要求停在指定工位上，未经老师批准不准启动；经批准启动后，应先检查车轮的安全顶块是否放好，驻车制动是否启用，变速杆是否放在 P 位（A/T），车前有没有人在操作 2）禁止触碰任何带安全警示标识部件 3）实训期间禁止嬉戏打闹		
2	场地清洁检查	场地清洁，无杂物		
3	安全检查	无安全隐患		

(续)

序号	检查/操作内容	检查/操作要求或数据	结果或实际值	备注
4	个人防护装备检查	本次实训无须使用		
5	车辆防护装备检查	本次实训无须使用		
6	整车检查	本次实训无须使用		
7	台架检查	本次实训无须使用		
8	总成/部件/器材检查	型号正确，数量正确，技术参数符合要求，功能正常，外观无损坏	本次实训无须使用		
9	充电桩、充电器检查		本次实训无须使用		
10	车间设备检查		本次实训无须使用		
11	检测设备/仪表检查		本次实训无须使用		
12	绝缘/专用工具检查		本次实训无须使用		
13	常规工/量具检查		本次实训无须使用		
14	辅助材料检查		本次实训无须使用		
15	技术资料检查		本次实训无须使用		
16	其他检查	根据实际要求		

任务实施

项目1：新能源汽车维修人员资质要求学习

操作要求：

（1）操作时间：30min

（2）操作方式：实操＋分析及记录

操作步骤：

（1）新能源汽车维修人员资质要求查询

利用互联网进行查询，并结合所学习的内容，总结新能源汽车维修人员资质要求。

1）职业资格证书名称：_____

2）专业能力证书名称：_____

（2）职业资格证书和专业能力证书的获得方法

你是否具备以上资质？如果不具备，你知道如何获得相关资质证书吗？如果不知道，请利用互联网或其他途径进行查询。

记录：_____

项目2：新能源汽车维修人员岗位要求学习

操作要求：

（1）操作时间：30min

（2）操作方式：实操+分析及记录

操作步骤：

学习新能源汽车维修人员岗位要求，并讨论如果你承担维修监护人员或维修操作人员职责，你能否胜任？如果不能胜任，还需要具备哪些条件？

维修监护人员：_____

维修操作人员：_____

任务评价

小组成员、教师分别对基本职业能力（社会能力、方法能力）及任务完成结果（专业能力）进行综合考评，并填写职业能力考评表（根据要求评分，扣分扣完为止），见表4-2-2。

表 4-2-2 职业能力考评表

项目	分值	标准描述	要求或数据	结果或实际值	自评/互评得分	教师评价得分
1	5	考勤	是否缺勤/迟到早退	缺勤扣1分/人次,迟到早退扣0.5分/人次		
2	5	团队合作	是否和谐	与讨论无关的争吵扣1分/次,斗殴扣5分		
3	5	沟通讨论	是否积极	积极不扣分,一般扣2~3分,不积极扣4~5分,无故不参与讨论扣5分		
4	5	现场6S	是否遵循	工具配件杂物落地,扣1分/次		
5	10	生产纪律	是否守纪	普通违纪扣1分/次,严重违纪扣8~10分		
6	10	设备安全	有无损坏	人为损坏得0分		
7	10	人身安全	有无损伤	人身损伤得0分		
8	10	填写工单	是否完整、规范	完整、规范不扣分,完整、基本规范扣3~5分,完整、不规范扣6~8分,不完整、不规范扣9~10分		
9	10	回答问题	是否正确	完全正确不扣分,基本正确扣1~5分,不正确扣6~10分		
10	10	操作过程	是否完整、规范	完整、规范不扣分,完整、基本规范扣3~5分,完整、不规范扣6~8分,不完整、不规范扣9~10分		
11	10	操作结果	是否正确	完全正确不扣分,基本正确扣1~5分,不正确扣6~10分		
12	10	结果分析	是否完整、正确	完全正确不扣分,基本正确扣1~5分,不正确扣6~10分		
得分(自评/互评得分供教师考评参考,最终以教师评分为准)					分	分

学生个人总结:

学生签名:
年　　月　　日

小组评语及建议:

组长签名:
年　　月　　日

教师评语及建议:

教师签名:
年　　月　　日

模块五
新能源汽车安全操作与应急处理

学习任务一　新能源汽车高压中止与检验标准流程操作

学生姓名：　　　　团队（小组）：　　　　时间：　　年　　月　　日

任务分析

本学习任务共有两个操作项目：

项目1：装备维修开关的车型高压中止与检验。

项目2：没有装备维修开关的车型高压中止与检验。

请根据任务要求，对小组成员进行合理分工，小组进行讨论，制订工作计划（流程/工序），并记录。

全班＿＿＿＿人，每＿＿＿＿人一组，分为＿＿＿＿组，组长＿＿＿＿，组员＿＿＿＿＿＿＿＿＿＿。

讨论记录：＿＿＿＿＿＿＿＿＿＿＿＿＿＿＿＿＿＿＿＿＿＿＿＿＿＿＿＿＿＿＿
＿＿＿＿＿＿＿＿＿＿＿＿＿＿＿＿＿＿＿＿＿＿＿＿＿＿＿＿＿＿＿＿＿＿＿＿＿
＿＿＿＿＿＿＿＿＿＿＿＿＿＿＿＿＿＿＿＿＿＿＿＿＿＿＿＿＿＿＿＿＿＿＿＿＿

任务准备

阅读安全须知，检查并记录完成任务需要的场地、设备、工具及材料，准备工作检查记录表见表5-1-1。

表5-1-1　准备工作检查记录表

序号	检查/操作内容	检查/操作要求或数据	结果或实际值	备注
1	安全须知阅读	遵守实训室规章制度，并阅读安全须知： 1）实训车辆按要求停在指定工位上，未经老师批准不准启动；经批准启动后，应先检查车轮的安全顶块是否放好，驻车制动是否启用，变速杆是否放在P位（A/T），车前有没有人在操作 2）禁止触碰任何带安全警示标识部件 3）实训期间禁止嬉戏打闹		

（续）

序号	检查/操作内容	检查/操作要求或数据	结果或实际值	备注
2	场地清洁检查	场地清洁，无杂物		
3	安全检查	无安全隐患		
4	个人防护装备检查	□绝缘手套 □绝缘安全鞋 □绝缘安全帽 □护目镜 □非化纤工作服		
5	车辆防护装备检查	□车外防护三件套 □车内防护三或五件套		
6	整车检查	型号正确，数量正确，技术参数符合要求，功能正常，外观无损坏	□纯电动汽车、混合动力汽车整车（含装备维修开关和没有装备维修开关的车型）	
7	台架检查		本次实训无须使用	
8	总成/部件/器材检查		本次实训无须使用	
9	充电桩、充电器检查		本次实训无须使用	
10	车间设备检查		□高压维修警示牌和隔离带	
11	检测设备/仪表检查		□数字万用表	
12	绝缘/专用工具检查		□绝缘拆装工具	
13	常规工/量具检查		本次实训无须使用	
14	辅助材料检查		本次实训无须使用	
15	技术资料检查		□设备说明书	
16	其他检查	根据实际要求		

任务实施

❗ **警告**：检查个人安全防护装备，确保绝缘手套等防护设备在有效检验期内且可用！检查车辆，确保实训车辆没有高压隐患！执行该操作时，必须由经过对应车型培训且持有操作证的教师执行！

项目1：装备维修开关的车型高压中止与检验

操作要求：

（1）操作时间：30min

（2）操作方式：实操＋分析及记录

操作步骤：

实训车型：_____ 维修开关的位置：_____

（1）执行高压中止步骤　参照学习的内容或维修手册，执行高压中止步骤，并记录操作情况。

记录：_____

（2）执行高压检验步骤　参照学习的内容或维修手册，执行高压检验步骤，并记录操作情况。

电压：_____V

记录：_____

项目2：没有装备维修开关的车型高压中止与检验

操作要求：

（1）操作时间：30min

（2）操作方式：实操＋分析及记录

操作步骤：

实训车型：_____

（1）执行高压中止步骤　参照学习的内容或维修手册，执行高压中止步骤，并记录操作情况。

记录：_____

（2）执行高压检验步骤　参照学习的内容或维修手册，执行高压检验步骤，并记录操作情况。

电压：_____V

记录：_____

任务评价

小组成员、教师分别对基本职业能力（社会能力、方法能力）及任务完成结果（专业能力）进行综合考评，并填写职业能力考评表（根据要求评分，扣分扣完为止），见表5-1-2。

表 5-1-2　职业能力考评表

项目	分值	标准描述	要求或数据	结果或实际值	自评/互评得分	教师评价得分
1	5	考勤	是否缺勤/迟到早退	缺勤扣1分/人次,迟到早退扣0.5分/人次		
2	5	团队合作	是否和谐	与讨论无关的争吵扣1分/次,斗殴扣5分		
3	5	沟通讨论	是否积极	积极不扣分,一般扣2~3分,不积极扣4~5分,无故不参与讨论扣5分		
4	5	现场6S	是否遵循	工具配件杂物落地,扣1分/次		
5	10	生产纪律	是否守纪	普通违纪扣1分/次,严重违纪扣8~10分		
6	10	设备安全	有无损坏	人为损坏得0分		
7	10	人身安全	有无损伤	人身损伤得0分		
8	10	填写工单	是否完整、规范	完整、规范不扣分,完整、基本规范扣3~5分,完整、不规范扣6~8分,不完整、不规范扣9~10分		
9	10	回答问题	是否正确	完全正确不扣分,基本正确扣1~5分,不正确扣6~10分		
10	10	操作过程	是否完整、规范	完整、规范不扣分,完整、基本规范扣3~5分,完整、不规范扣6~8分,不完整、不规范扣9~10分		
11	10	操作结果	是否正确	完全正确不扣分,基本正确扣1~5分,不正确扣6~10分		
12	10	结果分析	是否完整、正确	完全正确不扣分,基本正确扣1~5分,不正确扣6~10分		
得分（自评/互评得分供教师考评参考,最终以教师评分为准）					分	分

学生个人总结：

学生签名：
年　月　日

小组评语及建议：

组长签名：
年　月　日

教师评语及建议：

教师签名：
年　月　日

学习任务二　新能源汽车交通事故救援与故障应急处理

学生姓名：　　　　　团队（小组）：　　　　时间：　　年　　月　　日

任务分析

本学习任务共有两个操作项目：

项目 1：新能源汽车交通事故救援应急处理。

项目 2：新能源汽车抛锚故障救援应急处理。

请根据任务要求，对小组成员进行合理分工，小组进行讨论，制订工作计划（流程/工序），并记录。

全班_____人，每_____人一组，分为_____组，组长_____，组员_____。

讨论记录：_____

_____

_____

任务准备

阅读安全须知，检查并记录完成任务需要的场地、设备、工具及材料，准备工作检查记录表见表 5-2-1。

表 5-2-1　准备工作检查记录表

序号	检查/操作内容	检查/操作要求或数据	结果或实际值	备注
1	安全须知阅读	遵守实训室规章制度，并阅读安全须知： 1）实训车辆按要求停在指定工位上，未经老师批准不准启动；经批准启动后，应先检查车轮的安全顶块是否放好，驻车制动是否启用，变速杆是否放在 P 位（A/T），车前有没有人在操作 2）禁止触碰任何带安全警示标识部件 3）实训期间禁止嬉戏打闹		
2	场地清洁检查	场地清洁，无杂物		
3	安全检查	无安全隐患		

（续）

序号	检查/操作内容	检查/操作要求或数据		结果或实际值	备注
4	个人防护装备检查	型号正确，数量正确，技术参数符合要求，功能正常，外观无损坏	□绝缘手套 □绝缘安全鞋 □绝缘安全帽 □护目镜 □非化纤工作服		
5	车辆防护装备检查		□车外防护三件套 □车内防护三或五件套		
6	整车检查		□纯电动汽车、混合动力汽车整车		
7	台架检查		本次实训无须使用		
8	总成/部件/器材检查		本次实训无须使用		
9	充电桩、充电器检查		本次实训无须使用		
10	车间设备检查		□高压维修警示牌和隔离带 □充电机 □跨接电源线		
11	检测设备/仪表检查		□数字式万用表		
12	绝缘/专用工具检查		□绝缘拆装工具		
13	常规工/量具检查		本次实训无须使用		
14	辅助材料检查		本次实训无须使用		
15	技术资料检查		□设备说明书		
16	其他检查	根据实际要求			

任务实施

> **警告**：检查个人安全防护装备，确保绝缘手套等防护设备在有效检验期内且可用！检查车辆，确保实训车辆没有高压隐患！执行该操作时，必须由经过对应车型培训且持有操作证的教师执行！

项目1：新能源汽车交通事故救援应急处理

操作要求：

（1）操作时间：120min

（2）操作方式：实操＋分析及记录

操作步骤：

实训车型：_____　　维修开关的位置：_____

> 提示：根据车型和条件组织讨论并模拟操作。

（1）**交通事故救援场景1**　如果一辆新能源汽车（纯电动汽车或混合动力汽车）发生交通事故，救援时你看到组合仪表上绿色的"READY"或"OK"指示灯亮着，在以下情况中你如何处理？

1）车门可以打开，能执行正常的高压中止操作。

记录：_____

2）车门不能打开，不能执行正常的高压中止操作。

记录：_____

（2）**交通事故救援场景2**　如果一辆新能源汽车（纯电动汽车或混合动力汽车）发生交通事故，救援时你看到底盘部位有不明液体泄漏，你如何判断是什么液体，如何处理？

1）泄漏液体成分的判断方法。

记录：_____

2）泄漏液体是动力蓄电池电解液的处理方法。

记录：_____

3）泄漏液体是其他油液的处理方法。

记录：_____

（3）**交通事故救援场景3**　如果一辆新能源汽车（纯电动汽车或混合动力汽车）发生交通事故，救援时你看到车辆底盘部位冒烟，在以下情况中你如何处理？

1）冒烟部位与动力电池无关。

记录：_____

2）冒烟部位是动力电池。

记录：_____

（4）**交通事故救援场景4**　如果一辆新能源汽车（纯电动汽车或混合动力汽车）发生交通事故，救援时你看到车辆已经被水淹没，你如何处理？

> 提示：请参照学习的内容，并通过网络查询水淹车辆救援相关的资料。

记录：_____

项目2：新能源汽车抛锚故障救援应急处理

操作要求：

（1）操作时间：60min

（2）操作方式：实操＋分析及记录

操作步骤：

实训车型：_____　　维修开关的位置：_____

> 提示：根据车型及条件组织讨论并模拟操作。

（1）**抛锚故障救援场景1**　如果一辆新能源汽车（纯电动汽车或混合动力汽车）因动力蓄电池电压不足发生抛锚，需要拖车救援，你如何确定牵引方式？

记录：_____

（2）**抛锚故障救援场景2**　如果一辆新能源汽车（纯电动汽车或混合动力汽车）在车库中停放一周后，车辆无法启动，组合仪表没有任何显示（黑屏），你的主管安排你去救援，针对以下两种车型，应如何处理？

1）丰田混合动力汽车。

记录：_____

2）某品牌纯电动汽车。

记录：_____

任务评价

小组成员、教师分别对基本职业能力（社会能力、方法能力）及任务完成结果（专业能力）进行综合考评，并填写职业能力考评表（根据要求评分，扣分扣完为止），见表5-2-2。

表 5-2-2　职业能力考评表

项目	分值	标准描述	要求或数据	结果或实际值	自评/互评得分	教师评价得分
1	5	考勤	是否缺勤/迟到早退	缺勤扣1分/人次，迟到早退扣0.5分/人次		
2	5	团队合作	是否和谐	与讨论无关的争吵扣1分/次，斗殴扣5分		
3	5	沟通讨论	是否积极	积极不扣分，一般扣2~3分，不积极扣4~5分，无故不参与讨论扣5分		
4	5	现场6S	是否遵循	工具配件杂物落地，扣1分/次		
5	10	生产纪律	是否守纪	普通违纪扣1分/次，严重违纪扣8~10分		
6	10	设备安全	有无损坏	人为损坏得0分		
7	10	人身安全	有无损伤	人身损伤得0分		
8	10	填写工单	是否完整、规范	完整、规范不扣分，完整、基本规范扣3~5分，完整、不规范扣6~8分，不完整、不规范扣9~10分		
9	10	回答问题	是否正确	完全正确不扣分，基本正确扣1~5分，不正确扣6~10分		
10	10	操作过程	是否完整、规范	完整、规范不扣分，完整、基本规范扣3~5分，完整、不规范扣6~8分，不完整、不规范扣9~10分		
11	10	操作结果	是否正确	完全正确不扣分，基本正确扣1~5分，不正确扣6~10分		
12	10	结果分析	是否完整、正确	完全正确不扣分，基本正确扣1~5分，不正确扣6~10分		
得分（自评/互评得分供教师考评参考，最终以教师评分为准）					分	分

学生个人总结：

　　　　　　　　　　　　　　　　　　　　　　　　学生签名：
　　　　　　　　　　　　　　　　　　　　　　　　　　年　　月　　日

小组评语及建议：

　　　　　　　　　　　　　　　　　　　　　　　　组长签名：
　　　　　　　　　　　　　　　　　　　　　　　　　　年　　月　　日

教师评语及建议：

　　　　　　　　　　　　　　　　　　　　　　　　教师签名：
　　　　　　　　　　　　　　　　　　　　　　　　　　年　　月　　日